大学生创新创业

企业家型创业者的培养

杨炜苗 著

中国传媒大学出版社
·北京·

图书在版编目（CIP）数据

大学生创新创业：企业家型创业者的培养/杨炜苗著. —北京：中国传媒大学出版社，2018.3（2021.7 重印）

ISBN 978-7-5657-2232-5

Ⅰ.①大… Ⅱ.①杨… Ⅲ.①大学生-创业-教材 Ⅳ.①G647.38

中国版本图书馆 CIP 数据核字（2018）第 035295 号

大学生创新创业
企业家型创业者的培养
DAXUESHENG CHUANGXIN CHUANGYE
QIYEJIAXING CHUANGYEZHE DE PEIYANG

著　　者	杨炜苗
策划编辑	姜颖昳
责任编辑	曾婧娴
装帧设计	运平设计
责任印刷	阳金洲

出版发行	中国传媒大学出版社		
社　　址	北京市朝阳区定福庄东街 1 号	邮　编	100024
电　　话	86-10-65450532　65450528	传　真	65779405
网　　址	http://cucp.cuc.edu.cn		
经　　销	全国新华书店		
印　　刷	艺堂印刷（天津）有限公司		
开　　本	787mm×1092mm　1/16		
印　　张	11.75		
字　　数	270 千字		
版　　次	2018 年 3 月第 1 版		
印　　次	2021 年 7 月第 13 次印刷		
书　　号	ISBN 978-7-5657-2232-5 / G·2232　　定　价　48.00 元		

本社法律顾问：北京李伟斌律师事务所　郭建平

版权所有　　翻印必究　　印装错误　　负责调换

序

近 20 年来，在教育主管部门的大力推动下，我国高等院校的创业教育经历了从无到有、从个别试点到全面推广的发展历程。早在 1998 年年底，为适应 21 世纪我国经济社会发展的需要，教育部在《面向 21 世纪教育振兴行动计划》中首次提出了大学生创业教育的概念。2002 年 4 月，教育部高教司在北京召开了普通高等学校创业教育试点工作座谈会，会议强调："对大学生进行创业教育，培养具有创业精神创业能力的高素质人才是当前高等院校的重要任务。"为奠定创新创业教育的良好基础，教育部随之将清华大学、中国人民大学、北京航空航天大学等 9 所高校确定为开展创业教育的试点院校。此次座谈会标志着创业教育在我国高校的正式启动。2006 年 7 月，由国家 14 个部委联合下发的《关于切实做好 2006 年普通高等学校毕业生就业工作的通知》（教学〔2006〕8 号）中明确指出："高等学校要加强对毕业生的创业指导、创业培训和创业实践活动，培养学生的创业观念和创业能力。"2010 年 5 月，《教育部关于大力推进高等学校创新创业教育和大学生自主创业工作的意见》（教办〔2010〕3 号）中进一步提出："创新创业教育是适应经济社会和国家发展战略需要而产生的一种教学理念与模式。在高等学校中大力推进创新创业教育，对于促进高等教育科学发展、深化教育教学改革、提高人才培养质量具有重大的现实意义和长远的战略意义。创新创业教育要面向全体学生，融入人才培养全过程。"2010 年 7 月，《国家中长期教育改革和发展规划纲要（2010—2020 年）》更是将创业教育纳入新的十年教育改革发展规划。2012 年 8 月 1 日，教育部办公厅下达关于印发《普通本科学校创业教育教学基本要求（试行）》（教高厅〔2012〕4 号）的通知。文件指出："在普通高等学校开展创业教育，是服务国家加快转变经济发展方式、建设创新型国家和人力资源强国的战略举措，是深化高等教育教学改革、提高人才培养质量、促进大学生全面发展的重要途径，是落实以创业带动就业、促进高校毕业生充分就业的重要措施。"特别值得一提的是，2015 年 5 月，国务院办公厅专门印发了《关于深化高等学校创新创业教育改革的实施意见》，从国家层面对高等学校开展创业教育进行系统设计、全面部署，这也标志着国家期待教育，尤其是高等教育在"双创"中集中发力，为国家经济转型提供新引擎。为落实国务院文件精神，教育部先后多次发文，在高等学校全面推进并落实创业教育。强调高等学校要把创业教育教学纳入学校改革发展规划，纳入学校人才培养体系，纳入学校教育教学评估指标，建立健全领导体制和工作机制，制订专门教学计划，提供有力教学保障，确保取得实效。2015年12月，教育部印发的《关于做好2016届全国普通高等学校毕业生就业创业工作的通知》（教学〔2015〕12号），明确要求从2016年起，所有高校都要设置创新创业教育课程，对全体学生开设创新创业教育必修课和选修课，纳入学分管理。如今，开设创业课程在全国高校已呈燎原之势，"大众创业、万众创新"已经成为当下时代主旋律之一，大力推进双创教育已成为全社会的共识。在中国的历史上，"创业"作为人们的一种经济行为，从来没有像今天这样受到社会的广泛关注。从党和国家领导人，到普通百姓，越来越多的人认识到，我们国家要成为世界强国，必须要营造一种有利于培养和发挥人们创业潜能的环境。

我们在看到当下高校创业教育出现了全面开花的大好局面的同时，也要清醒地认识到，创新创业教育在全国各高校的发展并不均衡。不少高校对为什么要开设创业课程的理解比较肤浅，与教育主管部门的要求有明显差距。由于认识上的偏差，一些创业课程在教材编写和教学内容设计上要么追求急功近利，要么有名无实，突出的表现有：在课堂上过分强调赚钱本领和财富积累，忽视学生创新创业精神和企业家素养的培养；创业课程仅面向部分对毕业后立刻创业有兴趣的学生；把创业课程视同对待业或下岗失业人员的创业训练，或把创业课程开设成等同于经营公司技巧的培训，创业课程就是围绕着创建公司的过程展开。总之，创业课程缺乏系统设计，不重视学生创新创业意识、创新创业能力的培养，特别是不重视着眼于每个学生的全面发展和企业家型创业者能力的培养。对创新创业教育本质理解的偏差，也导致了管理部门不重视，教师上课不认真，学生盲目学习的局面，影响了创新创业知识的普及和学生综合素质的提高。

此外，对于什么是创业？什么是企业家型创业者？在不同的高校，也有很多不同的理解和答案，可谓仁者见仁、智者见智。比较典型的观点认为，创业就是自己创办个企业或开个店，自己为自己打工，自己做老板，小到自己开店、摆摊、做小买卖，大到创建规模较大的新企业，片面地认为只要是能赚大钱的创业者都是企业家等。笔者认为，同样是开一家快餐店，有的创业者就能将其做成全国连锁，甚至成为上市公司；有的创业者一辈子一直就在原地经营，从未超越过自我。同样是创建一家公司，有的公司创业不久就倒闭了，有的创业者却将公司做成世界级名企。大量事实表明，追求卓越的企业家型创业者在商业智慧和综合能力上明显高人一筹。如今，希望自己成为一名成功的创业者已经是越来越多人的梦想。但要成为一名真正的企业家型创业者并不是一件容易的事。创业仅有热情和激情是远远不够的，没有明确的事业追求，没有认真的态度、开拓创新的能力、艰苦奋斗的精神和掌握必要的经营管理、市场营销、公共关系、消费心理、法律法规、金融财务等方面的知识，盲目创业往往会导致失败。

笔者作为集团副总裁，从2002年起就参与北京北方投资集团的二次创业。当时正值集团经营战略转型，开拓新领域，逐步涉足投资创办高等院校。十多年来，集团在全国布局，先后投资创办了16所高校。其过程充满挑战和困难，从战略规划到商机分析，从资源整合到团队建设，从运行管理模式创新到专业学科建设与完善，从师资队伍建设到课程体系建设，从学生入学到毕业的全面管理到校园环境、校园文化建设等，任何一个环节出现大问题都会产生难以承受的损失，可以说其过程实质上就是一个创业的过程。随着创业进程的展开，面对如此繁杂的重任，一般的创业者根本无法应对。笔者注意到，相当多的创业者创业仅凭一时冲动，既缺乏企业家精神，缺乏必要的创业相关知识，盲目创业，最终导致创业失败，教训深刻。我们究竟需要什么样的创业者呢？创业的历练，使我对创业内涵的认识也在不断深化和升华。我渐渐地意识到，能肩负起创新型创业的重任，只有企业家型创业者才具备这种能力，而这样的企业家型创业者恰恰是市场上非常稀缺的资源。为了有助于培养企业家型创业者，帮助大学生培养企业家精神，理性创业，少走弯路，笔者深感高等院校应该在创新创业教育和培养企业家型创业者方面有所作为，于是逐渐萌生了将自己的创业心得结合具有普遍规律性和行之有效的创业方法进行汇总并编写成书的念头。

本书作为应用型本科院校开设创新创业课程专用的教材，撰写内容是按照教育部在《普通本科学校创业教育教学基本要求（试行）》（2012年8月1日）中制订的"创业基础"教学大纲（试行）的要求，突出培养学生创新创业思维和企业家精神的内容，增强学生建功立业意识，提高学生社会责任担当能力和创业能力。教材除了重点介绍创新创业过程所需要的基本知识外，还列举了大量企业家型创业者展现志存高远、责任担当、百折不挠、开拓进取等精神的案例，为开设好创新创业课程提供了新视角。

本书第一个特点是在区别分析的基础上，强调创业者要努力追求事业型创业，力争做企业家型创业者。首先，根据创业者的动机不同，笔者将创业分为生存型创业和事业型创业。生存型创业通常是创业者把创业作为其不得已而做出的选择，创业的目的更多是为维持生计，往往以短期利益驱动为主，依靠创业为自己的生存谋出路，这种创业具有很大的被动性。而事业型创业是创建基业或创建能展示自己价值的事业过程，具体讲就是在发现、把握或创造商机的基础上，通过创新产品或服务，依托创业团队，实施一系列恰当的商业模式，承担一定风险，将各种资源整合并加以合理利用，创造新价值并取得预期收益的过程。事业型创业者往往将创业当作自己终生追求的事业，在造福社会，实现事业梦想和基业长青的过程中，实现自身的价值。事业型创业具有很大的主动性和创新性，其为社会可能做出的贡献要远远大于生存型创业，显然，社会应大力倡导和支持事业型创业。其次，根据创业追求格局的不同，笔者又将事业型创业者分为工匠型创业者和企业家型创业者。工匠型创业者并不太在意追求大的创业格局，他们对现代企业管理机制和商业经营知识了解甚少，他们往往通过工作获得金钱，但并不为钱而工作。他们代表着一种独善其身的气质，创业是其人生态度的表现，他们对自己提供的产品或服务孜孜以求、精益求精、臻于完美。而企业家型创业者往往志存高远，格局更大。具有企业家精神的创业者，能凭借其超凡的个人能力和商业智慧来改变一家企业的发展路径，挽狂澜于既倒，变劣势为优势，化优势为胜势。他们有着清晰的愿景和商业经营知识，有着强烈的使命感和责任感，不畏艰险，百折不挠，对自己的能力和创业项目充满信心，不放过任何开拓创新的机会。

本书第二个特点是尽可能突出基于创新的创业。我们知道，创业需要创新做支撑，没有创新的创业将是死水一潭，创业的发展空间也会很有限。同样，没有落实到创业的创新仅是空中楼阁，也只能停留在发明、技术专利、学术论文或理念阶段，创新就成为空谈。以苏联为例，他们有着强大的科技力量，技术创新水平很高，曾经第一个把人类送上月球，但是其创新发明与创业严重脱节,创业活动水平低,科学家们或创业者们无法成功地将科技创新通过创业导入市场,导致经济系统运行不畅,物资匮乏,严重影响了经济增长和社会发展。为此,本书结合企业家型创业者的创业案例,介绍了一些形成创新思路、创造创业商机并引发创业行动的有效方法。

本书第三个特点是内容力求充实。为减少创业盲目性,提高理性创业水平,降低创业失败风险,本书以事业型创业为主线,力争将创业过程可能涉及的一般规律和相关知识进行系统梳理并展现在读者面前。全书共分14章,主要包括:做企业家型创业者、创业商机的发现与创造、创业商机的评估与筛选、创业资源与资源整合、创业模式、组建创业团队、商业模式的选择与创新、目标市场的选择与开拓、新创企业融资、创业过程相关法律常识、新创企业财务基础知识、新创企业的发展等,这些内容基本上涵盖了事业型创业过程可能涉及的相关知识与实务。

本书第四个特点是尽量做到理论联系实际。为了尽可能做到理论联系实际,在本书的写作过程中,我借鉴和参考了大量国内外的有关创业的专著和案例,从中获得很多启迪和收益,而且还得到了不少专业人士和一些成功创业者的大力帮助。此外,每章的开头我都会引用一个创业故事,然后提出一些供学生思考和研讨的主题,目的是让学生能通过实际案例加深理解创业知识,使学生真正认识到:事业型创业活动是一个非常复杂的开拓创新、建立基业的艰辛过程,需要大量商业智慧、经验的积累和综合能力的有效发挥。

本书作为一本培养大学生创新创业精神与能力的教材,其目的是希望能系统地教育学生掌握与领会创业的相关专业知识与实际业务,立志做企业家型创业者。由于本书贴近创业教育的实际需求,除了可以作为高等院校开展创业教育的基本参考教材外,也可为研究创业教育的指导教师提供参考。

在本书的撰写和出版过程中,得到了不少专家学者和中国传媒大学出版社编辑们的大力支持和帮助。中国社会科学院原院长、我的博士生导师刘迎秋教授;中国社会科学院美国研究所所长、我的博士后合作导师郑秉文教授;北京工商大学资深创业课程教师赵学凯教授等都给予了不少建设性修改意见。瑞士信托集团(CS纽约)投资银行结构性产品融资部分析师赵芳女士,对书中有关新创企业财务和融资管理的部分内容提出修改意见,还为配合本书的写作,认真收集和整理了相关案例资料,对丰富本书案例来源做出了很多贡献,为本书增色不少。此外,我还要特别鸣谢中国传媒大学出版社编辑姜颖昳和曾婧娴等对本书的出版与发行倾注了大量的时间和精力,为本书的顺利出版付出了很大努力,在此,谨向他们致以最诚挚的谢意!

不得不承认,相对于其他学科而言,创业理论与实践还有很多不成熟之处,再加上作者水平和时间有限,疏漏在所难免。希望广大读者对本书的不足之处提出批评指正。

杨炜茜

2018年1月8日

目 录

第1章 树立正确的创业观/001

  第1节 有关创业的历史观点/003
  第2节 创业的真谛是创建事业/004
  第3节 事业型创业的实现条件/005
  第4节 事业型创业的主要形式/006
  第5节 创业的一般过程/010

第2章 做企业家型创业者/012

  第1节 企业家/013
  第2节 企业家精神/014
  第3节 两种不同的创业者/015
  第4节 成为企业家型创业者的回报和挑战/021

第3章 创业商机的发现与创造/024

  第1节 创业商机/025
  第2节 发现创业商机/026
  第3节 从环境变化中发现创业商机/027
  第4节 从热点中发现创业商机/031
  第5节 从不满意中发现创业商机/034
  第6节 从不方便中发现创业商机/034
  第7节 创造创业商机/035

第4章 创业商机分析/039

  第1节 创业商机可行性分析/040
  第2节 波特五力分析模型/046
  第3节 SWOT分析/049

第 4 节　本量利分析（Cost—Volume—Profit Analysis，CVP 分析）/053

第 5 章　创业资源与资源整合/057

第 1 节　创业资源/059
第 2 节　创业者个人资源/060
第 3 节　创业者的外部资源/062
第 4 节　资源整合/063
第 5 节　发挥资源杠杆效应/065

第 6 章　创业模式/067

第 1 节　将创业商机转化为创业实际行动/069
第 2 节　加盟连锁企业/069
第 3 节　通过收购现成企业创业/070
第 4 节　通过承包经营进行创业/071
第 5 节　通过购买特许经营权创业/073
第 6 节　通过做代理商进行创业/074
第 7 节　白手起家自主创业/075
第 8 节　互联网创业/077
第 9 节　移动互联网创业/078

第 7 章　组建创业团队/081

第 1 节　创业需要合伙人/082
第 2 节　选择合伙人/084
第 3 节　股权安排/085
第 4 节　团队的创建/086
第 5 节　留住骨干员工/088

第 8 章　商业模式的选择与创新/093

第 1 节　商业模式的内涵/094
第 2 节　商业模式的构成/095
第 3 节　创造价值内涵/097
第 4 节　商业模式创新/098
第 5 节　商业模式创新的特点/100
第 6 节　比较典型的商业模式创新/100

第 9 章　商业计划书的撰写/103

第 1 节　商业计划书的用场/105

第 2 节　商业计划书的初步编写 /106
　　　第 3 节　正式商业计划书的编写 /108
　　　第 4 节　撰写商业计划书的注意事项 /114

第 10 章　目标市场的选择与开拓 /115

　　　第 1 节　什么是市场？/116
　　　第 2 节　细分并确定目标市场 /118
　　　第 3 节　产品/服务定位 /120
　　　第 4 节　营销组合策略 /120
　　　第 5 节　市场开拓策略 /124

第 11 章　新创企业融资 /129

　　　第 1 节　两类不同的融资 /130
　　　第 2 节　债务融资的主要形式 /131
　　　第 3 节　权益融资的主要形式 /133
　　　第 4 节　新创企业首轮融资时应注意的问题 /136
　　　第 5 节　融资多少和时间的确定 /137
　　　第 6 节　融资风险及控制 /139
　　　第 7 节　新创企业融资时的估值 /139

第 12 章　与创业相关的法律常识 /144

　　　第 1 节　初创企业所涉及的相关法律问题 /145
　　　第 2 节　创业市场准入涉及的相关法律问题 /147
　　　第 3 节　经济交往过程中所涉及的法律问题 /148
　　　第 4 节　创业过程中与知识产权相关的法律问题 /149
　　　第 5 节　专利的申请 /152

第 13 章　新创企业财务基础知识 /154

　　　第 1 节　新创企业进行财务管理的必要性 /155
　　　第 2 节　新创企业的财务管理问题和困境 /156
　　　第 3 节　资产管理与配置 /157
　　　第 4 节　现金流和成本 /157
　　　第 5 节　创业者要学会读懂三大财务报表和财务分析 /158
　　　第 6 节　财务管理过程 /160

第 14 章　新创企业的发展 /163

　　　第 1 节　初创期的经营管理 /164

第 2 节　新创企业成长期的经营管理/167
第 3 节　企业发展进入稳定期的经营管理/168
第 4 节　企业进入衰退期的经营管理/169

附件 1　创业合作协议书（仅供参考）/171
附件 2　软件开发、软件服务外包合同范本/173

Chapter 1
第1章　树立正确的创业观

▶ 第1节　有关创业的历史观点
▶ 第2节　创业的真谛是创建事业
▶ 第3节　事业型创业的实现条件
▶ 第4节　事业型创业的主要形式
▶ 第5节　创业的一般过程

创业案例　全世界快餐领域第一品牌——麦当劳[①]

1937年，在洛杉矶以东的一个偏僻位置，麦当劳兄弟俩开了世界上第一家麦当劳汽车餐厅。在兄弟俩的精心努力下，餐厅生意越做越好，成为远近闻名的快餐店，一年就可以赚十多万美金。在当时，这是相当可观的收入。对此，兄弟俩早已是心满意足了。但在1955年，这家麦当劳餐厅却因为一个人的出现而发生了根本性的转变，这个人就是瑞·克罗克。当时他是一位奶昔设备推销员，时年五十三岁。一次偶然的机会，他得知有一家名为麦当劳的餐厅一下子订购了八台奶昔设备，而当时其他餐馆一般也就买一、两台。于是，好奇的克罗克便动身前往洛杉矶，想具体了解一下这家餐厅订这么多设备的原因。

当克罗克走进这家餐厅，发现这里食客盈门、生意兴隆，并了解到餐厅一年就可以赚十多万美金时，他立刻有了扩张麦当劳的想法。尽管他的本意是希望借助麦当劳的扩张，拓展自己奶昔设备的销路，但他很快就从中发现了更大的商机。事实上，作为一个精明的推销员，克罗克比麦当劳兄弟更加清楚麦当劳餐厅的巨大发展潜力和价值。克罗克知道，像麦当劳这样干净卫生、经济实惠、品质优良、方便快捷的餐馆，正好适应当时美国人民生活节奏加快所引发的新需求。他认为，快餐服务一定会大受欢迎。他特别注意到郊区年轻家庭巨大的消费需求，因为当时为这一消费群体提供服务的餐馆很少，麦当劳正好可以填补这个空白。另外，开设一家麦当劳餐馆的费用当时只需7.5万美元，用特许经营方式实在是再合适不过了。只要能够得到麦当劳的特许经营权，其他人就可以在大小城镇开设麦当劳餐馆。1955年克罗克成立了特许经营公司——麦当劳公司系统公司（1960年改名为麦当劳公司），以实现"遍地都是麦当劳"的目标。但根据与麦当劳兄弟签订的合约，连锁店的作业费用与市场推广费用都由克罗克来支付，也就是说，市场开拓的投入和风险全部由克罗克承担，而麦当劳兄弟却坐享其成。

与麦当劳兄弟"小富既安"的心态形成鲜明对照的是，克罗克在经营过程中充满着探索和创新精神。在与麦当劳兄弟俩合作早期，克罗克就多次尝试创新各种特许经营的模式，经历了不少失败和挫折，但他百折不挠，不断从中总结经验和教训，注意凝练麦当劳发展壮大的精华。虽然麦当劳先后批准了十余家特许加盟店，但由于采取"大撒把"式的经营方式，造成了管理和运营上的混乱，严重损害了麦当劳的声誉。克罗克决定另辟蹊径，对特许经营模式进行规范化和创新性改进。经过与麦当劳兄弟洽谈，他获得了麦当劳在全美唯一的特许经营代理商的资格。克罗克1955年在芝加哥东北部开设了第一家真正意义上的麦当劳特许经营店，由于他一开始就打算把该店作为未来加盟店的样板，于是在总结过去经验教训的基础上，他创建了一套极其严格的经营制度和模式。该店体现了克罗克对快餐店的经营理念，即著名的"QSCV"。这是由四个英文单词首字母组合而成的：Q，代表英文quality，表示麦当劳重视各环节食材的品质和配方科学，确保所供食品制作精良、质优味美、营养全面；S，代表英文service，表示餐馆

[①] 根据网络资料综合整理。

要提供快速敏捷、热情周到的服务；C，代表英文 cleanses，表示餐馆店堂从内到外处处清洁卫生、窗明几净、环境宜人；V，代表英文 value，强调店内所提供的所有食品都让顾客感到物有所值、价格合理、经济实惠。特别是克罗克创新性地规定每家麦当劳加盟店的汉堡包品种、质量、价格都必须一致，甚至店面装修与服务方式也完全一样，从而率先在行业内实现了经营、模式、生产工艺的标准化和可复制性，为实现规模化发展奠定了扎实的基础。

克罗克曾多次与麦当劳兄弟共商发展大计，但总是无果而终。看到麦当劳兄弟俩既胸无大志，又无商业智慧，于是，克罗克决定把麦当劳所有权全部买下来，在此基础上完全由自己打拼，开创一番新的事业。1961 年，克罗克不惜债台高筑，甚至妻离子散，向一些学校基金与退休基金借了 270 万美元，把麦当劳全部买断。麦当劳兄弟俩见钱眼开，拱手转让了餐馆的全部经营权，克罗克由此成为名副其实的"麦当劳之父"。在他的努力下，麦当劳的业绩开始扶摇直上。后来，克罗克进一步创新发展，他率先以麦当劳公司的名义买下或者承包人流集中之处的物业，然后，在绝大多数情况下，将此物业作为加盟店开店的地点，麦当劳在对加盟店收取加盟费、市场营销费和销售额提成之外，还额外收取房屋租金。1965 年 4 月 15 日，麦当劳公司在纽约证交所 IPO（首次公开募股），其股票也变成大家抢购的热门。上市时每股为 22.5 元，不到一个月就涨了一倍。两年之后，公司首次在美国以外的加拿大和波多黎各开设门店。如今，麦当劳是全球最大的快餐公司之一，公司已在全球 120 多个国家开设了自营、授权合资和加盟店，共有 33 144 家，其中 81% 是加盟店、15% 是自营店。每天，全球的麦当劳餐厅都有约 6 800 万名顾客光顾，成为名副其实的世界快餐业大王。

研讨主题：
1. 麦当劳兄弟与克罗克都是通过开餐馆创业，他们的区别是什么？
2. 为什么克罗克能把麦当劳做成世界快餐领域第一品牌？他的主要做法是什么？
3. 克罗克在麦当劳创业过程中所展现的商业智慧有哪些？

第 1 节　有关创业的历史观点

创业是当今的一个流行话题，但是，对于"创业"的真谛却有着各种不同的解读。比较典型的观点认为，创业就是自己创办个企业或开个店，自己为自己打工，自己做老板，小到自己开店、摆摊、做小买卖，大到创建规模较大的新企业。虽然这些都可称为创业，但其中的差别很大。其实，创业这个概念很早就在国外被提出，但是直到上世纪 80 年代以后才逐渐热起来。早在产业革命时期，技术创新提供了连续发明和创业的推动力，从而使 19 世纪成了创业活动的多产时期。19 世纪早期，当吉恩·巴普蒂斯特赛（Jean Baptiste Say）提出创业所得的利润与拥有资本而产生的利润是不同的和相互独立的这一理论后，把创业过程看作是一系列独特活动的观点逐渐引起了人们的关注。

在 20 世纪 30 年代中期，经济学家约瑟夫·熊彼特（Joseph Schumpeter）提出，创业包括创新和未曾尝试过的技术，特别是他提出了"创造性毁灭"在创业中的重要作用。熊彼特认为，创造性毁灭就是用更好的产品、工序、观念和企业，来替代现存的产品、工序、观念和企业的过程。通过创造性毁灭的过程，旧的和过时了的方法和产品会被替代。通过对旧的方法和产品的毁灭迎来对新的方法和产品的创造。他还认为，企业家们是创造性毁灭过程背后的驱动力，他们是把突破性的思想和创新带入市场的人。由此，创新和独特性的概念成了创业活动不可分割的部分。

20世纪经营管理大师彼得·德鲁克（Peter Drucker）为创业的概念添加了新的观点，他认为，创业是企业家们对机会的认知和采取的行动。德鲁克提出，创业不仅仅是在有蓝图的情况下发生，也是企业家对未曾使用、未曾开发的机会的一种回应。

尽管人们研究创业理论已经多年，但对创业的认识仍然在发展中。进入21世纪后，研究者们仍在继续研究企业家精神及其创业现象。

第2节　创业的真谛是创建事业

创业有各种不同的形式，但其中的差别很大，区别的关键是创业所追求的目标和格局。本书将创业分为两大类：第一类是生存型创业。生存型创业者往往把创业作为其不得已而做出的选择，创业只是为了维持生计。对这类创业者来说，没有其他职业选择或者是对现有职业不满意，他必须依靠创业为自己的生存谋出路，这种创业具有很大的被动性。通常，生存型创业者大多只是在重复其他人已经做过的事，既没什么创新，也没太多新知识和新技术含量，更谈不上引领新需求，广泛造福社会，只要有点资金，一般人都能干。如开个小店、做个小买卖等。

第二类我们称之为事业型创业。事业型创业的本质是创建新基业或新事业。其基本内涵是：在资源有限的条件下，创业者在发现、把握或创造商机的基础上，通过创新产品或服务，依托创业团队，实施一系列恰当的商业模式，承担一定风险，将各种资源整合并加以合理利用，创造新价值并取得预期收益的过程。显然，事业型创业与生存型创业的根本区别就在于追求目标的不同，前者追求的目标是尽可能多地造福社会，实现事业梦想和基业长青；而后者则只是为解决自身的生存问题。

一般来说，事业型创业者又可分为工匠型创业者和企业家型创业者。工匠型创业者并不太在意追求大的创业格局，对现代企业管理机制和商业经营知识了解甚少，他们往往通过工作获得金钱，但并不为钱而工作。他们代表着一种独善其身的气质，创业是其人生态度的表现，他们对自己提供的产品或服务孜孜以求、精益求精。而企业家型创业者往往更加志存高远、格局更大。具有企业家精神的创业者，能凭借其超凡的个人能力和商业智慧来改变一家企业的发展路径，挽狂澜于既倒，变劣势为优势，化优势为胜势。他们有着清晰的愿景和商业经营知识，有着强烈的使命感和责任感，不畏艰险，百折不挠，对自己的能力和创业项目充满信心，不放过任何开拓创新的机会。

事业型创业的本质关键有三点：一是建功，二是立业，三是创新。

所谓"建功"，体现了创业者为社会做贡献并建立功勋业绩的追求。建功是一个从无到有，从小到大，从弱到强的建设与发展的动态过程。事业型创业的特征是具有强烈的社会责任感，不断为社会创造价值，通过追求大的格局，整合并发挥多种创业资源的协同效应，以求为社会带来更多福祉。因此，其对社会的贡献和影响也深远而重大。而生存型创业大都是低创新、低成本、低门槛、低风险、低利润的创业，主要集中在餐饮、副食、百货等微利行业，创业目的大多仅仅是为了养家糊口，补贴家用，如摆摊、开一小店等。因此，它对社会的贡献非常有限。

所谓"立业"，是指创业者以成就大业为己任。对事业的追求往往表现在创业者志存高远，以追求造福社会大量客户为目标，创业者所从事的往往是具有一定目标、规模和系统的对社会发展有影响的活动。比如，同样是开旅馆，沈南鹏等人就可把如家快捷酒店搞成一个品牌，不仅在管理经营上独树一帜，而且将其模式通过连锁店形式推广到了全国各地。

所谓"创新"，是事业型创业的精华所在。创新精神的实质是"做不同的事"。创新意味着差异，而不是标准。通过创新，创造出独一无二的产品，尝试独一无二的方法。创新的概念可追溯到熊彼特，他提出创新是把一种新的生产要素和生产条件的"新结合"引入生产体系。他认为，创新具体有五种形态：开发新产品、推出新的生产方法、开辟新市场、获得新原料来源、采用新的产业组织形态。德鲁克（1993年）在《创新与企业家精神》中谈到："创新活动赋予资源一种新的能力，使它能创造财富。"德鲁克在这本著作中还列举了分期付款这一创新举措，这一创新有利于人们用未来的收入购买现在急需但却支付不起的物品，从而大大促进了市场的消费和生产。显然，创新主要通过改进、完善、更新换代以及新方法的引进等，从而实现差异化。而生存型创业的特征是不太在意追求创新，资源需求比较少，创业普遍采取模仿或照搬照套他人的做法。

从麦当劳快餐店创业成功的案例中我们注意到，尽管麦当劳兄弟和克罗克的做法都可称之为事业型创业，他们都是把创业作为其职业生涯的一种选择，特别是作为一种事业追求，通过成功创业实现其自身的价值。但二者的创业又完全不同：麦当劳兄弟是典型的工匠型创业者，兄弟俩认真、执着，从选料到制作，精工细作，追求完美；而克罗克则代表的是企业家型创业者；后者的创业过程充满着企业家的商业智慧和雄才大略，他要创建的事业跨越了地域的限制，走向了全国和世界，在创建事业的过程中，包含着众多的创新举措，如加盟模式、标准化经营、供应链设计、经营场所选址、房地产配套等，令人眼花缭乱。从中可以看出，企业家型创业者所追求的目标是如何创新和充分发挥各种资源的作用，实现持久的发展，最大限度地造福社会。企业家在此过程中不断挑战创新，不断对旧的元素重新组合，或者对其产品和服务寻求突破与创新，甚至是破旧立新的革命。

第3节 事业型创业的实现条件

事业型创业是需要一定条件的，一般来说，如果能创造或争取具备如下条件，成功的概率往往会很高。

第一，具有工匠精神，特别是具有企业家精神是事业型创业的关键要素。企业家精神可以影响人们的思维方式和行为准则，用企业家的思维和准则开展工作，有助于职业发展，也有助于开发新事业。具有企业家精神的创业者往往有着强烈的事业追求，面对机会和风险，他们充满激情、意志坚定、不怕挫折、决策力强、知人善任、随机应变、善于学习，勇于进取。如果没有一位愿意去承担风险，具有企业家精神的人，就不会有事业型创业。

第二，有创业项目优势，即有切实可行、为市场所欢迎的产品或服务项目。如今的事业型创业不仅需要创业者的投入和努力，也需要创业项目自身应有明显的优势，这一优势体现为具有一定门槛且有独特创新性，这样的创业才有可能通过知识和技术推动社会的财富增长。没有优势的项目很容易被别人模仿甚至超越。熊彼特认为，在自由竞争市场前提下，经济的本质不在于循环流转式均衡，而在于创造性毁灭。创造性毁灭，就是用更好的产品、工序、观念和企业来替代现存的产品、工序、观念和企业的过程。

第三，有优势互补的团队。当下的创业早已不是过去那种仅靠单打独斗、卖力气就能成功的，特别是追求大格局的事业型创业更需要优势互补的创业团队相互配合，创业队伍中既要有人懂市场、技术、管理，也要有人懂财务管理，会经济核算，能经济合理地使用资金等。只有创业团队的决策人、核心成员责任分工明确、优势互补、结构合理，才有可能形成合力，取得成功。

第四，有核心竞争优势。创业团队如果在多方面具备核心竞争优势，往往也是创业成功的重要基础，如在产品、价格、方案、专利技术、技术壁垒、地理位置、管理能力，或者扩展市场，以及在人脉、创业资源、广告、宣传、网络、媒体等方面具备优势。

第五，环境有利。有利的创业环境往往可遇不可求，特别是具备可持久发展的基础并可能会带来丰厚回报，该领域的创业符合国家政策鼓励、保护或支持的要求，法制健全，在该领域的竞争不是很激烈的商机更是难得。如果创业者能敏锐地发现或创造有利的商机，及时采取创业行动，创业的胜算就会很高。

第六，有较高的管理能力。创业不是昙花一现，而是一个需要持久打拼的过程。它包括从创业初期筹划与成立实体，到新创企业的日常经营管理，甚至到一定时间退出等各类决策和行动。因此，对于一个真正的创业者，创业过程不但充满了激情、艰辛、挫折、忧虑、痛苦和徘徊，而且还需要较强的管理能力和商业智慧去解决所有可能出现的问题。

第4节 事业型创业的主要形式

1. 自主创业

自主创业是指由创业者个人创建组织平台（如公司等），并借助这一平台，自己承担风险，整合各种资源，然后将自己的创业理念、创新产品或服务通过一定方式实现增值，最后取得实效的过程。

大多数自主创业是在摸索中进行，开始创业时，虽然有目标，但并没有成功的把握，发展也可能不如意。随着创业过程的展开，创业者往往会发现发展瓶颈问题或更好的机会，通过不断探索、实践、试错和调整，最终确定适合自己的创业目标。因此，一般来说，自主创业应从简单做起，特别是创业初期不宜好高骛远，要脚踏实地，随着实力的增强，逐步向自己事业目标的高层次发展。如联想，开始时只做简单的贸易，做产品经销；但一旦有实力，就做自主品牌。

当然，也有一部分自主创业者，从一开始就有着非常明确且独具特色的创新产品或服务项目，创业者可以在高起点的基础上通过不断完善和创新经营模式，使创业所依托的产品或服务的价值不断发挥出来。

案例分析　大学日语教师周文慧的创业故事[①]

周文慧原本是大学日语教师，后来因一次偶然的机会，她发现了一个绝好的商机。那是她参加同学的结婚典礼，当时，在新房中摆放着一个鱼缸，透过鱼缸挂着新婚夫妇的结婚照片，显得很有情调，效果也非常好，现场的人都赞叹不已。与他人不同的是，周文慧心中却因此而萌生了创业想法。她在市场调研过程中发现，当时市场销售的家用鱼缸式样过于单调，既无美感，也占空间，于是产生了设计壁挂式鱼缸的想法。她去潘家园市场主动帮助一位卖鱼缸的师傅销售，让师傅腾出时间按照自己的设计方案制作壁挂式鱼缸，历经多次失败，克服了"墙上挂不稳"等各种困难，最后他们成功了。当这种壁挂式鱼缸摆放到市场出售时，吸引了很多人的关注。在第一次有人以800元买走鱼缸后，她赚到了自己的第一桶金。随着订单的增加，生意越来越好。这也使她发现了一个巨大的商机，那就是花式多样的鱼缸在市场上还是个空白。随着人们生活水平的提高，人们的欣赏品位也在快速提升，审美的需求也越来越高，丰富多彩的鱼缸将具有极大的市场发展潜力，于是她萌生了辞职并创业的念头。她不顾家人的反对，毅然决然辞掉了令人羡慕的教师职业，开始走上自主创业之路。在创业过程中，她也遇到过很多困难，如客户反映换水太过频繁很麻烦，于是她多次去市场调查，寻找解决问题的办法。她最初使用的一种添加剂可以使水质保持清洁，鱼缸长达3个月时间不用清洗，但她对此仍不满足。当她听说农业大学一位老师正研究一个项目，可使水保持一年不换，于是主动上门寻求合作，最终将这一难题解决了。如今，她的事业越做越大，已经可以根据客户的不同要求做出各种不同的鱼缸产品，如鱼缸与家具结合，鱼缸与房子装修结合等，现在她的鱼缸产品的名称为田园风情生态鱼缸，已经从国内销到了国外。

研讨主题：
(1) 周文慧自主创业成功的关键做法有哪些？
(2) 通过周文慧自主创业的故事，你受到哪些启发？

[①] 资料来源：根据青海卫视节目《我的创业故事——让水世界装点千家万户的周文慧》整理，2010年4月12日。

2. 合伙创业

合伙创业通常是初次创业者选择的最佳创业方式之一。因为初次创业时单个人的能力和资源毕竟有限，比如没有太多的资金周转，或者没有太多的技术与经验等。在创业过程中，如果能将那些志同道合者拉入创业团队是件非常有意义的事，特别是能吸收到一些经验丰富的、准备离职的企业经理人则更佳，因为他们的技术、经验、资源与创业构想，主要来自于原来的工作经历。

创业案例　携程网创业[①]

> 携程旅行网，1999年创建，创业注册资金200万元（自筹），2004年纳斯达克上市，发行价16美元，目前股价约70美元，市值近100亿美金。
>
> 携程旅行创始人分别是梁建章、沈南鹏、季琦和范敏。他们能一起合伙创业的重要基础有三个：一是同为上海交通大学同学，彼此了解；二是大家都有做一番事业的抱负，因此一拍即合；三是创业项目所包含的任务可以充分发挥每个人的专长——沈南鹏是耶鲁大学MBA，是资深的投资银行家和风险投资者，精于融资，负责筹资，因此做CFO；季琦是IT专业出身，归国后创立了多家高科技公司，有激情，负责疏通关系，因技术有专长，因此做CTO；梁建章在国外留学过，计算机硕士，懂IT，负责发掘商务模式；范敏当过酒店副总、上海旅行社总经理，有管理经验，负责运营管理，因此做COO（现任CEO）。他们通力合作，取长补短，最终铸就了携程网的辉煌。
>
> 研讨主题：
> (1) 携程旅行网为什么需要通过合伙创业的形式提高成功率？
> (2) 携程旅行网创业的故事对你有哪些启发？

3. 借力创业（内部创业）

过去有人认为，只有自己独立创建企业才称之为创业，其实，这是一种误解。即使一个人在目前的单位工作，他也同样需要创业精神和创业能力，这对于自己在工作中不断进步并取得成绩非常重要。比如，借助自己现在工作单位的资源和实力，通过组织的力量和方式去寻求机会，去创造价值和谋求发展，努力开创新局面，实际上也是一种创业。特别是当市场变化莫测、面对全球性的机遇和挑战时，企业要取得长期成功的关键，需要员工具有创业精神。例如，日本的丰田公司、美国电报电话公司（AT&T）、杜邦（DuPont）、3M公司和惠普（Hewlett-Packard）公司等，在内部创业方面都做得非常好。内部创业不仅为这些大型企业提供了快速适应市场变化的机会，也提供了不必兼并其他企业就能进入新的领域的机会，提供了尝试新产品和新工艺的机会。

此外，对于首次创业者而言，也可以采取"借鸡生蛋"的方式创业，比如，采取加盟

[①] 高级幕僚．这才是最牛团队——从携程到如家、汉庭（Ⅰ）[M]．广东省出版集团，广东经济出版社：2010．

合作等方式，把一些成熟企业的管理体系、品牌优势、社会资源等灵活变通地嫁接到自己的企业当中，有效地确保企业协调有序地运转，然后，在企业正常运转的过程中，不断地总结创业经验，从而形成自身的经营管理体系。由此，通过借助原单位实力创建创业平台，利用原单位的资源，实现对创业的追寻。

相对于另立山头的自主创业而言，借力创业有很多优势。首先是创业初期可以利用单位现成的资金、营销网络等资源，不用万事都从头做起；其次是个人承担的风险相对较小，即使创业失败，还有单位做后盾，个人损失不大；最后是起步较高，通常是在单位提供人、财、物等资源支持下开发与拓展新领域。而个人创业起点则受诸多因素限制，在有限资源条件下只得从简单做起，慢慢积累。如果你在一家创业型企业工作，往往可以得到这种机会。因为这种企业就是一个在不断追寻着机会，以创新业务为特征，把营利和发展作为主要目标的组织。这样的单位可以提供人们创业初期所需要的资源与网络关系，支持员工创业愿景，促成新事业获利成长，进而形成彼此在业务上的合作联盟，这也是成熟企业推动二次创业的一种有效方式。

案例　王选创业[①]

方正集团是由北京大学于1986年投资创办的，王选是集团当之无愧的技术决策人和奠基者之一。王选借助方正集团这一平台，利用自己发明的汉字激光照排系统开启了创业之旅。从起家到发展再到腾飞的过程中，王选不断致力于研究成果的商品化、产业化工作，成功地闯出一条产学研紧密结合的市场化道路。1989年其订货款额突破一亿元大关，为方正集团的发展奠定了良好的基础。他以前瞻者的魄力指引方正进军广电行业、开拓海外市场，又以战略性的眼光支持方正"专业化基础上的有限多元化"改革。从1990年到1994年，在王选以及一批年轻干将的努力下，又开发了报纸远程传版技术、彩色桌面出版系统、新闻采编流程计算机管理系统以及符合国际开放潮流的新一代软、硬件系统。方正出版系统征战南北，所向披靡，使得汉字激光照排技术占领国内报业99%的市场，书刊（黑白）出版业90%的市场；以及80%的海外华文报业市场，从而创造了巨大的经济和社会效益。

研讨主题：

（1）通过王选创业的故事，你认为借力创业成功的关键因素有哪些？你受到哪些启发？

（2）如果你毕业后到某个单位工作，你将如何借助单位的资源和平台，实现自己的创业梦想？

在大型企业中，使用组织力量和方式去寻求机会，去创造价值和谋求发展，并通过创新和特立独行来满足愿望和需求的过程被称为内部创业。

---

① 资料来源：根据方正集团主页《方正历程》介绍整理，http://www.founder.com/。

案例 海尔目前正在进行的探索：自主创业、在线和在册创业[①]

简单地说，海尔的"自主创业"就是让员工自己去发现项目，自己做，即自创意、自发起、自组织；"在册和在线创业"指的是员工可以把企业内的一些创业项目拿到企业外部去做，变成具备自主运营权的小微企业。这样的小微企业不仅可以利用海尔平台上的资源，也可以将社会资源引进到海尔这个创业平台上，小微成员可以是海尔的在册员工，也可以是在线员工，没有传统企业的边界。水盒子、车小微、天猫商城小微……这些创业团队背后孵化出来的正是一个个的小微创业企业，截至2014年6月底，海尔集团共有169个小微企业。也就是说，海尔将原来一家大企业，转变为众多相互紧密联系的小企业，组成海尔的生态系统。

研讨主题：

(1) 海尔集团实施的内部创业对企业产生了哪些影响？

(2) 如果你已经在企业工作，你将如何利用企业资源进行创业？

第5节 创业的一般过程

尽管每一个创业经历都因为不同的条件和环境而各有不同，但是，在创业者开始创建和经营企业时，他们所经历的过程基本大同小异。具体如下：

1. 识别或创造创业商机。为减少创业的盲目性，事业型创业者在创业之前一般先要对商机进行分析，在考察创业环境时，企业家们收集信息，明确潜在机遇，并估量潜在的竞争优势。如有人想网上开店创业，需要了解如何对店面进行"装修"、如何管理、营销、进货、送货、售后服务，以及对产品价格、特点、优势如何推广宣传，绝对不是到网上凑热闹。因此，如未在创业前对发展方向、市场定位等进行全方位的调研和策划，创业者很容易失败。

2. 考察创业环境。环境对创业的成功性影响很大，包括对行业市场的深度审视，对社会和大众消费的深刻了解，还要关注竞争对手。了解你的创业领域有多少竞争对手，他们实力如何。只有通过考察环境，创业者才能发现机遇和竞争优势，而这些则会引导创业型企业向前发展。

3. 创造出某种"有价值的"新事物，并且贯穿创业全过程。创业离不开创新。"创造价值"意味着通过创业者的创业，新产品、服务、交易、方法、资源、技术和市场被创造出来，从而对市场贡献一定的价值。在这个转换过程中，价值之所以被创造出来，是因为创业者正在创造一些有价值的、有用的东西。创业需要做自己独特的东西，慢慢积累经验。创业的核心是创造、创新。

4. 可行性研究。一旦创业者考察了外部环境，有了这些信息做支撑，可以开始对创业进行可行性研究——包括市场可行性、技术可行性、组织可行性、经济可行性，以及对

---

① 李珣. 自主创业、在线和在册创业 [J]. 财经，2014：14.

自身具备的优势、劣势、机会和威胁进行分析（即 SWOT 分析），还要研究竞争对手的情况，明确潜在的机遇和竞争优势。

5. 抓住机会，着手开始创业。一旦确定创业商机具有很大的可行性，就要全力以赴投身到创业活动中。虽然还有很多不确定性，甚至有失败的风险，但此时最需要的是勇气和魄力，这一点非常关键也极为难得，因为如果不走出这一步，就不可能在创业过程中发现问题、完善自我和历练成长。而大多数人在这一阶段往往是考虑风险太大，患得患失，退缩不前，结果导致错失良机，抱憾终生。

6. 整合创业资源。事业型创业者不仅需要专业知识，还需要其他创业资源，如创业合作者、经费、专利、专有技能、人脉关系、经验等。创业者在创业过程中要特别注重寻找能优势互补且全力以赴共同创业的合伙人，此外，还要寻找知识的转化点，充分结合自身专业，发挥特长，选择与专业相关的项目创业，才能在以后创业中拥有优势。

7. 创建创业平台。事业型创业都是通过创建平台实现的，如适当的公司或组织形式。一旦创业者研究完目标企业的潜力，评估过它成功的可能性之后，就必须考虑如何组织这个企业。组织企业包括选择企业组织的合法形式，资金投入者的权益、申请专利或版权等一些法律问题，还要提供一个合适的组织设计图，以便建设工作的开展。创业需要通过平台（实体、资源、机会、市场、管理等）来实现。

8. 经营企业。一旦创业者建立起企业并开始运营了，我们必须认识到，创业行动并不仅仅是建立起一家企业，一名创业者也必须通过管理来有效地经营企业，这都需要脚踏实地付诸行动，付出极大的努力。事业型创业者不仅有着创新、革新的本领，也应该具备全面扎实的管理技巧、商业智慧等。技术发明人往往以创新力著称，但缺乏必要的管理技巧和商业技能，经理人的管理技巧很强，效率也高，善于控制、监督并确保企业的顺利运行，但不一定具备创新力。经理人的主要职责是为了守业，而企业家型创业者则受商机的驱动，努力寻求突破与创新。

9. 迎难而上，谋求发展。创业者往往以追求经济回报、提升个人发展空间、独立自主、个人价值自我实现为动力。面对创业过程中出现的风险，包括财务、精神、社会领域及家庭等方面，不要轻言放弃。创业需要创业者具有持之以恒的精神，如果遇到一点困难与挫折就退让躲避，那么，之前的努力将全部付之东流。有关的调查显示，95％的创业失败不是因项目本身的问题，而是创业者缺乏持之以恒的精神。

思考题：

1. 请通过实例比较生存型创业与事业型创业的区别。
2. 请通过实例比较工匠型创业与企业家型创业的区别。
3. 如何理解创业的真谛是创建基业或事业？

Chapter 2
第 2 章　做企业家型创业者

- ▶ 第 1 节　企业家
- ▶ 第 2 节　企业家精神
- ▶ 第 3 节　两种不同的创业者
- ▶ 第 4 节　成为企业家型创业者的回报和挑战

创业案例　蒙牛老总牛根生的创业故事[①]

1999年1月，蒙牛乳业正式注册成立，注册资本金100万，基本上都是牛根生和他妻子卖伊利股票的钱。"当时在呼和浩特的一个居民区里租了一间小平房作为办公室，一共只有53平方米，月租金200多元。蒙牛乳业成立的时候，仅仅在内蒙，以伊利为首的乳品企业就有数百家。和蒙牛乳业同在呼和浩特市的伊利集团那个时候已经上市多年，有完整的冰品、液态奶和奶粉生产销售体系，当年的纯利润达到8 000多万元。而1999年蒙牛乳业刚创业的时候，没有奶源，没有厂房，没有市场，可以说是一无所有。"但是，牛根生有人。牛根生的蒙牛乳业大旗一扯，天下英雄归心，得知此消息还在伊利工作的老部下放下高官厚禄开始一批批地投奔而来，总计有几百人，无怨无悔地跟他从零开始打江山，但是在乳业江湖的利益格局基本形成的时候，蒙牛乳业的生存空间饱受挤压，或明或暗的算计来自各个角落。

有竞争对手开始希望将蒙牛乳业这个初生婴儿扼杀在摇篮中，蒙牛乳业经历了广告牌被砸、牛奶被倒等事件。面对竞争对手的明刀暗箭，牛根生选择了以退为进的策略。

当时的伊利总裁对于牛根生的能力特别了解，所以伊利对蒙牛乳业打压得最厉害。但是牛根生对于曾经狠狠地抛弃了他的伊利，在任何场合都表现出了满怀尊敬。蒙牛乳业当时打出的广告口号是：向伊利学习，为民族企业争气。当时蒙牛乳业对外宣传是内蒙古第二大乳业品牌，第一是伊利。牛根生在不同的场合提及伊利，言辞中总是充满对伊利的眷恋和对老领导的敬意。牛根生的做法逐步赢得了更多的同情与支持。对于自己当时为什么要这样做，牛根生的解释是"打不还手，骂不还口，只有这种方式才能活下来，同时还能长大"。面对竞争对手想要置之于死地的策略，牛根生坦言："如果不还手是掐不死的，只要一还手被掐死的可能性特别大。当时挨打和挨骂是为了能够生存、发展，最后能够不挨打不挨骂。当你打了好几年，打的和骂的过程都经历了以后，就要学会怎样不打能赢，怎样不战能胜。"

研讨主题：

（1）请阅读有关牛根生创业的文章和故事，阅读后请讨论：为什么说牛根生属于企业家型创业者？

（2）从牛根生的创业经历分析他身上有哪些品质与一般创业者不同？这些品质对于创业的成功具有哪些重要意义？

第1节　企业家

无论是创业个人，还是创业群体，社会都十分关注他们。心理学家关注的是创业者的动机；投资家感兴趣的是创业者的某些特征，通过这些特征可以提前预测出哪些创业者可

[①] 蒙牛老板牛根生的创业故事［EB/OL］．（2017-02-16）［2018-01-05］．http：//chuangye.yjbys.com/gushi/anli/541057.html．

能致富；商学院的教授们则对创业者的行为模式和可以传授的技能感兴趣。事实一再证明，那些能为社会带来进步、做出巨大贡献的企业背后，往往有一个具有企业家精神的创业者。

通常认为，"企业家"（entrepreneur）一词源于法语 entreprendre，原来的意思是中间人或中介。最早论述这一概念的是法国经济学家里夏尔·坎提隆。在他的论述中，企业家就是在市场中充分利用未被他人认识的获利机会并成就一番事业的人。他认为企业家的职能是冒着风险从事市场交换。其后，另一位法国经济学家萨伊将"企业家"一词推广使用，他在1800年说，企业家是"将资源从生产力和产出较低的领域转移到生产力和产出较高的领域"的人。最早将企业家作为独立的生产要素提出并进行研究的是英国经济学家马歇尔，他认为企业家是不同于一般职业阶层的特殊阶层，他们的特殊性是敢于冒险和承担风险。

美籍奥地利经济学家熊彼特将企业家视为创新的主体，他把创新视为判断企业家的唯一标准。根据熊彼特的观点，企业家所从事的工作就是"创造性破坏"，也就是通常说的创新。熊彼特提出，创新是指把一种新的生产要素和生产条件的"新结合"引入生产体系，它具体有五种形态：开发出新产品、推出新的生产方法、开辟新市场、获得新原料来源、采用新的产业组织形态。

现代著名的管理学理论大师彼得·德鲁克在《创新与企业家精神》（1985）一书中用了整整一章的篇幅来定义"企业家"。在他看来，"企业家"能够：

1. 大幅度提高资源的产出；
2. 创造出新颖而与众不同的东西，改变价值；
3. 开创新市场和新客户群；
4. 视变化为常态。他们总是寻找变化，对它作出反应，并将它视为机遇加以利用。

研究发现，企业家们显示出很高的成就需要和较高的权力需要，他们具有强烈的成功欲和自我实现的心理需要，其成就欲一般高于普通人群。他们寻求挑战性的工作，敢于承担责任，渴望自己将从事的工作做得更完美更有成效。他们追求成功的行为，表现在创立企业并自主经营和敢于承担并接受风险，他们的存在是企业尤其是中小企业得以存在和发展的社会基础。

第2节 企业家精神

谈到企业家，必然会提到企业家精神。企业家精神主要是指创业主体在创业过程中所表现出来的精神特征。创新与创业是企业家精神的主要表现形式和主要功能，创新、创业只有在企业家精神的统帅下才能最大限度地发挥其对国家/社会经济增长和社会发展的重大作用。企业家精神是创业型社会的时代精神、核心文化的内核。全球最大科技顾问公司埃森哲（Accenture）曾在26个国家和地区与几十万名企业家交谈，其中79%的企业领导认为，企业家精神对于企业的成功非常重要。公司的研究报告也指出，在全球高级主管的心目中，企业家精神是组织健康长寿的基因和要穴。正是企业家精神造就了第二次世界大战后日本经济的奇迹，引发了 20 余年美国新经济的兴起。那么，到底什么是真正的企业家精神呢？

创新是企业家精神的灵魂。熊彼特关于企业家是从事"创造性破坏"的创新者观点，凸显了企业家精神的实质和特征。一家企业最大的隐患，就是创新精神的消亡。一家企业，要么增值，要么就是在泯灭人的创新才华。创新必须成为企业家的本能，但创新不是"天才的闪烁"，而是企业家艰苦工作的结果。创新是企业家活动的典型特征，从产品创新到技术创新、市场创新、组织形式创新等。沃尔玛的出现取代了千千万万家杂货店，这是一种"创造性破坏"，因为沃尔玛的出现使社会效率提高了，也使数亿家庭的生活费用降低了。这就是对社会的创造性贡献。

有许多企业领导人，特别是具有企业家精神的企业领导人，能凭借超凡的个人能力来改变一家企业的现有处境。因此，组织需要依靠那些具有企业家精神的人来摆脱困境，向前发展。如 IBM 的郭士纳，GE 的韦尔奇，微软的比尔·盖茨，英特尔的葛洛夫，甲骨文的拉里·艾利森，索尼的盛田昭夫，格力的董明珠，联想的柳传志，海尔的张瑞敏，等等。对高科技企业来讲，固然需要技术天才，然而，那些具有企业家精神的当家人更不可或缺。他们有着清晰的愿景，强烈的使命感和责任感，不畏艰险，百折不挠，对自己的能力充满信心，不放过任何创新的机会，既追求新奇而且又能使创新资本化。

2006 年 10 月，徐新第一次与刘强东见面。刘强东想融资 200 万美元以解决公司发展的困境，徐新了解情况后却给了他 1 000 万美元。为什么？徐新说："刘强东当时非常缺钱，但又非常倔强，坚持自己认为对的东西，这是我们希望看到的企业家气质。刘强东和团队对事业'只做第一，不做第二'的决心和他身上所具备的创业家的狼性打动了我。"正是刘强东身上的企业家精神，赢得了投资方的高度认可。

第 3 节　两种不同的创业者

在第一章所述的麦当劳的创业史中，我们可以看出麦当劳兄弟俩与克罗克之间明显的差异。麦当劳兄弟俩充其量算是成功的工匠型创业者，他们创建的只是一家餐馆及当地的一个深受欢迎的快餐品牌，经济上能获得较高的回报，过上了衣食无忧的富裕生活。而克罗克则是一位企业家型创业者，他的内心世界有着更加远大的格局和抱负。尽管克罗克为创业历经磨难，甚至倾家荡产、妻离子散，但他在创业过程中所表现出的那种百折不挠、一往无前的精神，以及企业家所特有的创新能力、商业智慧及雄才大略，都是麦当劳兄弟俩根本无法比拟的。通过将克罗克与麦当劳兄弟作比较，我们可以看出两种不同类型的创业者的明显区别：克罗克展代表的是企业家型创业者，而麦当劳兄弟则代表的是工匠型创业者。企业家型创业者与一般创业者的不同之处就是他们的创业活动展现着鲜明的企业家精神：

1. 企业家型创业者具有开拓与创新精神。开拓与创新是通过提供新的、独一无二的创意而成为"变化的源泉"。一般创业者恰恰缺乏创新意识和能力，习惯于因循守旧，墨守成规或照抄照搬别人的东西。他们一般没有意愿去发明或创造新东西，当他们发现市场缝隙时则会用已有的商务模式、已有产品和服务去填补这种市场缝隙。如某人在街边新开一家小超市，按照社会现成的通行模式进行经营，他的创业既没有创造新的需求，也没有开辟新的市场。而创新则是企业家型创业者开展创业活动的典型特征，虽然大多数企业家型创业者创业初期都是作为小型的复制者（提供的产品和服务与现存产品和服务相近）起家的，而不是作为创新或发明者（提供的产品和服务与现存企业所提供的差异很大）起家的，但他们善于寻求变化，适应变化并利用变化，然后再创造一些新东西。从发现和创造商机，到设计创造出新颖的产品、服务或实现其潜在价值，从市场营销创新，到经营模式创新等，无不体现出企业家开拓创新的精神。比如乔布斯创业，他从不满足于已有的成功，而是立志改变未来，不断创新。他的创业有力地提升了人类文明的进步速度，苹果的产品已经不是简单的一个产品，更是对未来生活方式的引领。企业家型创业者视变化为常态，他们大胆、执着、富有冒险精神，不停留在想而是立即动手去做；他们总是寻求变化，对变化作出积极反应，并将变化视为机遇加以利用。

2. 企业家型创业者具有远大的目标追求和格局。在这方面，一般创业者和企业家型创业者有着质的区别。一般创业者以短期利益驱动为主，习惯于做好眼前的事，满足于厮守一个摊子，或满足于一个市场或一种产品，"小富既安"，他们的创业往往是出于一种无奈，是为了缓解生存压力或者为了赚钱才走上创业之路，目标追求只是有利可图，靠的是赌命运或赌未来。他们也许会抓住某个市场机会，赚到了一桶金，但是在随后的日子中，由于没有远大的目标追求，没有雄才伟略，因此，在规则日益规范、竞争日益激烈的市场中，这样的创业者很难取得持久的成功。而企业家型创业者的创业却不是盲目进行的，更不会朝三暮四，企业家型创业者具有远见卓识并可为长期目标而牺牲短期利益，他们的创业有着非常明确的事业追求与目标，他们的创业往往是基于对未来的预见，并要改变未来，他们追求基业常青，不断成长。创业者为了实现这一目标，可以根据具体情况进行必要的调整，但目标不变，持之以恒，百折不挠，最终实现预期。如李开复，他在国际著名企业中一直担任资深高管，无论是经济收入，还是社会地位，都是一般人所无法企及的。但他却有着更高的追求，为了实现自己的梦想，他放弃了所有这一切，包括股票优先权、股票期权、退休金或其他既得利益。

3. 企业家型创业者懂得分享，具有强烈的合作精神。一般创业者大都对他人缺乏信任感，或者是独占股份，不愿意与合作者分享红利；而真正的企业家却懂得，要进行事业型创业，靠单枪匹马是很难实现的，必须要通过优势互补团队的合作才能完成。这样的团队是一种不断追寻机会、以创新业务为特征、把盈利和发展作为主要目标的组织。为此，企业家型创业者清楚自己既不可能也没有必要成为一个超人，而应该懂得分享、擅长合作，互相取长补短，他们在重大决策过程中善于集体行为而非个人行为，他们努力使自己成为"蜘蛛人"，有着非常强的"结网"能力和意识。他们在股权利益分配上，重视分享的激励作用。比如马云持股比例为7%（2017）；柳传志持股仅0.28%；马化腾只占有12%的股权；比尔·盖茨在微软的持股比例也仅占9.48%。任正非有着强烈的家国情怀，立志实业报国，他所创建的华为始终扎根于中国，不在海外注册，但他自己仅持有1.4%的股份，而把98.6%的股权开放给员工。在任正非眼中，华为所挣的每一分钱都是大家的，都是合伙人的。如今，82 000 多名合伙人可分享华为的股权，他们除了不能表决、出售、拥有股票外，完全可以享受分红与股票增值的收益。以 2010 年为例，华为净利润达 238 亿元，配出每股 2.98 元的股息，若以一名在华为工作 10 年且绩效优良的资深主管为例，配股可达 40 万股，该年光股利就将近 120 万元。在员工待遇上，2012 年，华为赚了 154 亿元，却大手笔拿出 125 亿元作为年终奖，15 万华为员工人均年终奖可达 8.33 万元。仅凭这些，任正非就可牢牢地控制华为，凝聚员工的心。正是在任正非这样的企业家的领导下，2017 年在全球 500 强榜单上，华为是首家进入全球 100 强的中国民营企业，排名第 83 位。再以某大型家电连锁企业为例，在上市前，该企业总裁个人占有 100% 股份，上市后，该企业总裁被调查前，他对该企业的股权比例也占绝大部分，该企业高层没有一人持股。从中可以看出，是否懂得分享，是否具有真诚的合作意愿，也是企业家型创业者与一般创业者的区别之一。

4. 企业家型创业者具有勇于冒险、迎接挑战的精神。创业往往与风险或不确定性联系在一起。一般创业者通常不愿意冒险，前怕狼后怕虎，做事畏首畏尾，其中一些创业者即使做出冒险举措，通常也是以一种赌博和撞大运的心态，带有很大盲目性。但企业家型创业者并不是这样，特别是创新型创业过程要面临许多不确定性，包括寻求新的、未曾尝试过的方式和方法，是在向未知领域挑战，期间充满了激情、艰辛、挫折、忧虑、痛苦和徘徊，因此，创业者不仅需要付出坚定、坚持不懈的努力，还需要冒着各种风险，如财务的、精神的及家庭的等。事实上，企业家型创业者比任何人都具备风险意识，他们愿意冒险，但冒的是经过严谨计算并可以有效控制的风险，毕竟一旦失败会令他们付出沉重的代价，所以他们需要收集和筛选足够的数据和事实，来支持他们理性的决定。在面对不同的环境和创业机会时，即使条件还不够成熟（如缺乏创业资金、人脉、经验等），外部环境还不明晰时（如客户、竞争对手挤压、各种政策制约等），企业家型创业者仍能冷静分析利弊，为追求事业目标的实现，他们总是敢为人先，勇于放弃原来的既得利益，创造条件，义无反顾地面对风险并迎接挑战，敢于走出创业的第一步，敢于在困难和挫折中不断完善和提高自己，努力去实现自己的创业梦想。如李彦宏为了自己的事业追求，毅然放弃了自己在美国高科技公司优厚的待遇，放弃了自己在美国的稳定富裕的生活，回国从头开始了艰苦的创业。尽管困难重重，但他仍义无反顾。

5. 企业家型创业者善于学习，依靠理性与智慧创业。一般创业者进行创业大多带有蛮干、赌一把、碰运气的色彩，他们的智慧和能力有限。而企业家型创业者大多善于学习，注意工作经验的积累和能力的培养，他们在创业之前，大都会主动关注和观察成功领导者的办事风格和做法，他们也会主动学习必要的经营管理知识，不断修炼自己，培养良好的教养、理性思维，他们的创业不是心血来潮，更不是盲目冲动之举，而是一个不断学习进步，充满理性、探索、开拓创新的过程，包括从识别或创造创业商机、考察创业环境、评价和筛选商机、创造有价值的产品/服务，再到整合创业资源、创建创业平台、创新商业模式、直至逐步正常经营管理等一系列的决策和行动等。可以说，创业过程面临许多复杂的问题，仅凭经验和卖力气远远不够，需要大量的理性、知识和商业智慧作支持。当代成功的企业家型创业者几乎无一例外地都展现出这一特点，如乔布斯、比尔·盖茨、史玉柱、李彦宏、俞敏洪、任正非、董明珠等。

6. 企业家型创业者具有强烈的社会责任感和诚信精神。一般创业者大都对现代企业管理了解甚少且有抵触，社会责任意识不高，其中不乏唯利是图者，只要能赚到钱，干什么都行，甚至不惜偷税漏税，生产假冒伪劣产品，从而造成对社会的损害。而真正的企业家则会主动肩负起社会赋予他们的责任，他们深刻理解市场经济是法制经济，更是信用经济、诚信经济。企业家型创业者深知，诚信是绝对不能摒弃的原则。比如说按章交税、增加就业机会、诚信经商、把员工教育好、做好公益事业等。如中国曾经的女首富，玖龙纸业公司的创始人张茵最初在香港创业，她坚持品质第一，改变了香港人们曾经往纸浆里面掺水的做法。但这也触犯了同行业的利益，她被认为是违反了"行规"，甚至因此接到黑社会的恐吓电话，但张茵并没有退缩，而是坚持以她的公道和诚实经营，并迅速在香港市场占据了一席之地，很快，张茵的名字就在香港业内传开，收废纸的那些人都愿意跟她做生意。而黄××曾经因成功创建某电器连锁店并在香港上市而成为中国首富，但这并不说明他就是合格的企业家型创业者。黄××因经营过程中触犯法律而被判刑坐牢：一是内幕交易罪，因为他操纵中关村的股价；二是非法经营罪，他非法经营外汇，还参与赌博；三是单位行贿罪。三罪并罚一共14年。尽管他具备某些企业家的素质，如冒险精神、商机意识等，但正是由于他缺乏社会责任感和诚信精神，缺乏守法经营意识，最终自食其果、身败名裂。

7. 企业家型创业者具有整合资源的能力。创业需要不同的资源，同样的资源在不同创业者的运筹下，效果往往大相径庭。一般创业者的创业活动大都是依靠资源驱动的，他们的思维模式经常是：如果我有什么资源，我将能干成什么事情；而企业家则首先问环境中有什么机会，然后才会想到自己拥有什么资源，并想方设法去获取这些资源。此外，一般创业者的头脑中很少有将创业资源优化整合的概念，他们甚至会寄希望于拉关系、走后门，靠坑蒙拐骗等不正当手段等捞取商业利益。而真正的企业家创业者凭的是自己整合资源的真本事，如麦当劳的创始人克罗克，他虽然没有发明什么新产品，他的餐厅生产的汉堡其他任何一家不错的美国餐厅也早就生产出来了，但他能做好资源的整合，如将产品、加盟连锁、服务、标准化、设计制作流程和工具、房地产、物流配送等多种资源整合并加以运用，此外，他还进行了有组织、有目的的系统创新，并基于工作分析设定标准，根据标准培训人员等。这些做法不仅大幅提高了资源的产出，而且开创了新市场和新客户群。还有的创业者在资源整合上总不能摆脱"零和博弈"的束缚，通过损人来利己。比如，专营格力空调的北京经销商是这样评价某大型家电连锁企业的："该企业的低价靠的是挤兑厂家。空调价格由它定，还要独占12%的利润，售后服务甩给我们经销商，该企业的纯利比我们的毛利都多。"让我们看看该企业有哪些苛捐杂费：无偿占用货款、收缴场地租赁费、促销员管理费、灯箱维护费、过节赞助费、质量保证金等。正是由于该企业处在这种强势的近乎垄断的地位，使很多与之合作的厂家敢怒不敢言。而格力的董明珠不吃这一套，她说："该企业想利用其连锁网点的众多优势，左右所有的企业，不顾及任何人的利益，只顾及自己的利益，严重扭曲了正常的工商关系，损害了家电制造企业的正常的生存空间。该企业所代表的大渠道正在成为制约中国家电产业进一步发展的因素！"从此，格力切断了与该企业的一切业务往来。董明珠认为,真正好的资源整合,不仅是把货卖出去、把钱赚回来,还要在厂家和商家之间,形成稳固、诚信的合作关系,共同为社会和消费者创造价值;只有多赢,生意才能做长久,如果不懂得保障他人的利益,最后自己的利益必然也会失去。董明珠不仅这样说,也是这样做的,2006年8月,格力电器以优惠的价格向经销商定向增发了相当于总股本15%的股票,用资本的纽带,把经销商和格力电器的利益更加紧密地捆绑在一起。

8. 企业家型创业者具有百折不挠的精神。在发生经济危机时,投资人可以变卖股票退出企业,员工亦可以退出企业,只有创业者是唯一不能退出企业的人。一般的创业者面对挫折时,往往会表现得无能为力,要么知难而退,要么怨天尤人;而企业家型创业者在面对挫折时,通常会表现出惊人的抗打击能力。乔布斯在创业过程中历经坎坷,他曾经被董事会请出自己一手创办的苹果公司长达13年之久,他创办的NeXT公司亏损到差点全军覆没,他收购并倾注大量心血的皮克斯公司早期也差点被迪士尼抛弃。与一般人不同的是,面对这些挫折,他不但没有一蹶不振,反而不断总结经验教训,以毫不畏惧的态度,坚持把每一天都当成生命的最后一天来战斗,凭着百折不挠的精神他终于成就了一番事业。再比如,中国白手起家的典范、2006年成为中国第一位女首富的企业家张茵也曾遇到各种打击。2008年3月,张茵的三份提案被人指责为"只代表富人利益",遭到舆论猛烈抨击;4月,她正在美国走访投资者,要公布业绩的时候,"血汗工厂"的报道突然铺天盖地,又将她卷入舆论的旋涡;在公司要上市的时候,又出现了她的美国公司倒闭,与丈夫离婚的传闻。每一个负面消息来的时候,都是在玖龙纸业的关键时刻。面对困难,张茵和丈夫一同出现,证实自己的家庭稳定,同时给公司的管理层及员工开会澄清事实。她认为"这个时候你必须稳住阵脚,而你有信心才会稳,信心就是你对企业有把握。玖龙纸业过去也是在经济最低谷的时候发展起来的。"正是这种乐观面向困难和百折不挠的精神,使她渡过了一个个难关。

9. 企业家型创业者具有承担风险的能力。企业家作为一个客观存在的特殊社会群体,在创办经营企业过程中,他们需要承担经济风险(投入资金)、职业风险(放弃稳定工作)和家庭风险(投入时间、精力),成功欲越强的人越是愿意承担高风险,这种对风险的态度和承受力,同时表现出企业家的另一种高度自信的个性特征。企业家型创业者创业过程中,通常有着清醒的风险防范意识,他们往往会精确计算自己的预期风险。他们会通过与别人一起分担风险、规避风险或将风险最小化,进而提高成功的几率。

10. 企业家型创业者具有敏锐的洞察力和专注精神。洞察力就是在一个机会还没有显示出价值、在别人都不以为然的时候,企业家就能够发现它潜在的价值。在企业没有成功前,周围人甚至企业员工都不理解,也许最主要的原因是因为其他人往往未能或者不愿意投入同样的时间和付出同样的代价,去领悟别人无法看到的事物和真理。专注则是各行各业的创业者都需要的精神。因为世界上的任何事,只有一心一意、全力以赴地去做,才可能做得更好。现代社会,分工日趋精细,敬业精神、专注精神已成为时代之必需。在企业家型创业者看来,干什么事情都需要聚精会神、心无旁骛、坚持不懈,这样才能够观察到每件事情的微妙之处,精益求精,同时能够把握全局。三国时期的诸葛亮之所以能够屡战屡胜，就在于他有一股专注劲，很会把握机会。著名的"火烧赤壁"就是这样，诸葛亮一心一意地研究东风，最后算准了东风到来的时间，"水面偏能用火攻"，最后击败魏军，曹操险些被俘。专注的反面是浮躁："六心不定，输得干干净净。"王安石说过："人之才，成于专而毁于杂。"专注不是钻牛角尖，而是一种做事情认真执着的精神。专注，靠的是水滴石穿的恒心，靠的是金石为开的毅力，靠的是用志凝神的行动。经营奇才王永庆，在20世纪50年代初世界塑料工业处于发展初期的时候，凭借其非凡的预见力，看到了发展塑料工业的远大前景，果断举债67万美元，筹建塑料厂，迈出了成功的第一步。几十年的专注经营，使得他的公司不断发展壮大，如今他的台塑公司已成为一家跨国大企业，王永庆也成为全球有名的华人大富豪。正是因为王永庆具有他人所缺少的远见卓识和专注精神，使他可以先别人而取得先机。相比之下，有的人总是用一种思维方式，结果，怎么也走不出自己为自己设置的圈子，终生与成功无缘。

11. 企业家型创业者普遍具有知恩图报之心。他们通常有着宽广的情怀，看不起守财奴，更厌恶为富不仁者。企业家型企业者不忘社会的滋养和哺育，常怀感恩之心，他们以回报社会为己任，常常用自己的财富做慈善事业，体现了很强的社会责任感。如牛根生于2005年捐出了自己与家人持有的蒙牛股份，总市值高达40多亿元，创立了面向全社会公益事业的"老牛专项基金"，主动完成从企业家到慈善家的华丽转身，牛根生也因此被海外媒体称为与比尔·盖茨、巴菲特、李嘉诚并列的"四大捐赠巨头"之一。像李嘉诚、陈嘉庚这样的企业家型创业者在取得巨大经济成功的同时，始终不忘回报社会，不仅投资实业，还出资做了很多兴办教育、造桥铺路、扶弱济贫的善举。在2005年CCTV中国经济年度人物颁奖典礼上，李彦宏在百秒限时演讲中是这样说的："百度的创立源于我作为一个技术人员的梦想，这个梦想就是用技术来改变世界，来改变普通人的生活。"因此，我们可以这样理解，李彦宏是怀着"技术改变世界、个人收获财富"的理想而踏上了创业之路。

案例　马云以2 000万美元的奖学金计划回报Ken曾经给予他的指导和支持[①]

2017年2月3日，澳大利亚纽卡斯尔大学宣布，阿里巴巴董事局主席马云通过马云公益基金，拿出2 000万美元设立奖学金计划。这是纽卡斯尔大学有史以来收到的最大规模捐赠。马云说，这项奖学金将用于"支持那些想自己看看这个世界，用心去思考的人们。"

1980年，Ken Morley一家来华旅游，结识了16岁的马云。马云将Ken视为为他开启世界之窗的导师，他向纽卡斯尔大学的师生们回忆说："每一次我们相遇，我们都会辩

---

① 马云2 000万美元奖学金回报当年200澳元．(2017-02-04)［2017-10-15］．http://finance.qq.com/a/20170204/002881.htm.

论很多事情。"Ken 没有上过大学,但经常与马云谈起纽卡斯尔大学。Ken 也曾经为在杭州师范学院读书的马云提供支持,他每隔 6 个月给马云寄一张支票,两年多时间里总共寄了大概两百澳元。如今,马云以 2 000 万美元的奖学金计划回报 Ken 曾经给予他的指导和支持,他说,"不知道什么原因,我总想为纽卡斯尔大学做点事情,因为这是 Ken 经常提到的一所大学"。马云说,他一直希望有一天可以成为像 Ken 那样的人,帮助和支持有梦想的年轻人。

在讲话中,马云一直在谈 Ken 对他的支持和启发,与其一家给他带来的改变。延续 40 年的情义是发生在澳大利亚纽卡斯尔大学这一幕的起源,而这份情义也将由 Ma-Morley 奖学金帮助的年轻人们延续下去。

第 4 节 成为企业家型创业者的回报和挑战

创业是一个艰辛的历程,初创阶段的企业所面对的困难往往令创业者的个人和家庭生活都受到影响,财政上承受着巨大压力,万一创业失败还要承担失败所带来的一系列后果。所以事实上,所谓白手起家,是创业者运用自己有限的资源,自发性地利用市场机遇发展事业所面对的一场硬碰硬的战争。这场硬仗打赢了固然可以带来财富,但创业者在实施的过程中还有许多随之而来的东西,包括心理的压力、焦虑、挫折、喜悦、无助、成功的满足感、付出代价时的痛苦等。创业成本包括个人付出的时间和精力,包括放弃享受闲暇的时间和与家人相聚等。

成为一名企业家型创业者有诸多的回报。许多人想创业,主要是因为创业能给他们高度的独立性。事实上,研究者们也发现,独立性是成为企业家型创业者最主要的吸引人之处。成为一名企业家型创业者的其他积极因素包括:能发挥各种各样的技能和才能,有做决策的自由,只对自己负责,拥有应对挑战的机会,经历达到目标时的成就感和自豪感,当然,也拥有拿到更多资金回报的潜在可能性。然而,资金回报对于大多数企业家型创业者而言,并不是他们创业的最主要的原因。企业家型创业者的回报和挑战详见下表:

表 2-1 企业家创业者的回报和挑战

回报	挑战
高度独立性——不受限制的自由	必须习惯于变化和不确定性
能发挥各种各样的技能和才能	必须做许多艰难的决策
做决策的自由	可能会面临严峻的经济决策
只对自己负责	必须习惯于承担风险
应对挑战的机会	需要许多不同的技能和才能
成就感和自豪感	必须适应潜在的失败
更大的资金回报的潜在可能性	

成为企业家型创业者会面临哪些挑战呢?成功的企业家型创业者会告诉你,创业需要

一种让人全神贯注的激情，它是一项艰难的工作，也是某种牺牲（不仅是个人的，也是职业的），并且每一天所面临的挑战都完全不一样。

成为一名企业家型创业者意味着，必须习惯于变化和承担风险。实际上，创业的本质意味着变化，这是企业家型创业者面对挑战的正常状态。伴随变化而生的是不确定性和风险。企业家型创业者必须习惯于变化，习惯于承担风险。此外，成为一名企业家型创业者的许多挑战也包括作出种种选择。企业家型创业者面临着一系列艰难的决策，这些决策有时候是经济上和情感上的艰难决策，有时还要面对失败的现实。以乔布斯为例，乔布斯的创业历程一直充满着开拓创新，不断迎接挑战，不断超越自我。20世纪70年代，苹果最早是卖电脑的，而且曾经是最早的个人电脑市场真正的霸主；2004年，苹果进军数码终端领域，凭借iPod，从一个电脑公司变成了数码电子设备商。与此同时，乔布斯还创造了iTunes模式，在网上购买音乐并下载，改变了原先的整个产业。1986年，乔布斯本人传奇般地被自己开创的公司扫地出门后，创立了NeXT公司，后来又创建了Pixar动画工作室，先后制作了史上最卖座的动画系列：《玩具总动员》《海底总动员》《超人总动员》。2005年，Pixar被出售给迪士尼公司，乔布斯成为迪士尼董事会成员之一，也是好莱坞最有影响力的大亨之一。

案例

一个在日本的中国留学生，课余为日本餐馆洗盘子以赚取学费。日本的餐饮业有个不成文的规定，即餐馆的盘子必须用水冲洗七遍。洗盘子的工作是按件计酬的，这位留学生计上心头，洗盘子时少洗一两遍。果然，劳动效率便大大提高，工钱自然也迅速增加。一起洗盘子的日本学生向他请教技巧。他毫不隐讳，说："你看，洗了七遍的盘子和洗了五遍的盘子有什么区别？少洗一两次嘛。"日本学生却因此与他渐渐疏远了。

餐馆老板偶尔抽查盘子的清洗情况。在一次抽查中，老板用专用的试纸测出盘子的清洗程度不够，并责问这位留学生，但他振振有词："洗五遍和洗七遍不是一样干净吗？"老板只是淡淡地说："你是一个不诚实的人，你被解雇了。"

为了生计，他又到其他餐馆应聘洗盘子，再也没有老板雇用他。

课堂研讨：

(1) 上述案例说明什么？如果在创业过程中总是抱有这种投机取巧、不讲诚信的心理，其后果将会如何？

(2) 请你谈谈对一些创业者通过耍小聪明、钻空子、明里一套、暗里一套也获得不少经济收益的看法。

思考题：

1. 企业家型创业者与工匠型创业者的主要区别是什么？
2. 什么是企业家精神？

3. 具有企业家精神的创业者为什么创业成功率较高?

4. 请阅读有关乔布斯创业的故事,思考并分析乔布斯具有哪些企业家品质?乔布斯创业成功的关键因素有哪些?你从中受到哪些启发?

5. 在遇到任务、问题和困难时,你会如何处理?你将如何培养自己的企业家精神?

6. 为什么说人要有感恩心理?为什么"知恩图报"对一个人的创业成功非常重要?

Chapter 3
第 3 章　创业商机的发现与创造

- 第 1 节　创业商机
- 第 2 节　发现创业商机
- 第 3 节　从环境变化中发现创业商机
- 第 4 节　从热点中发现创业商机
- 第 5 节　从不满意中发现创业商机
- 第 6 节　从不方便中发现创业商机
- 第 7 节　创造创业商机

案例

　　大约 20 多年前，乔布斯意识到他们在车房中组装的个人电脑会改变世界。他放弃了大学学业去追求自己的梦想，从而开创了全球个人电脑行业和曾经是全球第二大的电脑公司；苹果电脑开发成功后，由于在公司发展目标方面与董事会发生冲突，乔布斯被迫出售股份离开苹果，但他没有放弃自己的目标，凭着自己的力量苦苦支撑了十年，几乎耗光了自己的积蓄，终于创造了一系列新的电脑技术平台和商业模式，并在十年后成功挽救濒临破产的苹果电脑。乔布斯虽然不是最成功的创业者，但却是全球最有洞察力的创业者之一。①

思考与研讨
1. 阅读有关乔布斯的报道，分析乔布斯是如何发现和创造商机的？
2. 发现和创造商机为什么对创业者来说非常重要？

第 1 节　创业商机

　　正确地识别创业商机是创业者首先要具备的能力。这是因为创业者的第一要务就是要解决以何种产品、何种方式最快最有效地满足客户的需求，以吸引和留住客户，而所有这些就构成了商机的基本内涵。对创业商机的判断作为创业初始阶段的关键环节，将影响整个创业活动能否正常开展。几乎所有创业者失败的根源都可以归结为对商机的误判。因此，创业的基础性任务之一就是要学会识别、发现甚至创造创业商机。事实上，把握创业商机是主观努力和客观存在的统一。一定的创业商机总是在特定的环境中形成与出现的，所以，创业者首先要学会从纷繁复杂的环境中发现或创造创业机会。商机（business chance）代表着一种通过整合资源、满足市场需求，从而实现市场价值并带来盈利的可能性。创业商机可以简单定义为是一个有吸引力的、使投资者能够收回投资的有利环境。对创业者来讲，一个好的创业商机应符合下列标准：

　　1. 该商机能体现出某市场具有真实的需求，且有一定的购买力支持，能取得一定的营业额和利润，并收回投资；

　　2. 该商机所描述的市场有尚未满足的需求，未来有一定的发展潜力；

　　3. 面对该商机，创业者具备与之相关的、有效的资源和技能，有能力满足该市场的需求；

　　4. 创业者具有一定的竞争优势和开拓该商机所描述市场潜力的能力。具有竞争优势对于一个组织的长期成功和生存是至关重要的。

　　创业商机无论大小，从经济意义上讲一定是能由此产生利润的机会。创业的一个关键方面就是追寻觉察到的商机，因为商机是一种积极的外部倾向或外部变化，它为创新和创造价值提供了可能性。

---

① 创业关键能力［EB/OL］.（2015-02-02）［2017-05-15］. http://www.795.com.cn/cy/cyzn/1189.html.

创业商机的特点如下：

1. 具有潜在的盈利性。这种盈利性一般并不明显，评价和识别都有一定难度。对这种潜在的盈利性的理解需要创业者拥有一定的知识和技能，同时需要相关领域的经验。比如：张朝阳、李彦宏等人出国后，发现互联网的商业化应用在美国发展得非常好，而在国内却存在很多空白。他们经过分析，预见利用互联网在国内创业一定会有很大的发展潜力和盈利可能性，于是，他们回国后创业并取得了成功。

2. 难以捕捉性。商机表现为需求的产生与满足方式在时间、地点、成本、数量、对象上的不平衡状态。商机往往稍纵即逝、变化无常，旧的商机消失后，新的商机又会出现。很多商机并不是永远存在的，创业者要善于利用创业的"机会窗口"，也就是在能有效进入市场的期限内创业。如果等到参与的竞争者很多，市场更加成熟，机会窗口也就关闭了。比如，阿里巴巴 B2B 电子商务网在 1999 年创建，然后，市场迅速发展，后来逐渐有慧聪、金银岛以及中国建材网、中国化工网等网站加入竞争，B2B 电子商务市场也渐趋成熟，这也意味着机会窗口的关闭。如今，如果有人想再通过 B2B 电子商务创业并取得成功，已经变得非常困难了。

3. 离散性。创业商机大都不具备完整的、明确的系统性，往往需要人们在对基本创业目标作出判断的基础上再发挥创造性，将其他离散的但却不可或缺的配套资源整合进来，逐步形成整体化且相辅相成的创业项目。

4. 易忽略性。很多商机初看上去微不足道，易被人们忽略，在某些情况下，那些细微之处恰恰就蕴含着大量的创新机会。例如多年以来，当人们打开涂料桶时，都是用螺丝刀撬开上面的盖子，一直如此，从未改变过。但是，现在荷兰男孩油漆公司（Dutch Boy Paint）推出了一种名为"Twist & Pour"的塑料制成的涂料桶，其特点是使用者可以轻松拧开桶盖，并且桶上还配有一个特制的壶嘴，解决了传统涂料桶倒出涂料后的滴撒问题。另外，通过涂料桶上的壶把，使用者还可以控制所倒出的涂料量，有了壶把手，也方便使用者携带。荷兰男孩油漆公司的营销总监亚当·察夫说："来自消费者的反馈说，这种塑料容器是一种包装上的创新，早就应当有人想到这个方法了。"这个例子说明，大家已习以为常的做事方法（如用螺丝刀撬开涂料桶）可能远不是最理想的方法。

第 2 节　发现创业商机

商机是客观存在的，但并不一定显而易见。由于信息不对称，要发现商机往往需要学习与观察，需要实践经验的积累。一个有远见的创业者是靠机会驱动的，机会来源于环境中的变化，企业家型创业者就是善于捕捉这些变化的人。

此外，研究发现，社会交往面广、与企业高管关系密切的创业者更容易发现创业商机。创业前曾担任过的管理职位越多样、经历的行业相关性越强的创业者往往更容易捕捉到机会。在调查美国成长最快的 500 家企业中发现：71% 的创业者识别出的创业机会来源于先前工作经历的模仿与改进。通过工作经验积累而形成的"业务敏感能力"造就了其独特的视角与创业警觉性，具体表现为：面对相同信息时能识别常人不能发现的有价值、回报高的创业机会，同时，在处理与先前经验相类似的问题时，也表现出与众不同的判断标准与思维方式，即经常运用直觉判断而不是预测，运用经验推理而不是理论推导，运用整体思维而不是破碎思维。创业机会不是机械的最优化搜索结果，机会不是纯粹靠运气发现的，而是通过激发无处不在的创业意识来发现的。一些创业者之所以比另外一些创业者对创业机会更加敏感，是因为创业者自身具备不同的知识和个性特质。

许多创业活动失败的原因不是创业者本人不努力，而是没有找到真正的创业商机。如何发现创业商机？首先，创业者应将自己置身于消费者的世界中，从消费者角度去观察和体会。这个过程的关键在于观察和体会，而不是只听消费者怎样说。要从假设自己所处的现实情景入手，看看如果是自己在这一情景中需要什么？什么能够刺激自己去购买？只有站在消费者角度去思考这些问题，才能够将假设转化为商机。事实上，很多创业者在努力寻找创业机会时，缺少的并不是创意，而是来自消费者的视角。为了培养洞察力、发现商机，你需要仔细地观察消费者在体验时的真实表现，并善于抓住他们真情流露的那一瞬间，而不是只听消费者叙述自己的感受。

其次，创业者要善于迅速发现问题的关键点。成功的创业者通常都是那些能够快速找到关键问题，善于分析复杂数据，然后通过敏锐的思考得出解决方案的人。在某些情况下，那些貌似正常的细微之处恰恰就蕴含着大量的创新机会，虽然人们对这些看似正常的事物可能也会谈论几句，但却从未给予足够的重视，更不会想着如何通过自己的创新加以改变。它们经常会被人们所忽视，因为这些情况很久以来都未改变过。

最后，创业者还要学会从现有产品或服务的不足之处或是被忽略之处发现改善的机会，养成勤于思考的习惯，经常思考如何使之更新颖、更前卫、更潮流、更独特。

这里介绍一个由于没能抓住有利商机而导致公司倒闭的经典例子。1975年百年老店柯达公司已经领先世界开发出数码相机——一张照片只要2～3秒就能成像，但柯达高层为了保护业务量庞大的胶卷事业，不愿投入经营，到20世纪80年代，柯达反而展开大量业外投资，包括药品业、电池业，结果大多以亏损收场。后来数码照相技术普及开来，日本的富士专精于此，后来居上。直到90年代，苹果公司生产普及版的数码相机，还是柯达制造，技术依然领先，然而进入21世纪，竞争者多而强，技术逐渐被淘汰，其市场占有率终于一蹶不振，在2012年宣布破产。

第3节　从环境变化中发现创业商机

一定的创业商机和创业行为总是在特定的环境中产生与发展起来的。创业的机会大都产生于不断变化的市场环境，环境变化了，市场需求、市场结构必然发生变化。著名管理大师彼得·德鲁克将创业者定义为那些能"寻找变化并积极反应，把它当作机会充分利用起来的人"。这种变化主要来自于产业结构变动、消费结构升级、城市化加速、人口思想观念变化、政策变化、人口结构变化、居民收入水平提高、全球化加快等方面。比如居民收入水平提高，私人轿车的拥有量将不断增加，这就会派生出汽车销售、修理、配件、清洁、装潢、二手车交易、陪驾等诸多创业机会。在创业最初阶段，创业者心中想象的市场往往与实际情况存在巨大的差异。因此，新创企业要想尽快走向成功，必须要重视分析和研究环境。环境不仅影响创业行为，也会带来很多创业商机。以下从政治、经济、社会、技术四个方面分析相关创业商机：

一、政治、政策、法律环境

创业机会是具有商业价值的、不明确的市场需求。创业机会潜伏在市场环境中，由市场环境变化所创造。比如说我国城镇化和低碳节能环保都是未来的发展趋势，城镇化的发展将会给相关企业带来发展契机，也就是有可能在相关领域形成巨大的市场。具体说，城镇化提速将带动城乡地区基础建设、配套设施建设、人文环境建设等的发展，从而刺激投资，拉动消费。对于新型城镇化的启动，也将会成为多个行业的"发展契机"。创业者可以关注其中哪些行业将显著受益于新型城镇化的推进，特别是关注某些行业的产品可作为相关产业链中的一环，会随着行业发展而拥有更多的市场需求，进而刺激该产品的发展。显然，城镇化建设所需要的产品或配套服务将形成一个非常巨大的市场。

政策强制性措施往往也会带来创业商机。如国家或地方出台政策，大力治理空气污染，诸如禁止街头烧烤向大气中排烟，禁止工厂污染空气等。这些政策的强制执行，为开发和生产排烟除尘设备提供了创业机会。类似的还有加强污水治理、公共场所禁止吸烟的规定等，都带来了相关的创业商机。最近这些年，节能降耗产品、清洁能源、太阳能设备等之所以成为市场热点产品，就是因为其适应了国家发展的政策要求。

再如，交管部门为加强对汽车行车违章的监控，在主要路段安装了电子眼、闯红灯监控等设备，一些精明的创业者很快发现了商机，开发出了电子狗产品，并迅速普及。

一般来说，好的创业环境，会增加成功创业的机会。比如，当今大众创业已经上升为国家战略，创业环境越来越好，主要表现在国家层面对各类创业活动的鼓励与支持，如遍布各地的创业园、各种优厚的创业政策等。创业者权益得到法律保障、创造愿望得到尊重、创造活动得到支持，创造才能得到发挥，创造成果才能得到肯定。这些都势必会激励创业行动的产生。良好的创业环境对创业人才具有吸引力。随着各项政策的不断出台，我国创业的机遇与挑战并存。一方面，一些宏观政策使得市场竞争环境得到改善，提供了形成创业机会的空间。如《物权法》从法律上为创业的成果提供了保障；《反垄断法》的出台将有助于保护公平竞争、规范市场经济秩序等；另一方面，一些宏观政策向技术含量高、能耗少、附加值高的产业倾斜，增加了这些行业的创业机会。如新的《中华人民共和国企业所得税法》规定，税收优惠主要面向高新技术行业、创业投资型行业、节能环保行业。

案例

前程无忧（51job.com）CEO 甄荣辉 1984 年大学毕业，他曾是惠普公司的销售与市场部门的销售工程师。1994 年，32 岁的甄荣辉加入贝恩。四年半后，他成为贝恩公司历史上最年轻的副总裁以及最年轻的合伙人之一，年薪 100 万元美金，拥有公司 30.6% 的股份，是公司的第一大股东。20世纪90年代初，国家毕业分配政策逐渐调整，毕业生由国家分配变为自主择业。1998年，大陆的人才交流市场日趋活跃，无论是用人单位还是求职者个人，他们都迫切需要更专业的、定位于白领青年的招聘渠道。当时任贝恩公司中国区总裁的甄荣辉需要招募新人，此时，他先在一份英文媒体上刊登了招聘信息，但效果很差。这时，他注意到，人才招聘市场非常不成熟，比香港人口还多的北京却没有一份专业的招聘报纸，这意味着非常大的创业机会。1999年，互联网经济正在全球兴起，网络给甄荣辉带来了新的机遇。1999年1月，甄荣辉先在上海推出了career-post.com网站，内容只是《前程招聘专版》的电子版。2000年，甄荣辉投资创建了前程无忧，同年4月，他决定离开贝恩，出任前程无忧CEO。2004年9月29日，前程无忧成功登陆美国纳斯达克，开盘价为每股18.98美元，当天收市价为21.15美元。[①]

二、经济环境

1. 经济发展将产生大量新的商机。随着经济的发展，人们的可支配收入不断增加，使人们日益提高对商品品种、质量、花样、功能、档次等的要求。如假冒伪劣产品即使很便宜，也越来越没有市场，而质量优异的产品，即使价格较贵，也依然大受欢迎。如果创业者以生产高端产品为创业项目，未来的发展空间会很大。比如，苹果手机虽然价格比一般手机贵好几倍，但它因优异的质量和独特的性能却受到了市场的追捧。

2. 市场缺陷产生商机。如地区价格差异、税收差异、消费水平差异、供需差异等。

3. 先进国家（或地区）产业转移产生商机，如制造业、加工业、OEM等。

4. 从先进与落后比较中发现商机。如中外比较、发达地区与落后地区比较。

5. 物价、原材料等变动产生商机，如石油、煤炭涨价，就引发了太阳能产品和可再生能源的创业机会。

案例

郭磊是个70后，大学毕业后考上了青岛开发区黄岛国内投资促进局的公务员。几年后，又考上了商务部驻外秘书职位。后来，郭磊被派到中国驻以色列大使馆经商参赞处，从2004年到2008年在以色列工作，负责促进中以双边经贸、投资的合作和发展工作。在以色列，郭磊第一次见到"神奇大棚"，一年能产18季的叶菜，而普通大棚叶菜一年最多能产8季。

2012年下半年，他动了创业的念头："我想，如果创业，就把以色列技术引进到国内，这样的生意应该很有商业空间。"2013年。郭磊和几位合伙人成立了潍坊市华以农业科技有限公司，"华以"分别指代中国和以色列。两年后，他们盖起了阳光大棚。

[①] 曹子烈. 激情燃烧的甄荣辉［J］. 世界经理人杂志，2011（1）.

> 大棚里的蔬菜种植完全不用土，只需要营养液就能长大。每一种蔬菜都有量身定制的营养配餐，种菜就跟养小宝宝一样，不但根据每种蔬菜不同的需要来配比营养液，还要定期体检。根据体检情况，电脑会自动更新营养液的配比。
>
> 公司做大棚一平方米需2 000元成本，大棚一共是造价3 000万。公司的业务之一，就是输出这个模式。但如果要复制经验、输出这个模式，而成本太高，那就很难推广。这就逼着他们进行本地化创新。现在，一平方米输出的价格是500元。
>
> 他们计划根据一带一路倡议，往一带一路沿线国家发展业务，阿联酋、卡塔尔等是首选，因为他们国家大部分也是沙漠，而因为外交关系，他们和以色列还无法开展相关业务，所以郭磊想将水培种植技术向这些国家输出。①

三、社会、文化、人口分布、教育环境

市场是由那些想购买同时又具有购买力的人构成，这种人越多，市场规模就越大。

1. 人们的休闲娱乐不再仅仅是看电视、唱卡拉OK，而是渗透到了方方面面，如旅游、上网、户外运动、健身、美容，等等。
2. 工作节奏加快，快餐、便利店、网络购物等迅速发展。
3. 人口老龄化推动老年人用品市场发展，护理、保健品、营养品、自动或方便用品、服务等需求增加。
4. 审美、文化品位需求都提升，家居装修、家具、家电日益高档。
5. 素质教育深入人心，特长教育、外语、特殊技能、职业证书等需求旺盛。
6. 教育投入增加，导致学校软硬件及环境建设采购任务加大。

案例

> 王正平在南宁做了六年酒品代理，赚了一些钱后，他觉得做代理商有局限性，厂家只允许你做广西市场，不让做其他市场，束缚着他的市场拓展能力。于是，他产生了寻找一个新项目来开拓自己的市场的念头，但做什么呢？这个项目必须是市场上没有的东西，而且符合大众需求。他想到了国家专利局网站，这个网站可信度高，里面所发布的专利技术值得信赖。他想看看有什么新技术可以开发。
>
> 网站公布了许多项专利，但王正平只对窗户这一项专利感兴趣。为了分析360°旋转铝合金窗新技术是否有市场前景，他上网搜索了现在市场上所使用的铝合金窗，并且去了广东、上海、浙江、江苏，调查这些地方现在流行的铝合金窗样式。最后得出的结论是现在市场上所安装的铝合金窗几乎都是推拉式，尽管近两年市场上出现旋转式铝合金窗，但只是180°外旋，没有360°旋转。

---

① 回家种菜的部委官员：公务员背景有多大用处？[EB/OL]. (2016-12-29) [2017-03-09]. http://news.163.com/16/1229/08/C9EKHL4J0001875N.html.

> 接着王正平又走访了一些学校，了解学校是否需要360°旋转铝合金窗，一位校长说："一个教室几十号学生，这样的窗通风好，而且方便清洁。"王正平又咨询了一些朋友和小区的住户，他们也这样认为。根据市场调查结果，王正平认为360°旋转铝合金窗的专利可开发利用。他几经周折找到了专利发明人，提议自己出钱，发明人出技术，合伙研发这个产品，他还请了一个朋友加盟。2003年，他们成立了南宁旋艺窗业有限公司，在南宁市友谊路租地开始了自己的创业。①

四、技术环境变化

进入21世纪以来，新技术革命及其带来的科学技术的重大发现、发明和广泛应用，推动了包括我国在内的世界范围的生产力、生产方式和经济社会发展模式的深刻变革，也给创业带来了诸多商机：

1. 新技术替代旧技术产生商机。比如，国内的一些城市目前纷纷出现3D打印照相馆的身影。他们将顾客的外形数据扫描后输入电脑，再根据顾客的想法进行设计，然后运用全彩3D打印，并进行后期加工，为顾客制作出惟妙惟肖的个人模型，受到时尚人士的喜爱。

2. 新技术实现新功能产生商机。如互联网的发明带来一系列与网络相关的创业机会——电子商务、网络游戏等，如今"互联网+"成为众多创业项目的热点。

3. 新技术带来新问题产生商机。如汽车和飞机的噪声污染带来了与消声器相关的创业机会。

4. 原有技术产生新用途带来商机。如利用手机技术发送短信、彩铃；利用网络建立贴吧、知道、翻译等版块。

5. 新技术产生配套需求带来商机。如阿里巴巴通过帮助小企业解决B2B网站建设问题吸引其成为会员而产生商机。比如，在本世纪初，随着互联网的发展和计算机的普及，搜索引擎的作用越来越显著，当时，谷歌搜索引擎独步全球，而中国却处于空白状态。李彦宏在硅谷是信息技术领域的杰出专家，他的妻子马东敏认为他应该独立创业。妻子一席话，激发起李彦宏内心的创业激情，因此，他选择了回国创业，于是出现了百度。

第4节 从热点中发现创业商机

社会的变化往往伴随着很多热点形成，除了有产业热点外，还有社会热点，包括社会时尚、社会趋势两类。在这些热点中，往往是新需求和新商机的诞生之地。比如，美国西部发现金矿后，全国掀起了场淘金热，很多人趋之若鹜，大家都在为赚到第一桶金而奔波忙碌着。然而，在此过程中，真正赚到大钱的人并不是那些淘金的人，而是那些为淘金者提供各种配套服务的人，比如，提供餐饮、工服、工具、交通等服务的人。正是这些人，

---

① 资料来源：根据瞧这网《利用别人的专利创业》整理，http://www.795.com.cn/wz/88314.html。

从热点中发现了创业商机，抓住了这些机会，使自己的创业获得了成功。

一、汽车热

随着人们生活水平的提高，汽车日益普及。截至 2014 年年底，我国汽车保有量已达 1.37 亿辆，我国已经成为名副其实的汽车生产和消费大国，这其中蕴藏着巨大的商机。据世界排名前十位的汽车公司近十年的利润情况分析，在一个完全成熟的国际化汽车市场，汽车的销售利润约占整个汽车业利润的 20%，零部件供应利润约占 20%，而 60% 的利润是在其服务领域中产生的。比如，为汽车提供衍生服务的项目，涵盖了汽车维修、保养、装修、美容、清洗、年检、后续保险、防盗、安全、二手车交易等多个领域。这些服务领域主要有：

1. 售后服务。汽车美容市场的利润占 60%，这说明售后服务大有开拓余地。
2. 汽车养护。谁能抓住汽车时代养护商机和服务商机，谁就能够挖到中国汽车时代最大的财富金矿。
3. 配件和精品零售。随着汽车的普及和提高，汽车内装饰、外装饰、汽车防盗、内饰件、保养品甚至汽车改装业务将变得异常红火。
4. 汽车保险。目前汽车保险已经占世界非寿险的 60%，国内汽车保险营业额也在财产保险中居第一位。
5. 汽车融资。包括汽车业资本经营、汽车租赁、消费信贷。
6. 汽车资讯。包括汽车调查、市场分析、行业动态、统计分析、政策法规等内容。

据业内人士介绍，美容、汽车装饰、汽车快修等领域的创业门槛并不高，投资额约 5 万～25 万元，小本创业者也适合。随着汽车走进家庭，人们的个性化需求也体现在汽车本身功能的不断丰富上，像倒车雷达、座椅加热、自动泊车等汽车附加产品的开发，都是有针对性地解决了消费者的某种需求，而以开发和生产这类产品而展开的创业都形成了一些专门的产业，其收益率甚至超过汽车制造本身。为了儿童乘车安全，车内需配置儿童专用安全座椅，但目前该类产品的市场价格较高，而儿童到一定年龄就不再需要，造成不少车主因性价比不高而不愿意购买。如果创业者能研制出一种多用途儿童安全座椅，通过折叠装置，使之既可以放在车上作为安全座椅，又可以作为平时的童车，甚至可作为购物小推车，就可有效解决产品价格高、效用低、且周期短的问题。

二、旅游热

最近 10 年来，入境游、国内游、出境游三大市场全面振兴，我国旅游经济迅速崛起，已成为现代服务业中四大新兴产业之一。旅游业的迅速发展催生了诸多的商机，除了旅游用品销售、旅游导游服务、经营经济型酒店等传统途径外，一些以特色为主题的旅游项目也开始呈现出巨大的商机，比如农家乐、采摘游、生态养生休闲、红色之旅、校园游、摄影采风游等。随着中国旅游市场网络用户的不断激增，旅游信息搜索引擎开发成为又一个新的淘金地。纵观与旅游相关的创业商机，我们可发现，诸如旅游用品开发、自助游俱乐部、旅游纪念品销售、旅游网站、经济型连锁酒店等都可能有非常好的市场前景。

三、创意产业热

创意产业涉及广告、建筑、艺术、工业设计、时装设计、电影、音乐、出版、软件、电视广播等诸多领域。最近几年,创意产业迅速崛起,并涌现出一批各具特色的创意产业基地。创意创业具有点石成金的神奇作用,特别是本身没有太多资源的创业者,可通过独特的创意来获得各种资源,包括资金、人才等。此外,具有一定创新能力的在校生、在职人员也适合选择这种灵活的创业方式。商机包括:各类婚庆公司、设计工作室(时装设计、饰品设计、广告设计、室内设计、工业设计、多媒体设计等)、艺术画廊等。

四、女性市场热

爱美之心,人皆有之。尤其是女性,对美的追求更加强烈。从服装、化妆,到美容瘦身、整容等,女性都是消费的绝对主力。随着女性经济的独立,消费力提高,很多产品纷纷以女性为目标市场。买菜时可能会为了一两毛钱计较的女性,为了让自己更美,花钱却是毫不手软,尤其许多瘦身美容业者不断透过大众媒体的广告宣传攻势,激起女性爱美的天然欲望,也因此带动瘦身美容产业的兴旺。国内有瘦身减肥需求的人数不断攀升,根据调查,有高达七成以上的女性对自己的身材不满意,这就是瘦身美容业有商机的原因。一般来说,瘦身美容业投资成本约在 20 万元左右,但由于其毛利高,多半在一年半内即可收回投资,然而目前瘦身美容业已不再局限于单纯的脸部、身体美化,为求在市场上立于不败之地,协助女性全方位的身心提升已是趋势,因此除了高科技仪器与天然营养品的应用,结合 SPA 与美容的讲座活动,是瘦身美容产业未来的经营重点。

与其他商机相比,大多数产业项目在经营业绩上呈此消彼长的态势,美丽产业的差异在于,在新的商机出现时,对于原有结构的冲击并不明显。举例来看,近二十年的女性消费热点从服装、化妆转到美容瘦身、整容,但是新热点的出现,对前者并不会产生冲击,甚至有着相辅相成的效果。可见,这一市场是一个无限扩张的市场。

五、健康绿色经济热

随着百姓生活水平的提高,人们消费需求的结构也发生了巨大的变化。眼下,人们越来越追求生活质量,关注自身的健康状况,都市中等以上生活水平的家庭对于保健投资比重渐趋上升。随着知识水准、国民收入的提升,人们对于健康的概念也越来越重视,不再是因为生病才有医疗需求,预防医学的观念为大家接受,甚至现在市面上多了很多健身俱乐部、养生餐厅等,就连饮用水及有机蔬菜水果也因为强调有益健康而热卖,因此,健康概念被列为最具"钱"途的创业方向之一。比如,人们对食品的需求已从"温饱型"向"营养健康型"转变,绿色食品迎合市场发展和百姓消费需求,市场覆盖面日益扩大,市场占有率越来越高,具有巨大的发展前景。此外,一些提倡健康饮食的餐馆也将成为新的消费热点,蕴藏着巨大的商机。创业重点是健康与绿色食品开发与生产、净菜社、药膳馆、素菜馆、健身俱乐部、养生餐厅等。

健康消费已成为寻常百姓家庭消费的一大热点。而从绿色食品的热销到健身俱乐部、养生餐厅的兴起，也都传递着这样的信息：随着国内居民健康意识的不断提高，健康领域蕴藏着巨大的商机。从温饱消费向健康消费，是居民消费升级的基本方向，健康产业是未来投资的方向之一，发展潜力巨大。

第5节 从不满意中发现创业商机

现实生活中有很多让人不满意的地方，其中就蕴含着大量的商机，而这正是创新的动力。比如，乔布斯总喜欢以顾客的思维和不满提出技术创新的要求，这正是苹果在技术与产品方面都领先对手、引领市场的重要原因。在智能手机的创新上，是因为苹果看到了人们对原有的功能手机颇有怨言，糟糕的界面使多数用户与其手机的大多数功能失之交臂，而苹果愿意帮助人们改变这一现状。

再如，北方冬季干燥，室内经常会起静电，人们对此怨声载道。亚都科技有限公司发现了其中的商机，开发出适合北方的加湿器，创业成功。接下来，他们又针对室内空气污染的情况，在原有的基础上，开发了负氧离子发生器、空气净化器等更先进的产品。

创业者不仅要关注那些所谓的大问题，也需要关注所谓的小问题。虽然小问题不像大问题那么显眼，但这些问题通常都是人们认为不方便的、一直在抱怨的、微不足道的事情。

第6节 从不方便中发现创业商机

生活中有很多让人感到不方便之处，因此，能提供方便的事物就蕴含着大量的创业商机。例如，2002年1月1日，欧元在欧盟正式流通时，海宁商人在竞争激烈的市场中捕捉到了机会。原来，在统一的新欧元流通前，海宁商人就发现新欧元的尺寸与当时使用的货币不同，他们马上意识到，如果继续用过去的钱包装新的欧元就会很不方便，这个重要的变化信息带来了挣钱的机会。于是，海宁人设计了新的钱包，钱包一经推出，很快成了欧洲的畅销品。

案例 U盘发明人邓国顺的创业故事[①]

过去，人们常用软盘进行数据存储，但软盘非常容易坏，导致存储的资料无法读取。当时的解决办法就是多用几个软盘作为备份，尽管不方便，但人们慢慢地也就习惯了。邓国顺好几次在出差时，因带去的软盘不小心弄坏了而误事，他当时就在思考，有没有一种全新的产品可以替代软盘？他注意到：整台计算机从主版、CPU到鼠标键盘都在不断地更新换代，只有软驱多年不变，始终都是标准配置。能不能抛弃软驱，做一

---

① 邓国顺．7年变亿万富翁［EB/OL］．(2014-02-21)［2017-09-05］．http://guba.eastmoney.com/newslook, 300042, 100435031.html.

款小巧、稳定，且容量比一般软盘大许多倍的移动存储器呢？

1999年，32岁的邓国顺放弃国外诱人的待遇毅然回国，在深圳市罗湖区租了一套房子，在没有任何产品可借鉴的情况下，开始研发替代传统软盘的革命性产品。

经过一年多的摸索，一个名为"U盘"的闪存盘终于诞生了。在第二届中国国际高新技术成果交易会上，邓国顺把一支比钥匙稍大的"U盘"样品挂在脖子上展示，马上得到了多家公司的青睐。后来，新加坡的一家上市公司和他们共同投资888万元成立了深圳市朗科科技有限公司。

邓国顺仅靠U盘申请的专利就超过了150项，他的创业团队拥有的一系列原创性基础发明专利及其他核心专利目前已被广泛应用于闪存盘、手机、数字音/视频播放设备（包括MP3/MP4）、电视机、数码相机、数码相框、闪存卡、固态硬盘、GPS导航仪、汽车电子等数码电子产品中。专利的优势也阶段性地体现在朗科的业绩上。据朗科提供的数据，2003年该公司占据了国内U盘市场50%，销量达150多万个，短短的三年时间内创造了销售5亿元的奇迹，邓国顺被IT业界誉为"闪存盘之父"。

第7节 创造创业商机

有些创业商机并不是现成的，是需要人们发挥主观能动性创造的。而创造创业商机离不开创新，创新就是创造新价值的过程。如创造一种新的产品或服务，或对现有产品和服务进行创新性改进。有些创业者在创业时并没有明确创造何种新产品和服务，而是在经营过程中逐渐形成的。如乔布斯就是通过市场调研后发明了苹果产品，这就是创造者、发明者。

长期以来，我国科技工作者习惯于搞发明和创造，可一旦有了成果，接下来做的事多是写结题文章、申请专利、申报奖项、评定职称等，很少有人将成果转化为商品。显然，如何将成果转化为造福于人类的商品，确实是很好的创业机会。

1. 提供全新产品/服务创造创业商机

全新产品是指应用新的技术，从工作原理和结构上设计过去没有的新型产品，这种产品无论对企业或市场来讲都属于新产品，甚至能改变生产方式或消费方式。如搜索引擎、录像机、录音机、电灯泡等发明。

全新产品开发过程从捕捉市场机遇开始，经历市场分析、产品定义（概念、设计）、研究开发、设计、制造、上市销售、支持（质量、采购、发送、服务）等一系列企业活动。

全新产品一般需要顾客认可的过程，需要进行大量的市场推广活动。全新产品开发通常需要大量资金，故企业承担的市场风险较大。

2. 提供换代产品或服务创造创业商机

换代产品是指在原有产品的基础上，采用或部分采用新技术、新材料、核心技术、新工艺研制出来的新产品。其特点是在原理、方案基本保持不变的前提下，对产品作局部的变更设计，使之更能满足用户的需求。

换代产品与原有产品相比，性能有了改进，质量也有了相应提高，成本更低、功能更多。

换代产品的程度可以分为较小、中等和重大三个层次。如电视机由过去的显像管（CRT）改进到平面，到纯平，再到逐行都属于较小和中等的换代，而变成液晶则是个重大的改进。

3. 提供改进产品或服务创造创业商机

改进产品是指对老产品加以改进，增加某些功能，使其性能、结构、用途有所变化，在主要功能和工作原理不变的情况下，变更现有产品的结构配置、布置方式和尺寸，使之适应多方面的要求。如电熨斗加上蒸汽喷雾，电风扇改成遥控开关。比尔·盖茨多次被人讥讽为没有自己的原创产品：靠之起家的 BASIC 语言并非他自己发明，为他带来滚滚财源的当家产品 DOS 是从其他公司所购，Windows 借用了施乐公司和苹果公司的技术，IE 浏览器源于网景公司的创意，Office 办公系统的多数软件则均出自微软收购的公司。微软公司虽然没有自己的创造，但他们善于"再次发现"别人在创造中暴露出的问题，更重要的是将它们"重新组合"为新的产品，终于成为知识经济时代的创新典范。

一般而言，改进现有产品比创造一个全新的产品更为容易。许多创业者都可以从过去任职公司的经验中，发现大量可以立即改进的缺失，包括：未被满足的顾客需求、产品品质上的瑕疵、作业程序上的不合理等。改进产品受技术限制较小，且成本相对较低，也便于市场推广和消费者接受，但容易被竞争者模仿。

表 3-1 奥斯本（Alex F. Osborn）项目改善检查表为我们通过改进产品或服务创造商机提供了很好的思路。

表 3-1 奥斯本项目改善检查表

问题项目	如何改	改动原因
是否能改变它？如功能、形状、颜色、气味、速度、成本等		
是否能改善它？如更方便、更正确、更完美、更便宜、更快捷等		
是否能放大它？如增加、加重、加厚、加长、加大、扩大等		
是否能缩小它？如省去、减轻、减薄、减短、缩小等		
是否能颠倒它？如上下、左右、里外、前后颠倒等		
是否能以某种方式重组它？如增加或减少功能或环节、叠加、复合、化合、混合、综合等		

如某人要开一家餐馆，但发现周边餐馆生意一般，他利用项目改善检查表，经过分析，发现这些餐馆存在价格较贵、菜品不卫生等问题，于是，他从降低价格和改善菜品卫生情况入手，很快就打开了局面。

4. 提供仿制产品和服务创造创业商机

仿制产品指对市场上已经出现的产品进行引进或模仿，研制生产出的产品。创造性模仿的本质是模仿，它的基础是建立在别人已经做过的事物上。等别人创造了新的事物，但还差一点火候时，他再开始行动，但这仍然具有创新性，因为他"比创新的制造者更好地理解了创新所代表的东西"，并使之更加满足顾客的需求。创造性模仿战略的优势是成本较低，风险较小。

比如，美国企业有两个特点：一是技术领先；二是模式领先。国内在境外成功上市的企业基本上在国外都可以找到原形。比如说如家快捷这样的模式在美国早就有了，汽车租赁在美国也已经有了。创业者如果有机会可去美国考察，看看美国哪些东西好。随着中国的发展，一些先进的事物也会逐渐被引用，这是市场经济发展的基本规律。

5. 在已有产品或服务的基础上通过差异化创造创业商机

这种创业的重点是要将产品或服务投向新的市场，对产品进行市场再定位，或找到新的地址、新的降低成本的方法，开发一点新的特色等。

"创造价值"意味着通过企业家的创业，新产品、服务、交易、方法、资源、技术和市场被创造出来，从而对一个社区或市场贡献一定的价值。当各种资源通过企业家的创业被转换成了产品或服务时，我们也能从中看到价值的创造。在这个转换过程中，价值之所以被创造出来，是因为企业家正在创造一些有价值的、有用的东西。也可以从另一个角度来看待这个问题，当顾客购买这个创业型企业的产品或服务时，通过金钱的交换而创造了价值。

如今，在信息化的社会中，信息流动如此之快，信息的不对称性也大大降低，这些所导致的直接后果就是新技术、新工艺很快就会被模仿。如果不能及时抓住商机，很可能就会与商机失之交臂。因此，一个成功的创业者应该有着远见卓识和对市场商机敏锐的洞察力。

案例分析

1985年，张茵来到香港，在一家中外合资贸易公司担任会计。一年以后，这家公司倒闭了。当时摆在张茵面前有两种选择：一是回广东，接受一份年薪6.41万美元的工作；二是创业。最后，张茵选择了创业——怀揣着3万元，她做起了废纸回收的生意。

据张茵本人回忆，真正把她领进该行业的是一位"师傅"——当地某造纸厂的厂长。她当初并不愿意从事废纸收购这个行业，然而"师傅"说了一句话："废纸就是森林，将来造纸业肯定要向再生纸发展，"这位师傅说，"从香港进口的纸浆多掺有水分，品质不高，希望能够改变这个现象。"这两句话为张茵指明了最初创业的方向。

当时在国内，从事该行当的人很多，但赚大钱的人很少，于是张茵想凭借智慧和勇气去香港闯荡。1985年，27岁的她放弃了深圳信托下属的一家合资企业的优厚待遇，一个人怀揣3万元闯荡香港。在创业之初，张茵就坚持了品质第一，改变往纸浆里面掺水的做法,结果她触犯了同行利益,被认为是违反了"行规",并因此接到黑社会的恐吓电话。就连合伙人也欺骗她,偷偷往里面掺水,但她没有退缩,也没有害怕,而是以她的公道和诚实经营迅速在香港市场占据了一席之地。凭借东北人的豪爽和公道,张茵在同行中赢得了良好的口碑,事业蒸蒸日上,收废纸的人都愿意和她做生意。短短几年内,她的生意在香港得到迅速发展,并建立了纸行和打包厂。

1987年,已经在香港创业两年的张茵开始在内地选择投资合作伙伴。在与辽宁营口造纸厂合资成功之后,她又与武汉东风造纸厂、河北唐山造纸厂合资,投资规模进一步扩大。1988年,她在东莞建立了自己的独资工厂——东莞中南纸业有限公司。

经过几年的发展,香港的废纸回收已经不能满足业务需求,1990年,张茵把目光投向了大洋彼岸——美国。移居美国后张茵创建了美国中南有限公司(America Chung Nam)。目前该公司是美国最大的对华废纸出口商之一,也是玖龙纸业最重要的原材料的最大供应商。

1996年,中国的高档包装纸出现了供不应求的局面,尤其高级牛卡纸几乎全部从国外进口。张茵及时抓住了这一机遇,决定建立东莞玖龙纸业有限公司,主要生产高档牛卡纸。她投资1.1亿美元于1996年12月开始了一期工程的建设;1999年7月,张茵继续注资1.1亿美元,进行二期工程扩建;2006年继续注资1亿多美元,进行三期工程扩建,届时东莞纸业的生产规模将超过100万吨,成为世界上屈指可数的巨型包装用纸生产企业之一。

回收废纸的玖龙纸业发展成美国集装箱出口最多的企业。事实上,从1990年起,张茵的造纸原料公司中南控股已经成为美国最大的造纸原料出口商,这一地位蝉联至今。而在美国本土,张茵的大名早已上榜,1997年美国评出妇女企业五百强,中南公司名列第95位,而张茵是其中唯一的中国女性。而在2006年的排行榜上,张茵已经跃居第54位,成为名副其实的"废纸回收大王"。2010胡润女富豪榜公布,张茵家族以财富380亿元第三次摘冠。①

思考题:
1. 张茵在创业过程中都抓住了哪些商机?
2. 试举例说明类似的创业机会。
3. 张茵创业要面对哪些困难?她是如何克服的?
4. 张茵创业发展壮大的主要做法是什么?
5. 你从张茵创业过程中受到哪些启发?

---

① 看中国第一女富豪张茵创业传奇[EB/OL].(2010-10-18)[2017-03-05]. http://www.paper.com.cn/news/daynews/2009/101018081516666450.htm.

Chapter 4
第 4 章 创业商机分析

- 第1节 创业商机可行性分析
- 第2节 波特五力分析模型
- 第3节 SWOT 分析
- 第4节 本量利分析 (Cost—Volume—Profit Analysis, CVP分析)

创业案例

2004年8月中旬，小侯走上了创业之路。因为喜欢汽车，他把目标锁定在与汽车有关的项目，一家属于他自己的汽车饰品店在一番忙碌之后诞生了。但是仅仅半年，他就鸣金收兵，败下阵来。回忆那段创业的日子，让小侯很是痛苦：付出了很多，回报太少。

其实，创业之前，小侯是做了一些准备的。他先到网上搜集了一些关于汽车消费品的创业项目。然后根据实际情况，考虑到随着人们生活水平的提高，买车的人越来越多，而爱车的人一般都比较注重车内装饰，那么，他认为开一家汽车饰品店，生意应该不错。

小侯觉得自己的想法还是比较顺应市场需求的，便高高兴兴地开始了第二步工作。他先从网上搜索了一些经营汽车饰品的代理商，并对各家的产品质量和价位进行了比较，然后选定了一家太原的代理商。经过联系，他和那家代理商签好了协议，交了6 000元的加盟费，就开始租房子、装修、进货，小侯很快就成了老板。

但是现实给小侯的热情浇了一盆冷水，开张后，顾客寥寥。尽管他店里的饰品很吸引眼球，但饰品店所处的位置比较偏，路过的车倒是不少，但大部分是大货车，根本不会在这样一个地段停车，也不会来买车内饰品。小侯每天都早早开店，很晚才打烊，商品的价位也定得很低，即使这样，开业半年，他也总共才卖出两三千元的货。这时，房租也到期了，小侯只好把剩下的货放到朋友空着的车库里，从此不提开店的事。

思考题：
1. 小侯是否发现了创业商机？你认为他在评估并筛选创业商机方面有哪些不足？
2. 如果你选择了这样的创业商机，你将如何对创业商机进行评估并筛选？请说明理由。

第1节 创业商机可行性分析

发现商机不等于能抓得住这个机会，而且所谓的机会通常也是挑战的开始。一旦创业者发现了一些很好的、有潜力的商机，接下来要做的事就是对商机进行评估和筛选，其目的就是为了搞清是否值得投入精力、物力和财力进行创业，尽量减少创业风险。评估商机最重要的标准，就是创业者不但要确定商机存在着一定的需求群体，自己还要有能力满足这一目标群体的需求，而且还能从中持续获利，并以此来评估商机的实际可行性，因此，通常是先将看到或发现到的所有商机列出来，用这几个要素一一来评估每个商机，就成为最简单，但却最有效的过滤方式。

为了使商机和创新通过转化变成商品，从而产生价值，首先要做的就是对商机和创新的可行性进行调研，并将结果用文字记载下来。只有这样，才能对各种可行性得出理性判断，从而说服他人和自己。可行性分析主要是根据为用户增加价值、用户规模、质量保证、增长预期、风险回报率以及适用率这几个方面进行判断，继而决定"做还是不做"。

对创业商机可行性分析的重点在于：此机会是否有强劲的市场需求？能否满足顾客的某些需求？能否根植于为顾客或用户创造或增加价值的产品或服务之中？是否具有市场价值和值得去把握的创业机会？通过可行性分析使人们相信其创业期望获利足以弥补其机会成本，包括休闲、时间与金钱的付出和对未来不确定性的投入。

联想集团总裁柳传志说："没钱赚的事我们不干；有钱赚但投不起钱的事不干；有钱赚也投得起钱但没有可靠的人选，这样的事也不干。"

通常，对商机进行可行性分析一般可围绕以下四个方面展开：

1. 产品/服务可行性，主要分析创业者提供的产品/服务的优势、市场需求量、商业模式等。
2. 行业/市场可行性，主要分析目标市场、渠道、竞争态势。
3. 组织可行性，主要分析创业者的管理才能、资源、创业团队。
4. 财务可行性，主要分析创业成本、资本需求、财务收益率、融资等。

一、前期市场调研

为了对创业可行性进行理性的分析，最好先进行周密的市场调研。市场调研的大量工作，概括地讲，就是对大众市场进行调查，包括对可获得的、具备潜在增长率的目标市场进行调研。通过大量实实在在的数据，并据此作出估计和判断。而对于新创企业来讲，如果通过调研预测其市场潜力巨大，且逐渐可被激发，那么，就可以考虑在这样的市场力争有一番作为。为了调研顺利进行，最好列出一张表，将准备调研的信息来源和调查内容列出来，并按照时间顺序进行排列。一些数据的获得，如直接邮件调查，一般要花费很长时间才能完成，因此，动手要早。其他数据信息的获得，如查找网络信息、电话访谈，以及面谈沟通等，都会立刻产生效果，因此随时都可进行。市场调研的主要内容包括：

1. 市场需求调查：
- 国内外同类产品/服务的价格、市场大致需求量。你所在地区的消费能力怎样，有多少人会购买你的产品或接受你的服务？
- 当前同类产品/服务的总供给量是多少？
- 产品/服务进入国内外市场的能力如何？
- 产品/服务的销售对象（个人、地区或部门），哪些人对你将要经营的商品或服务感兴趣？

2. 市场规模的预测：
- 国内市场发展趋势预测，每年能否达到亿元以上规模？
- 国际市场发展趋势分析，能否达到亿元以上规模？
- 经济效益预测，是否有持久性的需求？能否达到30%以上的增长率？
- 产品/服务开发、生产、销售周期与市场发展的关系如何？

3. 技术与生产实现途径调查：
- 生产/服务工艺流程图；

- 项目实施途径及要点；
- 主要设备清单及配套设施要求；
- 项目所要达到的技术经济指标；
- 生产/服务环境要求；
- 项目投资总费用；
- 所需人才结构和基本待遇。

4. 经营场所调查：

- 位置——写字楼、居民楼、临街、开发区；
- 租金——成本之一；
- 环境——交通便捷程度、能见度、档次；
- 结构——有利于办公区安排；
- 水电——用电容量；
- 限制——人员往来扰民、噪音、空气、停车等。

5. 竞争态势调查：

该调查主要是针对竞争品或者类似产品的营销策略来进行，如这个地区有多少个竞争者，他们的情况你了解多少？渠道促销策略、客户促销策略、终端形象陈列方式、媒体宣传活动等的力度如何？如何影响销售量？根据该调研，可以了解客户和渠道商最喜欢的方式及其效果，以便确定新产品的营销策略。

表4-1 常用的市场调研方法

观察法	观察周围环境、产品和服务的价格、促销方式等
体验法	体验商家的营销方式和感受并发现问题；体验产品/服务有别于其他商家的特色并发现问题
访谈法	询问顾客有什么不满意之处；向经营者打听竞争状态
换位法	以客户的角度思考应该得到什么样的产品/服务，如产品/服务品种、质量、承诺、服务态度、墙上标识、方便性等
查询法	通过互联网或相关媒体，查阅有关资料、数据和信息，了解竞争对手和市场信息

二、市场可行性分析

若不能清晰地识别拟进入的目标市场，那么就很难预测新创企业的市场发展前景如何。在创始阶段，新企业并不具备在较大市场中拓展业务的实力，而是要通过寻找新兴的或尚未发现的细分市场寻找机会。比如，亚都就是以加湿器细分市场为创业切入点逐步发展壮大起来的。理性创业要做的事就是在调研的基础上，针对创业项目进行市场可行性分析。任何利润都以能否实现为最重要的前提，而利润实现的可能性在于所选定的方案是否具有充分的市场可行性，因此在进行预选方案评估时，市场可行性就成为一个不容忽视的因素。

市场可行性分析要注意两点：一是该市场要具备爆发性成长的潜力，而且竞争者不能多；二是该市场的发展代表着未来的趋势。如果这两点均符合条件，那么成功的几率就比较大。创业者不能仅凭个人或几个人的感觉、知觉或一时的冲动就去选择创业项目，必须保持清醒的头脑。

著名营销学者菲利普·科特勒认为：市场对某种商品的需求就是由特定的消费群体在特定的地点、确定的时间、确定的营销活动下购买后所能带给他们的全部价值。

判断市场可行性通常从以下几方面入手：

1. 创业项目分析：你的创业项目是否能为客户的真正需求提供服务？客户的痛点是什么？产品的利益诉求点是什么？客户到底需要产品的什么？客户愿意为你的产品/服务花多少钱？你的产品与竞争对手的产品相比，有哪些不同之处？客户为什么愿意购买你的产品？市场进入的障碍是什么？市场的成长性如何？

2. 目标客户分析：如购买力水平、购买率等。通过前期调研的资料，可以得到当地的 GDP 产值、人均可支配收入等数据，以此大致判断当地客户的购买能力。再到本产品可能到达的终端，看是否有相关的产品在销售，销售量如何？公司产品的定位人群和市场调研后的判断一致吗？你所服务的对象有多少？你的销售重点是在哪个行业？其平均增长率是多少？在你所选择的细分市场中，谁将会是你的主要客户？每个客户将会购买多少你的产品或服务？以什么样的价格购买？客户目前正在使用的哪些产品可以被你的产品所取代？竞争产品的生产成本是多少？从改变设计、工艺成本、方法改变等角度看，客户转向你的产品所需要的成本是多少？

3. 渠道分析：创业是一项全面接触活动。对于公司至关重要的潜在客户，接触是首要条件。如果客户有需求，还需要确定以什么样的方式才能将产品/服务提供到客户面前。与客户接触的有效性如何？渠道分析的内容主要是新产品/服务可能的经销商是谁？其需要什么样的盈利空间和合作方式？未来几年，在向计划中的细分市场销售产品的过程中，你准备投入多少？对于诸如销售人员薪酬、地区办事机构费用、代理商任务工资、地区服务机构开支、应用工程投入、客户培训费、维修服务费用、材料及广告及促销等费用，你准备如何分配资金？在行业内部现在能够与未来的客户建立联系的主要经销商是谁？你的销售重点最适合哪些经销商？

4. 主要细分市场分析：在众多的细分市场中对目标市场及其相关需求特征应特别注意，如地理细分、人口细分、心理细分、行为细分、受益细分，这些细分市场是否可以达到？是否可以集中精力做好？

三、技术可行性分析

技术可行性分析指当前创业项目的软、硬件技术和开发人员的水平能否满足系统要求。由于有些产品/服务对技术要求高，如果缺乏足够的技术力量，是很难成功的。创业项目首先要做到的不仅仅是可用，更要考虑到用户的后期黏性。功能过于简单的产品断然是留不住用户的，一般来说这类产品的工具性很强，但缺少用户互动，因此产品注定走不了太远。

这方面的分析可以简单地表述为：

1. 能否开发市场所需产品——做得了吗？

2. 产品质量如何——做得好吗？
3. 生产效率如何——做得快吗？
4. 成本控制如何——做得省吗？

技术可行性分析的主要技术问题如下：

1. 创业项目设计中采用的工艺路线、技术设备在经济合理的条件下是否具有先进性、适用性？
2. 与国家有关的技术政策和鼓励政策是否相符？
3. 技术开发是否符合我国国情，相对国内外同类产品是否具有一定优势？
4. 技术开发手段是否具备？
5. 当前的软、硬件技术和开发人员的水平能否满足系统要求？
6. 技术是否成熟（例如国内有实施的先例）？
7. 主要成本费用包括哪些方面？是否可节省？

比如，某新创企业开发了一款新产品，技术实现的路径一般是：从发现的商机中产生创意→确定市场需求→完善创意→工业设计→知识产权→找加工厂家→出样品→调整设计→确定加工工艺→确定原材料和零件→小批量生产→找合作伙伴→推向市场……技术可行性分析就是要对这一过程中的每个环节进行分析，针对问题确定相应的解决办法。

四、组织可行性分析

大部分创业活动都是通过由人组成的某种组织形式实现的，一个高绩效的创业团队应具有广泛的职业资源和社会网络，这是因为企业的经营活动是一个产、供、销、人、财、物相互协调的运筹管理系统，往往离不开优秀的管理者、优秀的技术者、优秀的营销者。而组织可行性分析就是分析在创业之初，是否能吸引创业所需要才加盟的可行性以及对"人力资源"的有效运用。对组织可行性的评估重点是对人的评估，一方面要评价创业团队成员对拟进入市场的熟悉程度，另一方面要评估创业团队成员的创业热情。尽管创业资本很重要，但切不可忽视创业团队成员对拟从事产业的了解及创业激情。创业团队成员若事先没有本行业的一些专业性知识，就必须额外花费很多的时间和精力，去熟悉诸如产品价格、销售渠道、产业标准等相关的管理知识。与评价创业组织可行性相关的指标包括：先前创业经验，创业者的职业和社会网络深度，团队创新能力大小，团队现金流管理经验水平，创业团队受教育程度。大多数情况下，刚开始创业的企业不会都具备这些条件，因此，还要有针对性地分析这些所需人才能否获得及获得成本。此外，组织可行性分析重点还包括：

1. 建立怎样的组织结构？
2. 有什么岗位需求？人员如何配备？
3. 所需人员能否获得及人才市场情况如何？
4. 不同人员的薪酬满足程度如何？
5. 所需人员的专业能力是什么？人力资源需要进一步开发的潜力应是多大？
6. 与相关单位如何建立良好的协作关系？

五、财务可行性分析

创业者最好从自己熟悉的行业做起，因为有一定的市场基础，而且熟悉该行业的特点（资金周转率，应收账款情况，固定设备和流动资产投资额等），对投资效益如何、最大花费在哪里，都有比较清晰的认识，有利于自己判定是否投资，避免走弯路。一般来说，由于新企业处于变化中，因此，不必在开始时就进行过细的财务分析，这也不现实，通常是进行重点分析即开业初期所需投入、同类企业财务绩效以及新创企业经济收益。

1. 开业初期所需投入。资金是新企业成长的重要"营养液"。如果估算有偏差，就会导致"婴儿期"的企业营养不良。因为不事先计算资金需求量，急需用钱之时再去融资，就会"远水不解近渴"，轻则使企业因资金不足而丧失盈利能力，重则可能使企业因现金流枯竭而夭折。企业创建初期的启动资金包括固定资产投资（如厂房、设备等）和流动资金（如工资、差旅、原材料购买等费用）。虽然不需要算得很精确，但大致需要多少资金要相对接近，以利于创业者做到心中有数。其中包括企业开业和运营所需的预期资产购买项目和经营费用，通常有：

(1) 房租；
(2) 办公用品，如桌、椅、书柜、照明电器、空调等；
(3) 计算机、打印机等硬件设备；
(4) 电话、传真等通讯设备以及通讯费用；
(5) 资料费；
(6) 办公消耗，如水电费、打印复印费等；
(7) 创业团队的工资；
(8) 购买系统软件的费用，如买操作系统、数据库、软件开发工具等；
(9) 做市场调查、可行性分析、需求分析的费用；
(10) 公司人员培训费用；
(11) 产品宣传费用，如广告、推广 Web 站点的费用；
(12) 开办费，请客送礼等；
(13) 管理费。

例：某人设计并开发出一种新产品，由五大部分组成：塑料外壳、集成电路芯片、LED 灯、触摸开关、感应器。假设该创业者资金有限，最多只能进行产品组装，如果他要批量生产该产品，该如何进行财务可行性分析呢？

一般来说，他首先需要预估费用支出并对项目的经济效益进行评价，即"成本—收益"分析。

支出一般包括：生产成本（包括人工费、材料费、制造费等）和期间费用（包括管理费及相关财务费用等）。

收益一般包括：产品单位售价与盈利预测。

根据产品的成本和市场分析，预测本项目产品进入市场的单位销售价格，并编制该项目若干年内的产业化生产和推广应用预测表，包括收入预测、利润预测，上述预测分析最好通过列表计算。

2. 与营业中的同类企业作对比。通过间接评估同类企业的经营业绩，来推测新创企业可能获得的经营业绩。也就是说，通过了解同类企业的经营业绩，以预测新创企业将来的经济命运。比如了解的内容有：整个行业中一般企业的投资规模，固定资产投资规模等；建立新企业必须拥有多少启动资金和后续资金？每月的营业额达到多少才能做到收支平衡？评估拟建企业潜在的财务绩效、行业平均报酬率等。这些信息可通过互联网获得，或者是通过实地调查和了解、与有关人员沟通。

3. 新创企业经济收益预测。主要是根据企业的预计销售额和利润率来分析。通常是通过预计财务报表来计算，包括1~3年的预计现金流量表、收益表和资产负债表等。这需要搞清一些基本问题，包括：企业投入运营后第一年的经营成本是多少？在这期间，公司的收益是多少？如果支出大于收益，企业要花多少时间才能渡过这一难关？资金周转率、销售收入与所投资金比率是多少？很多新创企业还没有获得足够多的客户以产生维持正现金流的利润，就出现资金危机了。因此，创业者最初估计的创业资金必须能坚持到预期利润收益回笼，或者是后续资金到账。

在考虑经济收益时，也要比较机会成本。如用10万元创业只有5%的年收益率，就不一定合适了，因为从机会成本角度讲，同样的资金可能会在其他场合（如银行债券等）得到更高的稳定收益。

通常，对未来效益最好做出三种预测和分析，即最佳状况、正常状况、最差状况。如果最差状况可以接受，方能通过。

比如，某合资企业投资彩扩业务，雄心勃勃，拟在某一个区域内建立连锁店。首家店开业4个月后，公司分析其成本及利润，综合计算每冲洗一张照片所耗费的显影、定影液、相纸成本，机器在最佳状态下的产能、主要费用，具体如下：

设备：使用的彩扩设备集各种规格尺寸（从8开1时到24时）相纸冲洗为一体，其相应的药槽表面积较大。

地点：该店开在最繁华的商业区主街道，租金高达11万元/年。

人员工资：员工4名，工资总计20 000元/月。

核算中，以相纸成本加上相纸表面所耗费的药液作为彩扩成本价，以市场价格作为收入，设备月折旧、房租、工资、平均水电费（经验数据）作为期间费用。其中，未考虑剪裁相纸的浪费部分、各项开办费用及服装等杂项开支。

综合计算后，结论是每天要运转32个小时才能实现盈亏平衡。根据这一结论，综合分析其他因素后，该企业决定不再投资彩扩业务，并终止了该店的营业。

由此可见，理性的分析可以使创业者减少很多不必要的损失。

第2节 波特五力分析模型

美国哈佛商学院著名战略学家迈克尔·波特（Michael Porter）于20世纪80年代初提出，用于竞争战略的分析，可以有效地分析竞争环境。

根据波特的观点，一个行业中的竞争，存在着五种基本的竞争力量：潜在的行业新进入者、替代品的竞争、买方讨价还价的能力、供应商讨价还价的能力以及行业内竞争者现在的竞争能力。

波特五力分析模型如图4-1所示：

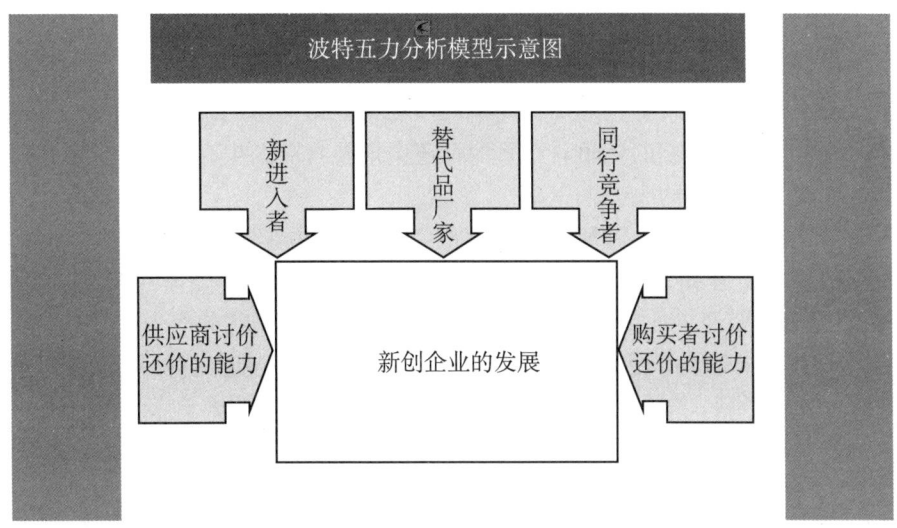

图4-1 波特五力分析模型示意图

一、供应商的议价能力

供方主要通过其提高投入要素价格与降低单位价值质量的能力，来影响行业中现有企业的盈利能力与产品竞争力。

一般来说，满足如下条件的供方会具有比较强大的讨价还价能力：

1. 供方行业具有比较稳固的市场地位而不受市场竞争困扰；
2. 其产品的买主很多，但供方则较少；
3. 买方对供方产品依赖度较高，难以转换或转换成本太高；
4. 买方很难找到相竞争的替代品；
5. 供方能够方便地实行前向一体化（即可以对分销商进行控制），而买方难以进行后向联合或一体化（即难以自己生产）。

二、购买者的议价能力

购买者主要通过其压价与要求提供较高的产品或服务质量的能力，来影响行业中现有企业的盈利能力。

一般来说，满足如下条件的购买者可能具有较强的讨价还价能力：

1. 购买者的总数较少，而单个购买者的购买量较大，占了卖方销售量的很大比例。
2. 卖方行业由大量相对来说规模较小的企业所组成。

3. 购买者所购买的基本上是一种标准化产品，同时向多个卖主购买产品在经济上也完全可行。

4. 购买者有能力实现后向一体化（即由外购改为自己生产），而卖主不可能前向一体化。

三、新进入者的威胁力

新进入者希望在已被现有企业瓜分完毕的市场中赢得一席之地，这就有可能会与现有企业发生原材料与市场份额的竞争，严重的话还会危及自身的生存。

其分析重点为：如何构成进入壁垒？

进入壁垒是指那些新进入者所必须克服的障碍。如规模经济、产品差异、资本需求、转换成本、销售渠道开拓、政策法规（专利、商标、版权等）、成本优势（如商业秘密、产供销链等）、自然资源（如冶金业对矿产的拥有）、地理区域优势等方面。

比如，作为国内U盘产品的首创者朗科科技（公司创始人、总裁邓国顺）在U盘领域拥有超过116项专利，其中发明专利79项，另有220项发明专利尚在申请中，专利授权涉及中、美、日、韩等数十个国家和地区。

四、替代品的威胁

两个处于同行业或不同行业中的企业，可能会由于所生产的产品是互为替代品，从而在它们之间产生相互竞争行为，这种源自于替代品的竞争会以各种形式影响行业中现有企业的竞争战略。

其分析重点为：

1. 哪些产品可以替代本企业产品？

2. 哪类替代品可能对本企业经营造成威胁？应主要考虑性价比，如果替代品价格越低、质量越好、用户转换成本越低，其所能产生的竞争压力就强。

比如，液晶显示器与原来的CRT显示器功能一样，但其具有体积薄、重量轻、辐射小的优点，一旦生产成本下降，售价下调，很快就取代了CRT电视。

五、同业竞争者的竞争能力

开始时，选择相对较小的目标市场战略，有利于新创企业开辟天地，避免与主要竞争对手正面交锋；这也利于新创企业集中精力应对一个特定市场，把某个特定市场做精、做好、做强、做大。一个有吸引力的目标市场必须有足够的"含金量"，能够支撑新创企业的成长，同时又不要引起大企业的关注甚至来"抢食"。换言之，这个市场应对新创企业而言是机遇，大企业则对其"不屑一顾"。提供同种产品或服务的通常不止一家企业，因此，它们必然会采取措施争夺客户，从而形成市场竞争。你目前的竞争对手是谁？未来三年中出现的竞争对手又会有谁？竞争对手的产品的主要特点是什么？他们的营销措施特点是什么？各竞争对手的优势与劣势是什么？这些竞争对手最近是否准备推出对你的业务构成威胁的新产品？这些新产品的规模和盈利能力有多大？这些产品在你的竞争领域是否可以赚到钱？

其分析重点为：

1. 基本情况。如竞争对手的数量、分布、规模、资金与技术实力，其中哪些方面会对自己构成大的威胁。

2. 主要竞争对手的情况。对本企业构成威胁的主要原因在哪（如资金、技术、规模、市场等）。

3. 竞争对手的发展动向。如开发新产品、新市场、新措施等。

一般来说，新创企业进行行业分析时应主要关注两点：一是行业内竞争程度及变化趋势；二是行业所处的生命周期。如果行业内竞争程度激烈，进入壁垒高或行业处于夕阳阶段，新创企业成功的概率就不高。

案例

老李是个下岗职工，还拖家带口，所以经济压力很大。经过一番调查，老李看上了一个投资少、回报快的项目——开一家风味灌汤包店。虽说店面不大，但投资也不少：房租、设备、原料、员工，还有学习技术的费用，林林总总加起来也花去三四万，为了开店，除了把自己的储蓄拿出来，老李还向朋友借了一万多的外债。但不管怎么样，老李总算是把自己的店开起来了。

刚开张的一个多月里，老李的生意好得不得了，每天都是顾客盈门。可是突然间，风味灌汤包店如雨后春笋般出现在太原的大街小巷，没过几个月，老李小店前的顾客数量明显减少。在朋友的建议下，老李在小店里也开始卖其他风味小吃，但生意还是没有多大的起色。

在连续亏了两个月后，老李的店就关门了，他还了外债之后，还赔了一万多，对一个下岗职工来说，这并不是个小数目。

分析： 老李失败的原因显而易见——没有做好市场调查和市场预测。选择创业项目一定要有自己的特色，他选择的项目没有很大的市场潜力，同时该项目也已经趋于市场饱和、缺乏发展潜力。老李很清楚自己的失败原因，他奉劝那些想创业的人，创业前一定要学会一些必要的技能，如市场营销、市场调查等，避免盲目跟风，创业失败。

第3节 SWOT分析

在"五力分析"的基础上，创业者还要对自己的创业优势、劣势以及面临的创业机会和威胁进行认真分析，即"SWOT"分析。这一分析方法是20世纪80年代初由美国旧金山大学的管理学教授韦里克首先提出的，经常被用于新创企业战略制定、竞争对手分析等。其根本目的是把自己的公司和竞争对手的优势、劣势、机会和挑战进行比较，然后决定某创业项目是否可行。SWOT 分别是优势、劣势、机会和威胁英文首字母的组合，其具体内容如下：

优势（strength）：分析自己公司哪方面的优势比其他公司更突出；

劣势（weakness）：分析自己公司哪些方面做得不如人家；

机会（opportunity）：分析未来是否有潜在的机会出现，是否存在对公司行为富有吸引力的领域，关键是找出自己公司现在能做而其他竞争对手有还没做的项目；

威胁（threats）：看看公司内外有没有潜在的可能破坏公司业务的因素。

SWOT 分析侧重点

优势和劣势分析主要着眼于企业自身的实力分析及其与竞争对手的比较，分析自己公司哪方面的优势比其他公司更突出，哪些方面做得不如人家。企业是整个价值链的一个环节，而且竞争性优势来源十分广泛，所以，在做优劣势分析时必须从整个价值链的每个环节，将企业与竞争对手进行详细的对比。如产品是否新颖，制造工艺是否复杂，销售渠道是否畅通，以及价格是否具有竞争力等。如果一家企业在某一方面或几个方面的优势正是该行业企业应具备的关键成功要素，那么，该企业的综合竞争优势就强一些。

机会和威胁分析将注意力放在外部环境的变化及对企业的可能影响上，分析未来是否有潜在的机会出现，是否存在对创业公司行为富有吸引力的领域，关键是找出自己公司现在能做而其他竞争对手有还没做的项目。看看公司内外有没有潜在的可能破坏公司业务的因素。从内部讲，公司是否存在潜在的财务、发展或人员方面的问题。从外部讲，是否存在对公司不利的发展趋势，竞争对手是否越来越强大，以及你公司的一些优势有无变成劣势的趋势和可能性。

表 4-2 是对一些关键因素的分析。关键成功要素是指在竞争中取胜的关键环节，新创企业可以通过判别矩阵的方法来定性识别行业成功的关键要素。具体操作过程需要采用集中讨论的形式对矩阵中的每一个格子进行打分，其一般采用二二比较的方式，如果 A 因素比 B 因素重要则打 2 分，同样重要打 1 分，不重要打 0 分。在对矩阵中所有格子进行打分后，企业可以进行横向加总，以此来进行科学的权重分配，一般列在权重前列的因素则成为行业成功关键因素。

表 4-2 关键因素分析矩阵

重要程度分析	技术	销售	市场推广	售后服务	品牌	物流	采购	人力资源	资金	产品质量	成本	生产能力	政府关系	横向得分
技术		1	1	1	1	0	2	2	2	2	1	2	2	1	18
销售	1		1	0	2	1	2	2	2	2	2	2	2	2	21
市场推广	1	2		1	2	1	2	2	1	2	2	2	2	2	22
售后服务	1	0	0		1	1	1	2	2	2	1	1	2	2	16

续表

品牌	2	1	1	1	1	2	2	2	2	2	2	2	2	22
物流	0	0	0	1	0	1	1	0	0	0	1	2	2	8
采购	0	0	0	1	0	1	1	0	0	2	1	2	2	10
人力资源	0	0	1	0	0	2	2	1	2	2	1	2	2	15
资金	0	0	0	0	0	0	1	0	1	1	0	2	2	7
产品质量	1	0	0	1	0	2	0	0	1	1	0	2	2	10
成本	0	0	0	1	0	1	1	1	2	2	1	2	2	13
生产能力	0	0	0	0	0	0	0	0	0	0	0	1	2	3

1. 当经过分析，发现自身既有优势，又有机会时，就应该果断地开始创业。

案例　李彦宏创业[①]

1999年年底，李彦宏、徐勇携120万美元风险投资，从美国硅谷回国，共同创建百度网络技术有限公司。创立之初，李彦宏没有随大流进入电子商务领域，而是悄悄走进了几乎无人问津的网络搜索领域。这是因为他看到了搜索技术对网络世界可能产生的巨大影响，而国内几乎还处于空白状态。他将自己的目标定位于打造中国人自己的中文搜索引擎，并愿为此目标不懈努力。面对这一巨大的商机，李彦宏凭借自己在这一领域独具的优势，特别是他在美国先后担任过道·琼斯公司高级顾问，《华尔街日报》网络版实时金融信息系统设计者，以及在国际知名互联网企业INFOSEEK资深工程师的经历，成为新一代互联网技术领域的权威专家，还成为最先创建ESP技术，并将它成功地应用于INFOSEEK/GO.COM的搜索引擎的创始人。在美国的八年期间，他积累了丰富的经验。在机会和优势同时具备的情况下，他果断选择了创业，最后取得了巨大的成功。2005年8月5日，百度在美国纳斯达克上市，成为2005年全球资本市场上最引人注目的上市公司之一，百度由此进入一个崭新的发展阶段。如今，李彦宏创建百度的事迹已经成为人们津津乐道的成功创业典范。

2. 当经过分析，发现自身虽然有劣势，但机会难得时，应该尽量消除劣势，抓住机会。在这种情形下，企业就需要提供和追加某种资源，以促进内部资源从劣势向优势方面转化，从而迎合或适应外部机会。

[①] 德秀. 百度公司创始人李彦宏的创业故事［EB/OL］. (2016-09-19)［2017-10-13］. http://yjbys.com/zhichanglizhi/1156352.html.

案例　李嘉诚创业[①]

上世纪50年代的某天深夜，李嘉诚翻阅英文版《塑胶》杂志，目光被一则简短的消息吸引：意大利的一家公司，已开发出利用塑胶原料制成的塑胶花，即将投入生产并准备推向欧美市场。他敏锐地意识到，这类价廉物美的装饰品在香港也有极大的市场潜力。因为当时香港居民在室内户外都喜欢种植花卉，但这些植物花卉，经常需要浇水、施肥、剪修、除草。随着现代人的生活节奏日益加快，人们很少有时间去侍弄花卉。并且，植物花卉的花期有限，每季都要更换花卉品种，实在麻烦。李嘉诚意识到，塑胶花正好可以弥补这些缺陷。而且，香港有大量廉价勤快的劳工可以从事塑胶花生产。他预测塑胶花的面市，将会引发香港塑胶市场的一次革命，前景极为乐观。显然，机会难得。但李嘉诚的劣势是不懂塑胶花的制作工艺及配方调色，且当时他是小本经营，绝对付不起昂贵的专利费。如果等塑胶花在香港大量面市后再去模仿，将会遇到众多的竞争对手。在难得的机会面前，李嘉诚为了弥补自己的劣势，专程来到意大利的这家工厂，以不及同类工人的一半工资应聘当了一名非法打工的"下等工人"，负责清除废品废料。他利用这个机会偷师学艺，推着小车在厂区各个工段来回走动，恨不得把生产流程都一下全部记住。收工后，李嘉诚赶回旅店，再把观察到的一切记录在笔记本上。通过眼观耳听，他大致悟出了塑胶花制作配色的技术要领。李嘉诚满载而归，还带回了几大箱塑胶花样品和资料。随后，他宣布，将以塑胶花为主攻方向创业，一定要使其成为拳头产品。创业五年后，李嘉诚的企业逐渐成为全世界数一数二的大型塑胶花厂，他也因此被冠以"塑胶花大王"的雅号。

3. 当经过分析，发现环境状况对公司优势构成威胁时，优势将得不到充分发挥，将出现优势不优的局面。在这种情形下，企业必须克服困难，努力找到环境中的薄弱环节，调整至能充分发挥优势的方向。

案例　俞敏洪创业[②]

俞敏洪尽管留学失败，却对出国考试和出国流程了如指掌，对培训行业越来越熟悉。正是这些，帮助他抓住了生命中最大的一次机会：1993年11月16日他创办了北京新东方学校。但当时的英语辅导班已经遍地开花，竞争非常激烈，新东方面临巨大的挑战。如何在激烈的竞争中脱颖而出，俞敏洪当时想到的是：只有将出国外语培训做精、做

[①] 李嘉诚白手起家的创业经历和创业之路［EB/OL］．（2017-05-25）[2017-06-15]．http：//chuangye.yjbys.com/gushi/anli/537198.html．
[②] 新东方创始人俞敏洪的创业故事［EB/OL］．（2017-02-23）[2017-06-150]．http：//chuangye.yjbys.com/gushi/anli/541105.html．

深，形成独特的优势，才能避开同质化竞争。1995年，他去了美国，走访了七八位同学，劝他们一起回来创业。但当时新东方还在中关村的两间破房子里，无法给加盟者太多承诺，最后俞敏洪表示，优秀教师的课时费不封顶，利用这样一个政策调动了大家的积极性。当时确定的目标就是大家共同做好新东方的品牌。最后他们开创了五六个项目，每人做一项，每一项都做得非常好，有人集中搞托福班和GRE、有人专攻雅思和GMAT，谁开的班越多，招的生源越多，就能分钱越多。校方只管算账，其余几乎不管。新东方早期这种大包干式的做法极大地刺激了生产力，自1995年后培训人数连年翻番，培训收入飞速增长，新东方占据了全国60%以上的出国英语培训市场。2006年9月7日，新东方在纽约证券交易所成功上市，开创了中国民办教育发展的新模式，俞敏洪身价暴涨，成为中国最富有的教师之一。

4. 当创业企业的劣势与外部威胁并存时，企业就面临着严峻的挑战，如果处理不当，可能直接威胁到企业的生死存亡。这就需要新创企业及时调整创业项目，寻求新的机会，尽快形成自己的特色和优势。

比如，广东一些小企业从来没有自主品牌，只是依靠国外的订单或来料加工业务维持生存。在此期间，这些企业本应该利用这个机会，提高技术和工艺，瞄准国外标准，逐渐形成自己的优势。但相当一部分企业没有危机意识，不思进取，结果在出现经济危机和订单大幅度减少时，纷纷倒闭。

但是，面对类似情形的格兰仕公司，虽然开始也只是为国外知名企业进行微波炉贴牌生产，但该公司却不断积攒实力，实现了规模化和专业化生产，极大地降低了产品成本。它在国内逐渐形成自有品牌，将物流外包给专业公司，专注于研发和制造，采用区域独家代理经销商制度，创造了"低成本设计"的商业模式，将微波炉做到了全球市场占有率排名第一，成功地实现了"全球名牌家电制造中心"的目标。

第4节 本量利分析（Cost—Volume—Profit Analysis，CVP分析）

【例题1】某新创企业经过努力有机会获得一笔订单，要求生产加工A电子产品800件，每件价格500元，单位变动成本300元，固定成本投入总额70 000元。问：是否接受该订单？

为此，要搞清如下问题？
（1）达到盈亏平衡时的销售额为多少？
（2）若要取得一定利润，如何求保利量和保利额？
对于上述问题，利用本量力分析是很容易得出结论的。

本量利分析方法起源于20世纪初的美国，是成本—销售量—利润依存关系分析的简称，主要研究成本、销售数量、价格和利润之间数量关系的方法。它是企业进行预测、决策、计划和控制等经营活动的重要工具，也是管理会计的一项基础内容。

一、本量利分析的前提条件

在现实经济生活中,成本、销售数量、价格和利润之间的关系非常复杂。为简化分析,作如下假设:

(一)相关范围和线性关系假设。如固定成本总额保持不变,总成本与业务量呈线性关系,销售收入与销售量之间也呈线性关系;

(二)品种结构稳定假设;

(三)产销平衡假设,产多少就能卖多少。

正因为本量利分析建立在上述假设的基础上,所以一般只适用于短期分析。

二、几点知识

固定成本:固定成本是指无论是否生产或有生意都会发生的成本,比如企业管理人员的薪金和保险费、固定资产的折旧和维护费、办公费等。固定成本总额在一定时期和一定业务量范围内,不受业务量增减的影响。

变动成本:变动成本是指成本总额随着业务量的变动而成正比例变动的成本。如直接人工报酬、直接材料费都是典型的变动成本。

$$总成本＝变动成本＋固定成本$$

三、盈亏平衡点

盈亏平衡点,是指刚好使企业经营达到不盈不亏状态的销售量(额)。此时,企业的销售收入恰好弥补全部成本,企业的利润等于零。

确定盈亏平衡点是进行本量利分析的关键。盈亏平衡点分析就是根据销售收入、成本和利润等因素之间的函数关系,分析企业如何达到不盈不亏的状态。

盈亏平衡点计算公式

税前利润＝销售收入－总成本＝销售价格×销售量－(变动成本＋固定成本)

＝销售单价×销售量－单位变动成本×销售量－固定成本

即: $P = pQ - bQ - a = (p-b)Q - a$

式中: P——税前利润

p——销售单价

Q——销售量　$Q = a/(p-b)$

b——单位变动成本

a——固定成本

$(p-b)$——单位贡献毛益

$(p-b)Q$——贡献毛益总额

即:税前利润＝销售收入总额－变动成本总额－固定成本＝贡献毛益总额－固定成本

该公式是本量利分析的基本出发点,以后的所有本量利分析都是在该公式基础上进行的。

【例题 2】 某新创企业面临一笔生产 800 件 A 产品的订单,假定产销平衡。每件销售价格 500 元,单位变动成本 300 元,固定成本总额 70 000 元。问:是否值得接单?(求贡献毛益总额和盈亏平衡点销售量和销售额)

解: 单位贡献毛益＝500－300＝200（元）
贡献毛益总额＝800×200＝160 000（元）
盈亏平衡点销售量 $Q=a/(p-b)$＝70 000/（500－300）＝350（件）
盈亏平衡点销售额＝350×500＝175 000（元）
结论:由计算可知,生产 350 件产品即可实现盈亏平衡,而实际订单为 800 件。结论:可以接单生产。

四、实现目标利润的本量利分析

这里的目标利润是指尚未扣税的利润。

所谓保利点是指企业为实现目标利润而要达到的销售量或销售额。保利点具体可用保利量和保利额两个指标表示。

根据本量利分析的基本公式:目标利润＝销售单价×保利量－单位变动成本×保利量－固定成本,

可得:保利量＝（固定成本＋目标利润）/（销售单价－单位变动成本）＝（固定成本＋目标利润）/（单位贡献毛益）,

相应可得:保利额＝销售单价×保利量＝（固定成本＋目标利润）/贡献毛益率。

【例题 3】 假设某新创企业只生产和销售一种产品,该产品售价为 80 元,单位变动成本为 30 元,固定成本为 30 000 元,目标利润为 20 000 元。求:保利量和保利额。

解: 保利量＝（固定成本＋目标利润）/（销售单价－单位变动成本）＝（30 000＋20 000）/（80－30）＝1 000（件）

保利额＝单价×保利量＝（固定成本＋目标利润）/贡献毛益率＝80×1000＝（30 000＋20 000）/62.5％＝80 000（元）

其中:贡献毛益率＝贡献毛益总额/销售收入总额×100％
＝单位贡献毛益/销售单价×100％
＝（80－30）/80×100％＝62.5％

结果:

保利量＝1 000（件）

保利额＝80 000（元）

总之,创业机会是创业者可以利用的商业机会,这个机会必须具有吸引力、持久性、适时性,而且这个机会所涉及的产品或服务必须能够为他的购买者或最终使用者创造一定的价值。但创业机会能否从最初的市场需求和未利用资源的形态发展成为新企业,不仅涉及机会本身的情况,还要求机会能与创建新企业的其他力量（创业团队,投资人等）相协调。选择合适的机会成为创业的重要基础。

当然，发现商机是一回事，利用商机则是另一回事。有人虽然发现了商机，但在商机面前无所作为、无能为力，对他们来说，再好的商机也没有任何意义。只有在发现商机的基础上，把握机遇，利用自己掌握的资源，发挥主观能动性，通过对商机的筛选，确定适合自己创业的产品或服务，再结合有效的商业模式，才有可能真正将商机变为财富。后续章节将围绕着如何将商机变为创业行动，包括组建团队、选择创业形式、市场开拓、商业模式创新等。

思考题：

1. 假设你利用现有资金30万元准备创业，创业之初有几项必要的支出：办公用房租金每年10万元，室内装修10万元，购买办公设备（桌椅板凳、打印机、PC机、复印机、电话机等）5万元，产品的单位变动成本为300元。如果你的产品每件售价500元，请问：每年的固定成本是多少（假设所有设备设施的年折旧率均为10%）？当达到盈亏平衡时的产量是多少？在实现盈亏平衡之前，依靠原有的创业资金是否能坚持下来？

2. 设想一个创业商机，请尝试对这一商机进行评估和筛选。

3. 通过媒体查找某一新创企业实例，然后尝试运用SWOT分析法对其进行分析。

Chapter 5
第 5 章　创业资源与资源整合

- 第 1 节　创业资源
- 第 2 节　创业者个人资源
- 第 3 节　创业者的外部资源
- 第 4 节　资源整合
- 第 5 节　发挥资源杠杆效应

创业案例　创新工场的成功之道

2009 年，创新工场由前微软、谷歌全球副总裁李开复博士在中关村创立，致力于早期阶段投资，旨在创立一个培育创新人才和新一代高技术企业的颠覆性的机构化、创新型的投资机构。

筛选机制。创新工场专注于信息产业最热门的移动互联网、消费互联网、电子商务和云计算领域。创新工场的核心团队将会筛选创业方案，招募优秀工程师和创业者，让其自由组合完成各自的商业策划案。为了在天使投资总体成功率低的大环境下，尽可能降低死亡率，创新工场的前期筛选门槛较高，申请团队入选比率约为 2~3%。筛选标准包括：成熟的创业者、有出色的创业者素质、优秀的核心团队。此外，创新工场还会根据完整的产业链有针对性地发掘创业项目。

培育机制。创新工场致力于非常早期的项目投资，希望在创业者刚刚有了想法和初始创业伙伴的时候，就成为他们的投资者和合作伙伴。创新工场采用"投资＋全方位孵化"的培育模式，为创业团队提供早期投资、融资渠道，以及全方位、分层次的孵化服务。

一揽子服务。通过提供针对早期创业者需求的资金、商业、技术、市场、人力、法律、培训等一揽子服务，帮助早期阶段的创业公司顺利启动，快速成长，并开创出一批具有市场价值和商业潜力的产品。

三大孵化计划。创新工场针对处于不同创业阶段的创业者，设计了三个有针对性的投资孵化计划："加速计划"针对有经验的，具备清晰的商业计划、产品模型和核心成员的创业团队，是最核心的孵化计划；"助跑计划"是针对有商业创意、初次创业的年轻创业团队的基础性、系统性的孵化计划；"创业家计划"是针对有丰富业界经验，希望开创自己新事业的高端人才的个人创业孵化计划。

盈利机制。创新工场主要通过所投创业项目或公司的股份价值增值或转让盈利。创新工场通过"孵化器"平台提供资金和服务来培养优秀创业计划，孵化成熟的创业计划将进入由第三方风投主投，创新工场发展基金跟投的 A 轮融资，通关者将正式从创新工场母体剥离、单独成立公司，而未通关团队则将面临解散。独立后的公司将进入 B 轮融资，创新工场将获得一定的股份，而这也成为创新工场的盈利来源。当然，还有一个重要的因素就是这些创业公司能否迅速成长，实现价值提升。

主要成就。创新工场的基金来自全球顶尖的投资者，由人民币基金（4 亿元）和美元基金（4.55 亿）构成，共计 5 亿美金。截至 2014 年 12 月，创新工场已投资孵化了 140 多个项目，其中 130 多个运营状况良好，50 多家获得 A 轮融资，15 家获得 B 轮融资，2 家估值超过 15 亿。代表性的孵化项目有豌豆荚手机精灵、美图秀秀、墨迹天气、乐视 TV、知乎、行云、友盟、安全宝等。

经验与启示。创新工场的创业指导与资源链接的孵化思路为后来的众多创业苗圃提供了可供参考的蓝本，其产业链投资战略也十分值得借鉴。第一，创业指导与资源链接。以教练的身份为被投资项目提供国际/国内顶级创业培训、指导和建议。同时，以合伙人的身份帮助创业者建立起与国内外行业领航者、潜力客户、潜在合作伙伴和关键管理部门职位候选人之间相互配合的网络。第二，产业链投资战略。创新工场根据完整的产业链进行战略性的主导投资，目前所投项目几乎涵盖了行业的每个领域。

思考与研讨：
1. 创新工场成功的秘诀是什么？
2. 创新工场为早期创业者提供了哪些资源整合的机会？

第1节 创业资源

所谓创业资源是指创业过程所必需的，对创业有价值的一切东西，包括有形资源和无形资源，如人才、资本、技术、人脉等。创业者能否成功地利用创业机会，进而推动创业活动向前发展，通常取决于他们掌控和整合资源，以及对资源的利用能力。许多优秀的创业者早期所能获取与利用的资源虽然相当匮乏，但他们在创业过程中所体现出的卓越创业技能之一，就是能创造性地整合和运用创业资源，尤其是那种能够创造竞争优势，并带来持续竞争优势的战略资源。

每一个人的创业，都必然有其凭依的条件，也就是其拥有的资源。创业的过程就是创业者建立、整合和拓展资源的过程。有些资源来自创业者自己，有些则需要创业者通过努力去获得。作为创业者，开始创业时面临的问题就是要弄清自己有哪些资源？有哪些可以获得的创业资源？特别是有哪些可获得的优质资源？创业者整合资源的能力越强，就越可能获得人才、资本、技术等重要的资源，创业就会相对容易些。也就是说，创业者整合资源能力的大小基本上决定了创业的成败。从管理学的角度讲，资源就是企业作为经济实体，在向社会提供产品或服务的过程中，所拥有或能够支配的能够实现公司战略的各种要素和要素组合。

新创企业成立之初，创业资源环境是其资源储备的基础，资源环境中的很多因素，例如区域环境因素、政策环境因素、行业环境因素等，往往决定着新创企业的成本、发展方向和初始资源获得的效率。新创企业发展之后的资源整合方向也往往与创业之初的创业资源环境有很大关联，创业资源环境为新创企业提供的资源数量和质量也对资源整合的效率产生着深远影响。新创企业要发展，就必须获得多种要素资源，其所处环境中可以提供的资源是其首先可以控制的资源，利用可控资源、通过资源整合和配置，进一步获得资源创业者拥有创业资源固然很重要，但企业要想发展、壮大，还应该有效地整合各种资源。

在创业过程中，新创企业同样需要各种生产要素和支持条件，只有将这些要素和条件有效地组合，形成产品或服务，才能创造出新的价值。这些生产要素和支持条件就是创业资源的主要成分。因此，创业资源是创业者在创业过程中必须时刻放在最重要位置、反复估量权衡的要素。事业型创业的实现需要一定的资源条件，包括企业家精神、组织实体、资金、机会、市场开拓能力、管理水平、创业团队等。创业的过程就是创业者整合各种资源并加以利用的过程。创业者一方面对所需要的各种创业资源进行排列和评估，另一方面通过整合各种资源为创业的顺利进行创造必要的条件。成功需要天时、地利、人和以及足够的运气，真实的创业过程都不是一帆风顺的，创业者必须在创业前积累足够的资源，才能撑到成功的那一天。

在诸多创业资源中，创业者资源是最具根本性的，因为这些资源都是由创业者拥有并控制的。尽管与已存在的进入成熟发展期的大公司相比，创业初期的资源比较匮乏，但实际上创业者所拥有的创业精神、独特创意以及人脉关系等资源，却同样具有战略性。因此，对创业者而言，一方面要借助自身的创造性能力和创业精神，用有限的资源创造尽可能大的价值；另一方面更要设法获取和整合各类战略资源。

白手起家的人往往缺少资源的支持，比如，不少创业者为找不到创业资金而苦恼。其实，资金只是创业资源之一，对于有些行业而言甚至不是最重要的资源。市场上充斥着缺乏出路的资金，所缺的是懂得有效运用他们的公司和创业者。其他创业资源还包括：客户基础；供应商支持；有能力的员工和团队支撑；品牌和声誉；技术和服务支持体系；生产工艺流程等。当创业者意识到创业需要多种资源整合时，就要考虑这些资源在怎样的运作情况下才能成为创业资本和优势。如筹资能力、工作经验、人脉等。以上资源的积累需要一个过程，初创企业由于资源有限，注定了难以承受大的失误，没有多少资源可供浪费。

创业者最好在创业前就学会如何面对非常有限的资源，提早进行充足的准备和积累。其中一个好办法是在没有正式创业之前尽量在目前的工作中模拟创业，确认一下所需要的创业资源是否能获得并掌控，还要按真实情景尝试整合资源的有效性，使自己适应将来需要面对的相似环境。比如，人脉资源是否有效？上下游的业务关系网是否能建立起来？合伙人是否能真正参与创业？等等。所以，如果不在创业前交足学费（类似工作中所经历的失败教训、从中获得的感悟等），很可能会在创业初期因资源问题栽跟头。

当然也有一种可能性，就是在评估创业资源时，发现自己所能支配的资源还达不到可以支撑创业的程度，那么，最好的选择是先缓缓，继续积累资源。

创业总是和创新、创造及创造财富联系在一起。一位创业者结合自身创业经历提出了这样的观点：缺少资金、设备、雇员等资源，从某种程度看也是一种优势，因为这会迫使创业者为了确保新创企业持续发展，集中使用有限的资源去获得更多的价值创造。

比如，苹果公司不单依靠自身的创新，也善于接受和利用外部的资源。以 App Store 为例，App Store 的模式是一种 C2C 模式。应用软件开发者在注册之后，可以把他们的奇思妙想编成软件，经过苹果公司审核后可以放在 App Store 上销售。客户每次付费下载后，苹果公司和软件开发者将按一定的比例获得各自的收入。App Store 的营销模式是完全基于平台自身的自营销体系。这个体系将资源进行了整合，把开发商和用户联结起来，一方面向用户提供了一个售卖软件的平台，另一方面向用户提供了持续的互联网应用服务。

第 2 节　创业者个人资源

拥有充足和优质的个人资源，对创业者个人来说无疑是幸运的。正式开始创业之前，最好对自己拥有的资源进行盘点：

1. 职业资源。对创业者来说，效用最明显的是职业资源。所谓职业资源，即创业者在创业之前，为他人工作时所积累的各种资源，特别是在职场积累的相关经验，包括经营管理、团队建设、市场营销、企业理财、公共关系等相关经验。研究表明：90%以上的创业者开创的公司都与他们曾经工作过的公司具有相同的市场、技术和领域，另一项研究表明，成功的创业者通常拥有8~10年的相关工作经历，受过良好的教育。他们在产品、市场方面和相互交叉领域一般都有丰富的经验。一般来说，有着10年左右的从业经历，有助于人们提高识别各种商机的能力，也有助于提高他们创造性地预见商机和捕捉商机的能力，即对市场经济和游戏规则的了解程度。光靠创业激情，是不足以实现成功创业的。选择从职业资源入手进行创业，已经成为许多人创业成功的捷径和法宝。比如，具有软件设计开发能力的人进行创业，以软件开发服务作为创业起点就比较容易。

2. 企业家精神。企业家精神主要是指创业主体在创业过程中所表现出来的精神特征，它包括：开拓与创新精神、具有远大的目标追求、强烈的合作精神、勇于冒险的精神、充满理性与智慧、具有强烈的社会责任感和诚信精神等。在创业阶段，由于企业规模较小，因此管理要求及人才需求不像成长期那样高，创业者的企业家精神和素质应该是创业阶段最关键的资源。

3. 自有资金资源：是指创业者本人及家庭可以随时支配的现金和银行存款。充足的资金将有助于加速新创企业的发展。高科技新创企业无论是进行产品研发还是生产销售，都需要大量的资金。而且，新创企业往往由于资产不足而缺乏抵押能力，很难从银行得到足够的贷款，这更使得资金资源成为企业高速发展的瓶颈。因此，如何有效地获得资金资源是每个创业者首先必须解决的问题。

4. 技术专长资源：这里说的技术专长，包括有形的和无形的。有形的是指已申请成功的发明专利、实用新型专利和外观专利，或者是某一领域公认的专家，如注册会计师、律师、高级美工师、设计师、工程师、医生、心理咨询师等；无形的是指专有技术、科研成果或者对某个特定行业和领域的深入研究。创业成功的关键是找到成功的创业项目。其原因有二：一是创业项目是决定市场竞争力和获利能力的根本因素之一；二是创业项目复杂与否决定了所需创业资本的大小。美国的微软公司和苹果公司，最初创业资本都不过几千美元，创业人员也只有几人，它们之所以走向成功，就是因为它们拥有独特的创业项目。

5. 创业团队资源。有了优质的创业项目，还要看是谁去实施。如果拥有优秀的创业团队，即使缺乏充足的创业资金，也能使得这个项目快速运转，并实现盈利。相反，如果缺乏高效的创业团队，即便创业项目再好、创业资金再多，也难逃失败的命运。要打造一个优秀的创业团队，除了需要创业领航人具有识人的慧眼、容人的胸襟之外，还需要创业专家的指导，因为这个团队的形成，是一个"大浪淘沙"的过程。拥有了志同道合、目标一致、各显身手的创业团队，就等于创业成功了一大半。

第 3 节　创业者的外部资源

外部资源可以影响个人创业资源的发挥，并能间接影响新创企业的成长。如果在创业时拥有良好的外部资源，那么创业者往往能事半功倍，早日到达成功的彼岸。相反，假如在创业时，没有良好的外部资源，那么创业者就要比别人付出更多的劳动，无论干什么事都更艰难。外部创业资源主要包括：

一、政策资源。从中国的创业环境看，只有在政策允许和鼓励的条件下，新创企业才能获得更多的国内外人才、贷款和投资、具有明确产权关系的科技成果、各种服务和帮助以及场地优惠等。当然，政策资源是公共资源，所有同质的高科技企业都可以享受，但新创企业更应该重视政策资源。掌握并充分享受政府扶持政策，可使创业少走许多弯路，达到事半功倍之效。创业的扶持政策主要包括财政政策、税收政策、科技政策、产业政策、金融政策、人才政策等。以下政府有关部门的政策对中小企业非常有利，应该多加关注和利用。

财政扶持政策：中央财政预算设立中小企业科，安排扶持中小企业发展专项资金；地方政府根据实际情况为中小企业提供财政支持。

融资政策：人民银行加强信贷政策指导，改善中小企业融资环境；鼓励商业银行调整信贷结构，加大对中小企业的信贷支持。各商业银行在其业务范围内提高对中小企业的融资比例，扩展服务领域。国家政策性金融机构采取多种形式为中小企业提供金融服务。县级以上人民政府和有关部门推进和组织建立中小企业信用担保体系，推动中小企业的信用担保。

税收政策：国务院和省级人民政府对符合下列条件之一的中小企业，在一定期限内给予税收优惠：一是由失业人员开办，初期经营困难的；二是吸纳社会再就业人员比例较高的；三是设立在少数民族地区、边远地区和贫困地区的；四是从事高科技产品的研究开发的；五是从事资源综合利用和环保产业的；六是国家产业政策规定需要扶持的。

科技政策：国家制定政策鼓励中小企业按照市场需要，开发新产品，采用先进的技术、生产工艺和设备，提高产品质量。国家实施了一系列的科技计划，包括：科技攻关计划、星火计划、重点新产品计划、科技型中小企业技术创新基金等。

产业政策：对我国境内新办软件生产企业、集成电路设计企业和生产线宽小于 0.8 微米（含 0.8 微米）的集成电路生产企业，经认定后，自开始获利年度起，第一年和第二年免征企业所得税，第三年至第五年减半征收企业所得税等。

中介服务政策：政府有关部门在规划、用地、财政等方面提供政策支持，推进建立各类技术服务机构，建立生产力促进中心和科技企业孵化基地。国家鼓励社会各方面力量建立健全培训、信息、咨询、人才交流、信用担保、市场开拓等服务体系。

创业扶持政策：政府有关部门在城乡建设规划中合理安排必要的场地和设施，支持创办中小企业；地方政府应为创业人员提供工商、财税、融资、劳动用工、社会保障等方面的政策咨询和信息服务；鼓励依法以工业产权或者非专利技术等投资参与创办中小企业。

为促进中小企业发展，科技部及地方政府大力发展科技创业服务中心即企业孵化器，为创业提供全方位的服务，并实行优惠政策鼓励其为中小企业提供良好的创业服务。

二、人才资源。人才对于新创企业的成长和发展越来越重要。事实上，当代企业管理下的人才已经由传统的"劳动力"概念转变为"人力资本"的概念。高素质人才的获取和开发，成为现代企业可持续发展的关键；而对于高科技企业来说，因为其更大的知识比重，人才资源则更为重要。企业最宝贵的资源是人，如何努力创造吸引人才的条件，为企业吸引和留住人才，整合人才资源以获得长期持续发展的内在动力，已成为新创企业当前一项十分迫切的任务。目前，令一些创业者最头痛的事情，不再是技术上的问题，也不再是企业赚多赚少的问题，而是人才资源短缺的问题。

三、创业者的人脉资源。在初创时期，企业没有知名度和影响力，如果没有一定的人脉资源，要开辟市场，那是十分困难的，尤其是在我国这个从古至今都很重视人情关系的国度里。一个创业者如果不能在最短时间内建立自己最广泛的人际网络，那他的创业一定会非常艰难，即使其初期能够依靠领先技术或者自身素质，比如吃苦耐劳或精打细算，获得某种程度上的成功，他的事业也难以做大。

人脉资源中非常重要的是同学。在创业专家研究的上千例创业者中，有许多成功者的身后都可以看到同学的身影，有少年时代的同学，有大学时代的同学，还有如进修班、研修班的同学。比如新东方的几个核心创建者中，俞敏洪和王强是同班同学，徐小平是俞敏洪在北大时的音乐老师。基于对创业的激情和追求，俞敏洪认为新东方需要王强、徐小平这样的优秀人才，于是他放手让他们使用新东方的牌子，充分发挥自己的特长，承担起基础英语培训、留学、签证、移民和咨询等新业务，由此奠定了新东方"三驾马车"的格局。

人脉资源中还应重视朋友资源。一个创业者，三教九流的朋友都要交，朋友犹如资本金，对创业者来说是多多益善。"多一个朋友多一条路"是至理名言。

四、信息资源。专业机构对于信息的搜集、处理和传递，可以为创业者制定研发、采购、生产和销售的决策提供指导和参考。对于高科技新创企业来说，由于竞争十分激烈，就更加需要丰富、及时、准确的信息，以争取到更多的要素资源。这种信息如果由创业者通过市场调研分析获得，成本可能过高。因此，它们一般由专业机构提供。

五、经营场所资源。任何企业都要有生产和经营的场所，新创企业也不例外，这是企业存在的首要条件之一。如为专业人员提供舒适的研究开发环境和高速网络通信系统，为市场人员提供便捷的商务中心和配套设施等，将有助于新创企业更快更好地成长。

六、管理资源。高科技企业的创业者大多是科技人员出身，他们本身具备较强的科研能力，但是对于企业管理知识往往有所欠缺，因此很多新创的高科技企业都因管理不善而失败，这意味着拥有一套完整而高效的管理制度是新创企业的宝贵资源。当然，在企业缺乏这一资源时，专业的管理咨询公司将有助于提高新创企业的生产和运作效率。

第4节 资源整合

所谓资源整合，就是将一些看起来彼此不相关的事物加以组合，创造出一种新生事物，使各种资源自身的价值得到增值的过程。其目的是通过一系列管理、运作、协调和重新安排，提升新创企业的竞争力。资源整合是一个复杂的过程，既有对原有资源的分析、重构和利用，又是一个构建新资源的过程；既要消除原有系统中的冗余，又要将新系统有机糅合形成一个互动的整体，最终达到"1＋1＞2"的效果。对新创企业而言，资源整合的过程还是提升核心竞争力的过程。

获取资源仅仅是新创企业资源整合的第一步，如何将获得的资源转化成竞争力则是新创企业面临的最大挑战。在如今的经济环境中，企业的竞争优势不仅来源于独特的资源，而且也来源于配置这些资源的方式。资源整合能力的高低，往往是衡量一位创业者水平高低的一个非常重要的指标。善于整合资源的创业者，本身可能并不拥有太多资源，但却具有独到的眼光，能够看出这些资源背后潜藏的价值，能够从这种价值增值中获取自己的收益。

新创企业的资源整合一般要经历汇聚、匹配和合理利用等一系列过程，对系统内的资源进行重构，使资源布局更合理、更具柔韧性和可挖掘性，最终形成适应新创企业发展的新的资源体系。高效的资源整合，将使新创企业的发展获得至关重要的战略优势。对任何企业而言，资源的地位毋庸置疑，企业成长的过程也是资源获取的过程。资源是新创企业创建、成长乃至扩张的基础，其中，企业的异质性资源、独特的创新能力是企业成长的关键因素。在新创企业的成长过程中，若创业者不能整合相关创业资源，新创企业将难以生存，做大做强的目标也只能是空中楼阁。创业资源环境对新创企业的发展有重大影响。

资源整合能力是强调从外部环境中获取所需资源的基础上，新创企业内部构建组合资源以及利用配置资源的一种动态能力，可以从资源的构建能力和资源的利用能力两方面来反映。创业者整合资源的能力其实与创业者的素质、管理能力、研发能力等关系很大，因而创业者应该注重资源整合能力的提升。成功的创业者往往也是资源整合高手，他们善于用发现的眼光，洞悉身边各种资源的属性，将它们创造性地整合起来。通过加入一些新元素，与已有的元素重新组合，形成在资源利用方面的创新行为，进而可能带来意想不到的惊喜。创业者通常利用身边能够找到的一切资源进行创业活动，有些资源对他人来说也许是无用的、废弃的，但创业者可以通过自己的独有经验和技巧，加以整合创造。例如：很多高新技术企业的创业者并不是专业科班出身，可能是出于兴趣或其他原因，对某个领域的技术略知一些，却因此敏锐地发现了机会，并迅速实现了相关资源的整合。

创业不可避免地会存在诸多方面的不足。因此，为了提高竞争力和生存能力，通常，在同行之间或者产业上、下游之间的创业企业通过战略联盟或股权置换等种种方式整合资源，使人力资源、研发能力、市场渠道、客户资源等方面实现优势互补，对内相互支持，对外协同竞争。这种方式往往是有几家创业企业作为核心，同时带动一批创业企业，形成利益共同体。创业的竞争优势要求不仅要充分利用现有的资源和能力，而且要开发新的资源和能力。

一、政府资源整合。获得政府支持应该是一家企业战略的重要组成部分，在中国更是如此。但如果把政府支持当作企业策略的全部，这样的企业是很难成功的。在研究科技型中小企业发展案例中，针对政府支持，一种情况是企业上升不到理性认识的高度，甚至回答不了政府为什么要支持；另一种情况是把政府的支持当作不要白不要的施舍，更有人把政府立于战略高度的支持当成既得利益，千方百计，不择手段，用尽心机，忘记了做企业的根本。

二、人脉资源整合。明智的创业者，在创业之前，如果已有意向从事某个行业的事业，他就会尽自己的所能去结识这个行业里的知名人士，虚心向这些知名人士或成功人士请教，聆听他们的教诲，讨要他们的名片，把这些作为重要的资源储备起来，以便在将来发挥作用，帮助自己解决许多实际问题。

三、技术资源整合。成功创业的基础是有好的产品，要做到产品专一，在同一领域内做到最专，技术上要一直领先。一家企业，特别是新创企业没有实力一直保持技术领先优势，要突破这个发展瓶颈就必须整合企业之外的技术资源，比如尽可能地与科研院所、大专院校合作，因为那里有技术前沿人才，而且科研院所、大专院校的人才也很愿意把自己的技术资源转化为产品，实现技术成果的转化。技术资源的主要来源是人才资源，重视技术资源的整合同时也就是注重人才资源的整合。技术资源的整合，不仅整合、积聚企业内部的技术资源，还要整合外部的可利用的技术资源。整合技术资源只是起点，技术资源整合是为了技术的不断创新，自主研发并拥有自主知识产权，保持技术的领先，占领市场，壮大企业。

四、渠道资源整合。创业者要充分了解某行业，同时掌握这个行业的各种关系网，比如竞争对手、供货商、经销商、客户、行业管理部门以及科研机构、行业协会、行业杂志、行业展会等，这些对于创业很重要。所以，创业的一种成功类型，就是做自己熟悉的行业，熟悉本行业企业运营、熟悉竞争对手。上海交大昂立股份有限公司整合的是竞争对手的资源，山东积成电子股份有限公司整合业内资源是为了与大客户的合作能够使开发出来的产品更具针对性和实用性，可以在第一时间了解客户的需求，并且能提供中试基地。

五、金融资源整合。企业与金融资本的整合方式可分为债务融资和股权融资两大类。对于创业企业来说，由于它们缺乏可抵押资产，进行债务融资困难重重，因此股权融资是创业企业与金融资本整合的现实选择，而一个高效的资本市场是创业企业进行股权融资的必要条件。

第5节 发挥资源杠杆效应

尽管存在资源约束，但创业者并不会被当前控制或支配的资源所限制，成功的创业者善于利用关键资源的杠杆效应，即利用他人或者别的企业资源来完成自己的创业目的：用一种资源补足另一种资源，产生更高的复合价值；或者是利用一种资源撬动和获得其他资源。其实，大公司也不只是一味地积累资源，它们更擅长于资源互换，进行资源结构更新和调整，积累战略性资源，这是创业者需要学习的经验。

对创业者来说，容易产生杠杆效应的资源主要包括人力资本和社会资本等资源。人力资本由一般人力资本与特殊人力资本构成；一般人力资本包括受教育背景、以往的工作经验及个性品质特征等；特殊人力资本包括具有特定的产业相关知识、技能和经验以及先前的创业经验或创业背景等。调查显示，有产业相关经验和先前创业经验的创业者能够更快地整合资源，更快地实施市场交易行为。他们不仅具有知识、技能、资格认证、名誉等，还可提供同窗、校友、老师以及其他连带的社会资源。

  为有效发挥资源的作用，应设置合理的利益机制。资源通常与利益相关。既然资源与利益相关，创业者在整合资源时，就一定要设计好有助于资源整合的利益机制，借助利益机制把包括潜在的和非直接的资源提供者整合起来，借力发展。因此，整合资源需要关注有利益关系的组织或个人，要尽可能多地找到利益相关者。同时，分析清楚这些组织或个体和自己以及自己想做的事情有何利益关系，利益关系越强、越直接，整合资源的可能性就越大，这是资源整合的基本前提。

  然而，有了共同的利益，并不意味着就可以顺利实现资源整合。资源整合是多方面的合作结果，切实的合作需要各方面利益真正能够实现，这就要求寻找和设计多方共赢的机制。对于在长期合作中获益、彼此建立起信任关系的合作，双赢和共赢的机制已经形成，进一步的合作并不很难。但对于首次合作，建立共赢机制尤其需要智慧，要让对方看到潜在的收益，为了获取收益而愿意投入资源。因此，创业者在设计共赢机制时，既要帮助对方扩大收益，也要帮助对方降低风险，降低风险本身也是扩大收益。在此基础上，还需要考虑如何建立稳定的信任关系，并加以维护管理。

思考题：

1. 创业过程中为什么要注重资源整合？
2. 你认为哪些资源对创业十分重要？为什么？
3. 请查找几个成功创业案例并分析其中利用了哪些资源。

Chapter 6
第 6 章　　创业模式

- 第 1 节　将创业商机转化为创业实际行动
- 第 2 节　加盟连锁企业
- 第 3 节　通过收购现成企业创业
- 第 4 节　通过承包经营进行创业
- 第 5 节　通过购买特许经营权创业
- 第 6 节　通过做代理商进行创业
- 第 7 节　白手起家自主创业
- 第 8 节　互联网创业
- 第 9 节　移动互联网创业

创业案例

1987年，任正非以2.4万元资本注册了华为技术有限公司，成为香港康力公司的HAX模拟交换机的代理。当时，除了任正非，可能谁都没有想到，这家诞生在一间破旧厂房里的小公司，即将改写中国乃至世界通信制造业的历史。

公司成立之初，凭借特区信息方面的优势，从香港进口产品到内地以赚取差价——这是最常见的商业模式，对于身处深圳的公司而言，背靠香港就是最大的优势，至于是代理交换机还是代理饲料，对于任正非这样的通信技术门外汉都是一样的，都要从零开始。

在卖设备的过程中，他看到了中国电信行业对程控交换机的渴望，同时他也看到整个市场被跨国公司所把持。当时国内使用的几乎所有的通讯设备都依赖进口，民族企业在其中完全没有立足之地。43岁的任正非，在这个时候敏锐地意识到了这项技术的重要性，于是，他决定自己研发，将华为的所有资金投入到研制自有技术中。此次孤注一掷没有让任正非失望——华为研制出了C&C08交换机。由于价格比国外同类产品低2/3，功能又与之类似，C&C08交换机的市场前景十分可观。公司成立之初确立的自主研制技术的策略，让华为冒了极大的风险，但也最终奠定了华为领先的技术基础，成为华为日后傲视同行的一大资本。

1991年9月，华为租下了深圳宝安县蚝业村工业大厦三楼，开始研制程控交换机。最初公司员工仅50余人，当时的公司既是生产车间、库房，又是厨房和卧室，十几张床挨着墙依次排开，床不够，就在泡沫板上加床垫代替。

所有人吃住都在里面，不管是领导还是员工，做累了就睡一会儿，醒来再接着干。这也是创业公司所常见的景象，只不过后来在华为成为传统，被称为"床垫文化"。直到华为漂洋出海与国外公司直接竞争的时候，华为的员工在欧洲也打起了地铺，外国小伙伴们都惊呆了。

1991年12月，首批三台BH-03交换机包装发货。当时公司已经没有现金，再不出货，直接就面临破产。幸运的是，这三台交换机很快回款，公司得以正常运营。

1992年，华为的交换机批量进入市场，当年产值即达到1.2亿元，利润则过千万，而当时华为的员工，还只有100人而已。

任正非在那个时候就认识到"技术是企业的根本"，便从此和"代理商"这个身份告别，踏上了企业家的道路。①

思考题：

1. 创业之初不少新创企业选择做某产品代理的模式，如联想、华为等，做代理商的优点和缺点分别是什么？
2. 任正非在做代理商的过程中发现了哪些创业机会？他是如何将商机转化为创业行动的？
3. 任正非在华为创业过程中所展现的商业智慧有哪些？

---

① 董哲. 华为创始人任正非：两万到千亿的创业史［EB/OL］.（2014-08-24）［2017-05-18］. https：//www.qianzhan.com/people/detail/268/140822-ca19cae5_3.html.

第1节　将创业商机转化为创业实际行动

发现商机是一回事，利用商机则是另一回事。有人虽然发现了商机，但在商机面前无所作为，无能为力，对他们来说，再好的商机也没有任何意义。只有在发现商机的基础上，把握机遇，利用自己掌握的资源，发挥主观能动性，通过对商机的筛选，确定适合自己创业的产品或服务，再结合有效的商业模式，才有可能真正将商机变为财富。

一般来说，准备创业的人有两类：一是自己已经具备某些创业所需的独特技能，如绘画、设计、厨艺、专有技术等；二是自己虽不具备特定的创业所需技能，但还是希望通过创业实现自身的价值。前者的创业相对来得容易，只要有资金支持，找好合适的经营场所，很快就能走上创业之路；而后者的创业相对要复杂一些，通常可有多种选择形式。比较典型的有：特许经营、加盟连锁、收购、承包经营、白手起家自主创业、做代理、网络创业等。这些创业形式各有千秋，关键看哪类创业最适合自己且比较容易成功。原新浪 CEO 王志东认为，每个人都要按照自己的特点去创业，他的三次创业，业务内容完全不一样。王志东说："如果我离开新浪后，再做网站，不仅没有挑战性，也很难成功。你要给自己定位好创业方向。通向成功的路绝对不止一条，在整个产业链里，每一节链条都有机会成功。"比如说高科技领域虽然有很多创业机会，但它只是创新与创业中的一个领域。有许多创新机会也会出现在其他领域，国外的非高科技创业成功的例子比比皆是，如沃尔玛、戴尔等。

第2节　加盟连锁企业

加盟连锁是指主导企业把自己开发的品牌、产品、管理经验等有形和无形资产（包括商标、商号等企业形象，经营技术，营业场合和区域），以加盟合约的形式，授予加盟店在规定区域内的经销权或营业权。连锁加盟行业是由一些拥有较高品牌知名度或者相关行业产品专利的公司发起的连锁加盟模式，该行业在保证总公司的正常运作下吸纳众多投资者在全国各地开设门店，并且公司提供从产品研发到销售指导等一系列的支持。而加盟商通过主导企业的授权和帮助，降低经营风险，借主导企业之力，实现自身的成功。连锁加盟的最大好处是可以用最低的风险做成功的创业者。

对创业者来说，刚开始进行创业时候，连锁加盟是一个不错的选择，因其提供的是一种双赢的模式。有调查资料显示，在相同的经营领域，个人创业的成功率低于 20%，而加盟连锁创业的成功率则高达 80%~90%，并且大部分行业超过了 90%。

由于加盟主导企业可直接利用其成熟的品牌、商业模式、连锁系统、商标、经营技术等，比起创业者独自创业，在时间、资金和精神上都为创业者减轻了不少负担，公司从商品、原料、进货渠道、销售定位各个角度出发帮创业者快速适应并熟悉整个流程。由于采取统一采购、统一配送，从而可降低进货成本，保证优质、可靠货源，这比自己去购买会有很大的优势。关于门店位置的选取、周围的消费水平调查等情况都由主导企业一手包办，旨在让创业者可以更加轻松地做老板。此外，授权者通过输出自己成功的行业经营经验和管理模式,可以帮助加盟者改进管理。加盟者可以在很短的时间内,花较少的精力学习到成功的经营管理经验与知识,少走很多弯路。比如:连锁店的标准及整体效果,主导企业早已设计妥当,每个加盟店只需结合实际,进行一些小小的改动,按图施工就行,无需再花设计费。这样还有利于迅速开店,能减轻店租负担、增加营业的天数和收入,并因其具有一个统一的形象可增强消费者的信任度。

由于门店的不断扩张,实际上也意味着主导企业拓展了市场,提升了品牌知名度,因此,加盟门店的成功也是主导企业的成功,双方互惠互利。主导企业对于营业额较高的加盟店会有一系列的奖励办法,所以加盟者的收入等于门店自主盈利再加上主导企业的业绩奖励。

总公司还会派出专人到门店对新员工展开高效、实用的入职培训,旨在打造一批优秀的门店营业员,同时公司也会为投资者进行相关领导才能的培训。在培训期间,公司会为门店配置专业的会计收银系统及电子管理系统。

加盟连锁一般要支付一定的加盟费,也就是使用总公司品牌的许可费用和指导费用。越好的品牌,加盟费也越高。

为确保被特许者履行特许经营合同,特许方常常要求加盟方交付一定的保证金,这部分费用到合同期满后,在加盟方没有违约行为,没有不清楚款项的情况时,特许方应无息退还给加盟方。

第3节 通过收购现成企业创业

收购现有的、正在运营的企业,也是最简单且容易成功的创业模式之一。收购跟加盟连锁有类似之处,就是说现成的企业相对比较成熟,只要你有一定的经营能力,又具备相关的资源条件,那么,通过收购目标企业进行创业,对你尽快地实现现金流,降低风险,是比较有保障的。

对于有一定资金实力的创业者来说,收购现有的企业不失为一个很好的创业切入点。毕竟,所收购的目标企业已经解决了企业的筹建问题,本身也正处于经营过程中,多少会具备相对完整的创业资源,还有一定的积累。作为局外人,不仅比较容易从目标企业的经营中看出该企业的优势,也可客观地发现不少问题。特别是在收购过程中,可以认真总结目标企业成功的经验和失败的教训,从而避免走弯路。比如,某餐馆转让,你在接手之前可作一番调查,了解一下该店的经营情况和问题,仔细分析其转让的原因。如果该店原来经营就比较好,一般来说,你只要一投入资金,收购并接手经营,其创业风险是比较小的,也可极大地缩短创业过程,相对来说,可实现以较低成本快速成功创业。

在收购现成企业的过程中,创业者主要应弄清如下问题:

1. 目标企业出售的真实原因是什么?

一般来说,目标企业出售的真实原因往往秘而不宣,如因为法律纠纷、企业建筑即将面临拆除、竞争恶化等而无法继续经营。创业者在收购现成企业时,不能只听一面之词,要通过周密的调查进行核实。

2. 目标企业的财务状况如何？

无论是收购处于困境的目标企业，还是自称生意兴隆的目标企业，创业者在收购前都应十分关注目标企业真实的财务状况，如盈利能力、销售额、利润、现金流和销售额增长趋势等。这些内容一般都可通过财务报表体现出来。为此，建议创业者请专业会计师进行目标企业财务报表分析，协助搞清是否存在问题。此外，对目标企业进行财务分析时还要将财务数据与同类公司或竞争对手进行对比，从中可看出一些问题。

3. 目标企业资产状况如何？

资产分为有形资产和无形资产两块，有形资产一般包括房屋、设备、设施、库存等；无形资产包括商标、品牌、专利、专有技术、特许经营权等。

对目标企业资产状况的深入了解，不仅是购买目标企业时讨价还价的根据，也是为购买后顺利工作奠定基础。如房屋是否需要修缮？设备、设施是否需要更新？现有设备能否满足新技术或升级的要求？库存品是否能销售出去？等等。

表6-1 购买现成企业的利弊

优点	缺点
低风险	产品或服务有可能处于衰退的市场
较多的个人自由	发展潜力可能有限
已经产生现金流	债务或库存可能太高
已经建立起供应商和客户的关系网络	产品有可能陈旧或过期
现成的产品或服务、现成的客户、现成的经营方式、现成的员工队伍和企业名称	企业主有可能隐瞒出售的真实原因：企业已经连续亏损好几年了
可能有不错的经营地点	企业在周围的声誉可能不好，经营位置或许较差

第4节　通过承包经营进行创业

一般来说，承包经营是指企业与承包者通过订立承包经营合同，将企业的全部或部分经营管理权在一定期限内交给承包者，由承包者对企业的全部或部分进行经营管理。在承包经营期内，由承包者承担经营风险并获取企业的部分效益。采用承包方式，是借力创业的典型形式。创业者可以借助发包企业已有的品牌优势和资源打开市场，这将大大提高市场接受程度，减少个人创业的前期风险。在上个世纪八九十年代，作为改革开放初期的一种改革方式，承包经营曾经在国内风靡一时，许多濒临破产的企业因承包经营而咸鱼翻身，不少有远见、有魄力的承包经营者则因此走上了自主创业之路。

承包创业之所以比较容易成功，是因为承包者通常都具有该行业比较丰富的经验，不少承包者甚至就是发包单位里的职工，对该行业的发展趋势比较了解，对所承包企业的现状和存在的问题也比较熟悉。这样，承包之后，他们就能对症下药，通过改善经营管理，使企业尽快在市场竞争中取得优势。一般来说，企业在承包前后，如厂房、员工、设备、产品等硬件设施变化不大，而承包者所能发挥的地方则在于企业的发展策略、市场方向、经营管理、产品开发等软性条件方面，因此，承包经营是一种通过改善经营管理产生效益和利润的创业方式。

由于工商行政管理部门一般不会允许同一企业在同一城市设立分公司，分公司只能在异地设立，因此，在同一城市，企业经常采取承包该公司某一经营部门的方式。具体操作与承包分公司无显著差别。

一般来说，在承包创业中，承包者个人必须与发包公司订立承包经营合同，具体标明由该公司将其某一经营部的全部经营管理权在一定期限内交给承包者，由承包者对企业进行经营管理。在承包经营期内，由承包者承担经营风险并获取企业的经营收益。

创业者在签订承包经营合同时一定要谨慎，相关条款必须在一开始就要界定清楚。一般来说，承包经营合同应包括下列主要条款：

1. 承包形式。承包的形式有多种，有减亏承包、盈利承包，有按比例支付承包费，也有固定承包费。你可以根据具体经营状况与总公司协商确定承包形式，最好选择没有包袱、没有复杂债权债务关系和劳动关系的分公司承包。

2. 承包期限。承包期限一般以三年左右为宜，太短尚无法实现目的，太长则可能受市场变化等诸多不确定因素影响承包收益。

3. 产品质量、技术改造任务及其他主要经济技术指标。这往往是发包人所关心的，但是作为承包人也要考虑该项任务指标对承包费以及履约能力的影响。

4. 承包前的债权债务处理。这条非常重要，特别对已经经营多年的分公司而言尤其如此。最好与历史旧账割断关系，因为分公司非独立企业法人，其债权债务可以由其总公司承担。如果做不到这一点，则须谨慎考虑，要求其如实披露其债权债务情况，并考虑债权实现的可能性。

5. 双方的权利和义务。通常可以约定：发包的总公司有权按承包经营合同规定，对分公司的生产经营活动进行检查、监督；发包的总公司应当按承包经营合同规定维护分公司的合法权益，并在职责范围内帮助协调解决分公司生产经营中的困难。分公司享有国家法律、法规、政策和承包经营合同规定的经营管理自主权；分公司必须按承包经营合同规定完成各项任务等。在签订合同时，应根据具体情况对上述内容进行细化；

6. 违约责任。由于发包的总公司没有履行合同，影响承包经营合同完成时，发包的总公司应当承担违约责任；同样的，承包人完成不了承包经营合同任务时，也应当承担违约责任。违约责任约定应当具体明确，具有可操作性，以免违约时扯皮。

当然，通过承包的形式创业也存在弊端：首先，由于承包方不具有独立法人资格，发包公司须对其债务承担连带责任。因此发包公司往往会对承包主体提出较高的要求，甚至会干预承包方的经营管理。这是个人承包创业的一大障碍。

其次，承包创业只能打着别人的品牌做事。承包经营得再出色，也只能是别人的品牌，自己无法拥有自己的品牌。因此，创业者在完成必要的原始积累和获得经营管理经验后应当考虑创立自己的企业，打拼真正属于自己的新天地。

承包经营只是创业初期可以选择的一种有效方式，创业者切不可停留于此，而应该寻求进一步的创业升级方式。

案例　山东电信启动电子渠道承包 "内部创业" 考验创新者[①]

近期，山东电信启动了面向内部员工的电子渠道承包工作，将网掌厅、电话营销、自营网店、校园网上营业厅、社会电商代理等全面开展承包经营。据悉，目前山东电信已经确定了两个项目负责人，分别负责网掌厅和社会电商代理。这是继支局承包、县公司承包、聚类市场经营承包后山东电信又一内部激励举措。电子渠道在运营商中的战略地位不断凸显的今天，山东电信在电子渠道的创新发展上迈出了前进的一步，但也有很多后续问题是创新者需要面对的。

在山东电信人看来，此次电子渠道承包工作是一次内部创业。据悉，此次山东电信的电子渠道承包面向全省所有六岗及以下员工，这样将给更多员工提供机会。山东电信一位相关负责人告诉记者，"员工报名很踊跃，经过竞聘，目前已经确定了两个项目负责人，一个来自省公司市场部，另一个来自济南电信"。此次承包之所以吸引员工积极参与，除了分量颇重的奖励措施外，据悉，承包人完成认购任务后，将获得超收提成并享受提升一岗的待遇。更多的是来自项目的"放权"。山东电信此项目相关负责人介绍，为鼓励承包人全面创新经营，解决承包人经营的后顾之忧，公司推出营销政策、成本投资、人力资源三大保障举措，承包人不仅会获得政策、资源的有力倾斜，还将对团队成员数量、人选、激励方式及工作职责具有充分的建议权和管理权。"公司给更多员工提供了机会，项目认购后公司后续的支持力度也很大。"山东电信相关负责人告诉记者。

对项目有比较充分的主导权，还有公司的强力后台支撑。这无疑对于六岗及以下的员工更有吸引力。据悉，山东电信已经公示的两个项目组的负责人人选，一个负责网掌厅，一个负责社会电商代理。"目前两个项目负责人已经投入到此项目中。"山东电信相关人员表示。

虽然后续的实施效果还有待验证，但是作为电信运营商内部激励的探索与尝试，山东电信的电子渠道承包给予员工充分的自主权和有力的支撑，无疑能充分调动员工的积极性，为中国电信的创业计划再添生动的案例。

第5节　通过购买特许经营权创业

特许经营是指特许者将自己所拥有的商标、商号、产品、专利和专有技术、经营模式等以特许经营合同的形式授予被特许者使用，被特许者按合同规定，在特许者统一的业务模式下从事经营活动，并向特许者支付相应的费用。特许经营与加盟连锁的主要区别是：加盟连锁强调加盟方利用自己的营业点，由主导公司在统一的整体规划和布局下集中管理分工合作，通过扩大规模获得更高的效益，它的本质属性是在商业流通领域中同业店铺之间为取得规模经济效益而实行横向联合的一种组织形式；而特许经营的本质属性是一个独立的民事主

[①] 赵妍. 山东电信启动电子渠道承包 "内部创业" 考验创新者［EB/OL］. （2012-06-22）［2017-09-10］. http：//www.ccidcom.com/yunying/20120621/SYBXBNOLwrvTnCN0.html.

体（特许人）向多个独立的民事主体的纵向授权，且其核心是特许人知识产权的许可使用。

特许经营权一般有两种形式：一种是针对产品/商标/服务的特许经营权；另一种是针对经营模式的特许经营权。特许经营是双赢的选择，对于出售特许经营权的优质企业来说，通过获得特许经营费而得到快速成长，并且可以通过特许经营权的出售来扩大和强化自己的品牌，如克罗克利用出售麦当劳餐馆特许经营权实现了快速壮大。对于新创业者来说，如果能找到具有优秀品牌和良好经营方式的企业，而这家优质企业又正好希望以较合理的价格出售特许经营权，那么，只要交一笔特许经营费就可以利用优质企业的品牌开始经营了。也就是说，创业者通过这种方法，就能在一个相对便宜而快速成长的产业内开办自己的企业，不仅可采用优质公司的品牌和经营方式获益，而且风险小、见效快。

在特许经营实施的过程中，优质企业往往通过培训、广告等形式来帮助特许授权方，比如麦当劳特许经营就是这一模式的典型。根据特许经营协议，麦当劳会把经营的每个细节都传授给特许授权方，如炸薯条用多少时间、制作程序、制作工序是怎样的，以及如何接待顾客等。

为保证特许经营实现预期效果，特许方除了为受许方提供帮助外，通常还会就一系列事项与受许方签订一份合同，特别是要求受许方满足一定条件，如：有基本运营资金投入作保障；从特许人处购买相关原料和设备；保证能取得一定收益；按时支付特许权使用费和收益提成等。因此，创业者在购买特许经营权前，需要仔细研究相关信息，特别是要考虑好以下问题：

1. 购买特许经营权是否优于购买一家现成的企业？
2. 你想从特许方中获得什么？你愿意为该工作付出多少努力？
3. 如果获得特许经营权后经营不善，甚至亏损，你是否还愿意承担风险并支付特许权使用费？
4. 你是否有能力并愿意严格遵守特许方的各项规定？

此外，当创业者本人的生意兴隆，自己的产品或服务逐渐具有一定市场影响力，甚至形成一定品牌效应或口碑，在市场上受到广泛追捧时，如果特许经营费可为其他方承受，那么，创业者自己也可通过出售特许经营权的形式来实现扩张。

表 6-2 列出了购买特许经营权的利弊。

表 6-2 购买特许经营权的利弊

优点	缺点
开办风险较低	企业决策力受到限制
开办成本透明	特许费用使利润减少
产品或服务有较好的市场	不可能再引进其他供应商产品
经过实践证明了的营销方案	对特许人的依赖性较强
特许人的培训保证	特许人一旦失去市场，你也就失去了市场

第 6 节 通过做代理商进行创业

代理商是代其他企业打理生意，而不是买断企业的产品，是厂家给予代理方一定佣金额度的一种经营行为。代理商所代理货物的所有权仍属于厂家，代理商并不拥有商品的所有权（只是代理制造商的产品/服务）。因为代理商不是售卖自己的产品，而是代其他企业转手卖出去，所以代理商一般是只赚取企业代理佣金（提成），而不是通过买断制造商的产品服务，通过经营获得商业利润，因此，代理是一种既无风险又能获利的方式。

代理商主要分为总代理、区域代理与分品牌代理等。代理商的建立，可以分担厂商的风险，使厂商与代理商共同拉动市场从而降低厂商的经营风险。在代理商的层次上，除设立总代理外，代理商还可以根据厂商的渠道模式，下设一级代理或区域代理并同时与终端销售商合作。这样，代理商从简单的分销转换成具有管理职能的渠道维护者，除业务管理外，代理商同时具备品牌管理、促销管理、服务对接、财务管理等各项职能。

通过做某产品/服务的代理商进行创业时，创业者不要只盯着代理厂家的产品，最好是要充分利用厂家的产品，为用户提供相关增值服务。比如，华为公司在最初两年主要是代理销售香港的HAX交换机。经过两年的摸爬滚打，公司财务状况有了好转。不过，任正非没有拿辛辛苦苦赚来的钱去改善生活，而是重新投入经营中，华为很快就进入了发展的轨道。再如，北京康邦科技有限公司最初创业就是先取得某计算机厂家的产品代理权，然后面向各类学校进行计算机产品销售。但公司创业者并没有满足于此，而是打破常规，不断完善为学校提供配套的增值服务。他们向购买计算机的学校提供设备施工安装、设备日常维修保养、校园智能管理、系统集成等一系列与计算机相关的增值服务，不仅赢得了客户，而且也获得了很好的经济效益。如今，它已经发展壮大成为北京最大的校园系统集成商之一，并已实现创业板IPO。

第7节　白手起家自主创业

如果创业者自己能设计出独特的产品/服务，那么，自主创建一家新企业是非常好的选择。比如你有意向中的创新产品或服务，你觉得产品和服务将会有较大市场，你也有能力把这个产品和服务做好，那么，你就可以做好规划、进行市场调研，在把所有相关的要素摸清楚，然后就可以考虑创建团队、办照、选址、开办企业了，随后利用这一平台推出自己的创新产品或服务去满足社会或市场的特定需求，从而获得回报并实现个人价值。

白手起家最难的是赚取第一桶金，完成原始资本积累。由于创业者所从事的是商业活动，钱是他们的成绩单和里程碑，因此，赚取第一桶金非常重要也很困难。它将初次证明你的创业是有市场的，说明企业的业务模式和运营系统已经经过市场检验，开始迈向成功了，由此也会让你建立起信心。但创业者也应该清醒地认识到：在缺乏充足资金支撑的情况下，企业的进一步发展要比赚第一桶金难得多，因为这要求企业在方方面面都做得非常优秀。

如今，白手起家的创业者在未来的规划中需要更加精细的部署。过去的成功者有相当一部分是依靠敢想敢干，把握机遇，巧妙地获取稀缺资源（土地、配额、物资、关系等）或在某些方面享有特权，但如今要想白手起家，仅凭上述手段已经不够了。新一代的创业者需要更深厚的知识、更优秀的能力、更高的道德标准，以及更充分多元的准备和资源支撑。

白手起家自主创业者一般资金有限，但普遍拥有经验、技术等优势，如果能在以下方面做好工作，会更有利于创业成功。

1. 尽量建立起广泛的人脉关系

事实上许多白手起家的创业成功者都曾或多或少地依赖婚姻、家族所带来的一些特殊资源的协助。善用身边资源使之成为你事业的助力是快速成功的捷径。依托自己产品/服务的自主创业者因为没有资金实力，他们很难请到或请得起高水平的人才，也没有太多的钱用于广告或市场推广，所以创业之初的生意来源很大部分是靠人脉关系。有了广泛的人脉关系，才会在获得资金以及商业机会、相关技术方面得到帮助，从而为下一步做强、做大打好基础。即便是没有什么人脉关系而白手起家的人，在创业前期，也要时刻记住一件事，那就是去建立广泛的人脉关系。很多时候，人脉关系甚至要比金钱更重要。有了广泛的社会关系，就会有更多的人愿意帮助你。

2. 建立良好的信誉和人品

依托自己产品/服务的自主创业者只有靠自己的人格魅力，才能吸引一批志同道合、愿意跟随你的人，因为你出不起高工资去招募合适人才。同时，自主创业者由于经营规模较小，所以商业信誉度在人们看来不会很高，这时就要用创业者以个人的信誉和人品来担保，诚信待人，只有这样，别人才愿意并敢于与你合作。人们首先相信你这个人，然后才会相信你的事业和产品/服务。

3. 要做好吃苦耐劳的精神准备

自主创业者面对的是残酷的市场竞争环境。与财大气粗的竞争对手相比，他们竞争优势较少，只能靠自己的吃苦耐劳精神，付出比竞争对手更多的努力和辛劳。创业之初，自主创业者一般都要事必躬亲、亲力亲为，所以创业者在创业之前就要做好充分的心理准备。人们说市场是抢来的，而不是等来的，对自主创业者来说，更是如此。多做一些工作，多奉献一些爱心，去感动你的客户，这才是最有力的竞争。

4. 要对市场有预见性

对于自主创业者来说，要想成功就要寻求一个好的项目或者产品/服务。通常自主创业者在选择产品或项目时，一般要考虑以下三点：一是该产品或项目要顺应社会发展的潮流；二是该产品或项目要与众不同；三是在推广该产品或项目时，不需要或只需要很少的市场启动资金。这就要求创业者要有一定的预见能力，能够把握好市场未来的发展和趋势，从而找到并占领某一市场缝隙。否则，你根本无法与其他企业或产品在竞争中抗衡。

5. 要拥有理想、激情和领导才华

自主创业者应具备使团队创造出比独立个体之和更高价值的能力。创业者需要为企业设立一个具有挑战性但又可行的远景目标；他必须能凝聚和激励一群杰出的、承担主要责任的团队；创业者应该给予团队足够的空间去发挥才能；企业所提供的产品和服务必须满足市场和社会的某种特定需求，并成功地在客户心目中形成物超所值的印象；企业与员工之间的相互协同，必须足以使产品和服务明显地优于客户可以选择的其他产品和服务。

从以上几点可以看出，创造一家成功而卓越的企业绝对是一项复杂而艰辛的系统工程，自主建立一家杰出企业需要创业者具备优秀的素质。大多创业成功者都是靠自己的一套行之有效的方法、技巧以及自身优秀的能力和素质而取得成功的。

下表是白手起家开办一家新企业的利弊。

表6-3 白手起家自主创业的利弊

优点	缺点
有可能开办成本较低	新成立一家企业要冒较大的风险
较大的个人自由	需要大量的个人和企业计划
能够开发新产品或进入新市场	可能需要寻找客户并建立客户关系
能够较快地调整企业行为和方向	来自现有企业的竞争可能较大
可以一开始就采用新的企业经营方式	若不能迅速开办，资金维系困难

第8节 互联网创业

互联网时代从不缺乏创新。如今，互联网＋已经成为大众创业的热点，现在又延伸出移动互联网智能手机 App 创业。通过网络创业有三种典型的模式：一是自己直接网上开店销售商品，就是自己先把较低价格或较紧俏的商品买下，再把商品信息发布到网上，客户从网上发现你的商品很好，于是订购下单，然后你通过物流公司为客户送货上门；第二种模式是通过提供网上服务来获利，就是利用互联网建立第三方服务平台，自己并不在网上直接做商品生意，而是为买卖双方提供商品信息服务；第三种模式是利用互联网服务大众。

第一种模式是自己直接网上开店，与传统的实体商店相比，具有启动资金少、运行成本非常低、商品价格比较优惠、手续简单、交易快捷、经营与维护不需要太多的专业知识、容易上手等诸多优点，成为众多创业者、特别是大学生群体开始创业的首选。据 ebay 网站统计，在美国有30万以上的人在 ebay 网站上开店，国内的 ebay 易趣网站上的网上商店达1万多家，其中40%是由在校大学生所开。交易的商品大到房地产、小到邮票无所不有，商品交易额超过5亿元。由于这种网上创业成本比较低，对于初次创业或者小本创业来说，不失为一个很好的选择。但自己直接网上开店销售商品也应对困难作好充分估计，主要原因是：产品分类销售为主，竞争非常激烈，后来者起步较为困难。

一般来说，自己通过网络开店创业首先就需要考虑一定的投入准备，主要包括硬件和软件两部分。硬件包括可以上网的电脑、扫描仪、数码相机、联系电话等。有了一定的硬件支持后，就要思考经营的物品或者项目，这个可以通过网络了解到目前成交量居高的货品，从而来确定自己卖什么样的商品。在网上销售的商品，首先，最好是找网下不容易买到的东西，例如：限量版的商品、名牌服装、电子产品等。这样，一些发烧友就会找到你店里；其次，最好找你所了解的或是有资源的货源，了解网上同类商品的价格等；最后就是选择你要开店尝试的专业平台，比如淘宝、易趣等。

通常，网上创业要经过以下步骤：第一步是注册会员；第二步是获得卖家认证：注会员之后，要想开始网上销售服务需要通过网站进行卖家认证，目前主要通过身份证认证、手机认证、固定电话认证、地址认证等方式；第三步是通过卖家认证：上传商品，正式开展网上销售。

值得提醒的是，目前一些网站大都对会员提供免费开店服务，不过也有收费的，如易趣，易趣网登录物品需要支付登录费。如果物品卖出，还需要支付交易服务费。因此，卖出一件物品的总成本为：登录费加上交易服务费。

第二种模式是通过提供网上服务来获利。这种创业之所以能获得成功，是因为信息的不对称会产生交易成本，而互联网的作用可以提高信息的传播速度和传播量，减少信息的不对称，从而降低交易成本。利用网站为买卖双方提供供求信息服务，降低信息不对称所产生的买卖双方交易成本，形成巨大的流量，吸引广告和其他内容提供商的服务项目，从中收取广告费、会员费、服务项目分成或其他费用等。很多著名的成功人士都是通过建立第三方服务平台而创业成功的，如阿里巴巴的马云、京东商城的刘强东、携程网甄容辉等。在日本，网络服务业已经非常盛行，日本一些网络信息中介公司生意兴隆，比如，为了提高物流效率，一批中介公司将货主送货的批量、目的地、时间等信息在网上公布出来，中小运输公司得知这个信息后，则以"拍卖"其卡车空间的方式接受货主们"订货"；同时，运输公司也会通过中介提供有关卡车的剩余空间，接受货主的物流订单。

第三种模式是利用互联网服务大众。这类网上创业并非面向特定群体，如百度的搜索引擎、新浪的门户网站、腾讯的 QQ 和微信、360 的免费杀毒等。这种模式的特点是：免费提供大众最感兴趣的服务，黏住海量的客户，为企业提供巨大的网络潜在市场开拓机会，从而吸引厂家大做广告或提供其他挂接项目。比如，某大学毕业生创建了一个免费为大学生提供兼职、实习、招聘信息的网站，每天吸引近 100 万的学生登录，这不仅引来了大批企业到这一网站进行招聘和找学生兼职或实习，此外，也有很多教育培训机构主动上门希望建立信息接口，为大学生提供外语、职业技能和专业证书等培训项目。

第 9 节 移动互联网创业

传统的互联网要通过电脑才能使用，移动互联网的硬件门槛降低。现在智能手机可以上网，而且手机已经是一种生活必需品。加上现在很多运营商存话费送手机，加快了智能手机的普及。我国已经成为世界上拥有智能手机最多的国家，人们的上网方式已从互联网开始向移动互联网转型，现在不管走在大街上还是在车站地铁站等公共场所，拿着智能手机上网的人随处可见。因此一个新的行业——智能手机 App 创业诞生了，通过软件和平台对接到大的流量平台，把个人服务业和消费者直接打通，如垂直社区和垂直工具、O2O、移动娱乐、下一代手机游戏等都成了互联网创业的大好机会。以快的为例，接入微信后，来自微信端的订单已经逐渐占领了快的订单的市场。

利用移动互联网创业有很多优势。一是可以降低上网的接入难度和成本。不需要运营商拉宽带，不需要昂贵的电脑，没有宽带包年费。只要有手机，深山的老人、小孩都可以上网。有智能手机的，都是移动互联网的用户，这也是微信用户迅速到达 7 亿的原因。二是移动互联网的平均上网接入时间和频数较个人电脑有很大增加。因为手机可以随身携带，利用碎片时间，用户一天会打开很多次。三是使用移动互联网没有地点限制。移动互联网，让上网的人无所不在。等公交、蹲厕所、躺床上，都可以拿起手机上网。而且对大部分人而言，用手机上网的时间已经远超过用电脑上网的时间。

传统互联网以 PV、IP 为盈利标准，而移动互联网以用户数量、月激活次数为盈利标准。传统互联网基本都是网页，除了游戏、电商本身能盈利外，其他网站基本都是靠广告。Google AdSense 是很多网站的盈利模式，到手机上这似乎已经行不通了，因为手机屏太小。手机 App 里的广告展示转化率很低，而且用户也比较反感这种模式，所以现在好的 App 都没有这种硬广了。

移动互联网怎么盈利呢？免费模式肯定不能变，这已经是互联网创业的"标准"。通过免费获得用户后，移动互联网应该向增值服务发展、向大数据应用方向发展。移动互联网创业就是通过某个免费功能，抓住特定的用户群。抓住这部分用户的特征，以及使用数据记录，基于这些数据给用户提供更精准的增值服务（卖交易机会），或利用这些数据为其他平台提供服务（卖数据）。最后，移动互联网不只是 App，最终目标应该是移动端。比如微信的出现就让很多 App 没有了价值，但微信也给了很多创业者机会。以后可能还有新的平台、新的技术出现，但这些都不重要。作为创业者来说，只要用微信公众号、App 等多种手段，专心解决好用户的一个问题，并获得一定数量的有价值的用户就行。

案例

51 信用卡成立于 2012 年 5 月，首创了帮助用户一键智能管理信用卡账单的"51 信用卡管家"App，目前已发展成为管理中国信用卡账单最多的移动互联网金融公司，拥有超 7 000 万银行认证过的优质用户，管理中国超过 30% 活跃信用卡账单。

2015 年 1 月，公司推出创新金融 App "51 人品"，通过对金融"小数据"进行创新性的挖掘和应用，成功研发了多维度交叉验证的大数据风控模型，实现了用户的在线风险定价。

2016 年 9 月 20 日，公司完成了总计 3.1 亿美金的 C 轮融资，由天图投资和 A 股上市公司新湖中宝领投，快的打车创始人陈伟星的泛城资本，以及华盖资本、国信弘盛股权投资基金、千合资本、洪泰 APlus 基金等跟投。3.1 亿美金的融资额创下了互联网金融公司 C 轮融资纪录，融资后公司估值超 10 亿美元，跻身独角兽行列。

公司曾荣膺福布斯中国互联网金融 50 强，胡润新金融 50 强，是中国互联网金融协会首批会员、杭州市互联网金融协会副会长单位以及浙江互联网金融联盟首批信息公示企业。[1]

---

[1] 资料来源：根据 51 信用卡网站的公司介绍整理，https：//www.u51.com/。

> 思考与研讨：
> 1. 查询51信用卡相关信息，从该案例可看出，"51信用卡"目前拥有超7 000万银行认证过的优质用户，管理中国超过30%的活跃信用卡账单，请说明为什么"51信用卡"能取得移动互联创业的成功？它解决了目标客户的哪些问题？
> 2. 该公司可以了解到信用卡交易数据，了解到用户在什么样的店消费多少、每个月的消费能力，还款能力公司等。这意味着什么？公司应该如何利用这些信息数据？（提示：给用户提供优惠信息、给商家提供数据信息等）
> 3. 如果"51信用卡"做P2P贷款，是否会比现在利用移动互联"提供贷款"更有基础？为什么？

思考题：

请查阅有关文献，研讨目前创业新热点——共享模式，如共享单车、共享雨伞等，试分析共享模式的优势与不足，如何扬长避短？

Chapter 7
第 7 章　组建创业团队

- 第 1 节　创业需要合伙人
- 第 2 节　选择合伙人
- 第 3 节　股权安排
- 第 4 节　团队的创建
- 第 5 节　留住骨干员工

创业案例

2011年12月，任正非在华为内部论坛发布了《一江春水向东流》这篇文章，揭开了一个华为崛起的重大秘密：人人股份制。

在华为的股份中，任正非只持有不到1%，其他股份都由员工持股会代表员工持有。如果你离职，你的股份该得多少，马上付现金给你。哪怕是几千万元的现金，任正非眼睛也不眨一下。但是你离开公司，就不能再继续持有华为股份。华为股份只给那些现在还在为华为效力的人。这样一种体制，是全球独有的。

任正非还创立了华为的CEO轮值制度，每人轮值半年。此举为避免公司成败系于一人，亦避免一朝天子一朝臣。[①]

思考与研讨：

1. 请查阅有关华为公司创业成功的文章，思考华为公司在创业团队建设方面有哪些与众不同之处？
2. 创业过程为什么要重视团队建设？
3. 华为公司采取"人人股份制"的做法对团队建设有什么作用？

第1节 创业需要合伙人

选择正确的创业领域，做好战略规划只是第一步，拥有一个优秀的团队更加重要。俗话说："一个好汉三个帮"。大量事实表明，创业最重要的资源是人力资源。当一个人决定创立一家新企业，开始踏上创业的征程时，就需要考虑如何吸引其他人参加并组建创业团队。尽管单凭创业者个人的能力和资源也能维持生计，没有团队的创业也不一定会失败，但没有团队的创业很难做大做强却是个不争的事实。因此，创业者能否吸引到与自身优势互补并符合企业发展需求的人共同创业，这是确保事业型创业成功的基本条件。

360、阿里巴巴、腾讯、华为等企业之所以取得巨大的成功，其中一个共同的经验就是找对合伙人，他们深刻地认识到，赚小钱靠个人，赚大钱靠团队，如今单打独斗的年代已经过去了。在创业初期，创业者要么是一个人单枪匹马走上自己的创业之路，要么是集体合作，形成创业团队，共同发展。单独创业与合伙创业，各有各的好处。像网易的丁磊就是单独创业并取得巨大成功的代表，单独创业可以让企业完全按照自己的思路运营，不受太多限制。但单独创业对创业人自身的综合素质、资金实力方面的要求都极高，仅靠自己创业很容易因为势单力薄而夭折。当自己的资源或精力有限时，就需要找合作伙伴了。好的合作伙伴自然能让你在生意上如虎添翼，不好的合作伙伴也可能将你拉到事业低谷。合伙创业的优点非常明显，像李彦宏和徐勇，一个人懂技术，另一个人懂市场营销并且熟悉资本市场，这样一来，资金、市场、技术三大创业要素齐全，为百度以后的成功创业奠

---

① 任正非揭开华为崛起重大秘密：人人股份制 [EB/OL]. (2012—02—07) [2017—11—06]. http://www.cyzone.cn/a/20120207/222685.html.

定了基础。1999年成立的携程旅行网是由梁建章、范敏、沈南鹏、季琦四个人合伙创建的。他们在创业过程中就是充分发挥了优势互补的作用：季琦能疏通关系，负责申请批文、拿土地；沈南鹏精于融资，负责找钱；梁建章懂IT、负责发掘业务模式；范敏原先就是酒店管理公司的副总经理，善于管理和经营，负责日常运营管理。因此如何挑选合作伙伴显得非常重要。当然，合伙创业也有不足之处，就是很容易产生矛盾，毕竟每个人都有自己的创业理念和工作思路，这就需要合伙创业人之间有良好的沟通机制，如果创业团队中没有一个沟通和整合能力很强的人，一定不要选择合伙创业。

如果你已经决定全职投入创业，要面临的一大挑战就是说服其他合伙人同样全职加入。如果你连一个合伙人都说服不了，那么这是一个强烈的信号，表明公司不太可能会成功。然而，创业也不是人多好办事，初创团队的合伙人数往往以2~3人为宜。但凡一起合伙创业的，大多是亲朋好友，或通过同学战友、亲朋好友介绍的人，等等。一旦决定合作，最好先与合伙人就共同创业后每个人的责、权、利等事项谈清楚，特别是把利益分配这样的事做到清晰且无争议，并将这些内容写进合作协议（参考附件1）的条款之中去，作为合作方今后的行为准则和依据，谁将来违反条款，就自己承担后果。如果碍于情面或草率行事或不懂相关法律，那么会留下矛盾的隐患，可能会导致以后反目成仇，甚至对簿公堂，这样的案例并不少见。

合伙创业也会存在着风险。合伙企业、有限责任公司这些组织形式，都是合作的性质。合伙人之间、股东之间会发生各种各样的冲突，如：经营思想、利益分配、权利要求等。这些冲突往往会演变为组织的僵局，使组织因为合伙人之间的矛盾而陷入危机。因此，在选择创业组织形式的同时，选择志同道合、善于沟通、以创业组织的利益为重的合作者是非常重要的。

如果一个人不能全职投入公司的工作就不算是创始人。对于任何边干着其他的全职工作边兼职帮新创公司干活的人，只能给工资或者工资欠条，一定不要给他股份。如果某个合伙人一直干着其他全职工作，直到新创公司拿到风投，他才辞职过来加入创业团队，而他和最初一起创业的合伙人却是一样的待遇，那么这显然有失公平，毕竟他没有经历过与其他创始人一样的风险。

并不是所有合伙人都需要拿工资，股权分配、股权激励等都是非常好的激励手段。很多时候，新创企业开始时并没有收入，甚至还会亏损，因此发不出工资。其中一些创始人有一些个人积蓄，他们承诺在企业启动后的某个阶段内可以不拿工资。而有些创始人则需要工资。很多人认为不拿工资的创始人可以多拿一些股份，以此作为创业初期不拿工资的回报。但问题是，你永远不可能计算出究竟应该给多少股份（作为初期不拿工资的回报），这样做将导致未来出现纠纷。千万不要用分配股权来解决这些问题。其实，你只需要针对每位创始人应拿的工资记好账；若不拿工资，创始人就给他（们）记着工资欠条。当公司有了足够现金时，就根据这个工资欠条补发工资给他（们）。接下来的几年中，当公司现金收入逐步增加，或者当完成第一轮风险投资后，你可以给每一位创始人补发工资，以确保每一位创始人都可从公司拿到应得的工资收入。

第2节　选择合伙人

合伙创业往往会因为矛盾摩擦及利益分配不均而导致解体。如何来避免此类问题的发生呢？根据很多成功创业者的经验，选择合伙人的标准有四条：人品第一、价值观第二、工作态度第三、能力第四，这四个条件缺一不可。有些人可以做很好的朋友，但不可以做很好的合伙人。当然，四个择人标准是需要时间考验的，只有曾经共事过才能看出来是否适合做合伙人。一般来说，为了使合伙创业有良好的基础，可以参考以下做法：

1. 最好找熟人

找熟人的好处是彼此一起经历过很多事，为人处世比较知根知底，能判断是否能很好地合作。比如俞敏洪与王强、徐小平在创业之前就彼此认识，对于各方的品行和能力都比较了解。

2. 选择互补性强的人

百度创业之初，从哪里找风险投资？这是摆在李彦宏面前的第一个问题。对于李彦宏来说，他一直在做技术，对资本市场并不了解。于是，就有了百度的联合创办人徐勇的登场亮相。徐勇在百度的创业初期起到了很大的作用，特别是百度成立之初的资金来源，徐勇起到了决定性的作用。李彦宏和徐勇是一对互补性很强的创业组合，李彦宏负责全局战略及技术研发，徐勇负责市场营销并与投资商沟通。李彦宏取徐勇的长补自己的短处，这为自己将来的成功打下了坚实的基础。

3. 谨慎挑选合伙人

不管任何时候，在没有完全看好合伙人的时候，一定要多观察、多考察，不要盲目地合作，更不要将经营主动权马上交出去。不管是人事，还是财务客户资料或者是供应商等，都是公司发展比较核心的资源，绝对不能轻易地交出去。所以时刻掌握主动权是非常必要的，也是能够最大限度地将公司利益损失和伤害降到最低的一种保障。

4. 事先做好约束

凡事勤立规矩，不要无章可循。俗话说：先小人，后君子。这是说双方合作或交往一定要先把丑话说在前面，以免将来反悔。在合作的全过程中，合作的任何一方都要白纸黑字地立下规矩，如签订竞业及商业保密协议，明确合作期间和合作结束两年内不得从事同行业和高相关度的行业等，这样可以有效防止因个人私心的膨胀而导致的矛盾。比如李彦宏第一次和徐勇谈合伙创业时就先签署保密协议，这看起来多此一举，但却是一个极为重要的环节。很多人在创业之前，只想着同合伙人一起商量如何赚钱，却对很多细节都没有进行明确的规定，这也为将来的合作埋下了隐患。

5. 建立良好的沟通

在合伙创业的过程中，建立良好的沟通是必要的前提。合伙人之间应进行沟通，保证相互之间对业务信息的充分了解，并及时沟通企业发展的思路，解决分歧。相互的猜忌是大忌，如果每个人都打自己的小算盘，成天在算计对方，生意就一定做不好，而且也做不长久。所以建立平等的利益关系，保持良好的沟通，本着真诚、互信和公正的态度来做事，尽量将一些想法和事情公开化，效果会更好，私心太重的人是不适合做合伙人的。

6. 建立一套合作规则

一切按合作的规则办事，不能只凭感情处理问题，这是非常重要的一点。比如，三人合伙创业，虽然大家各占三分之一股份，但要确定其中一人为老大，有着最高的权力，其他人不能干涉。不能说每个合伙人都有着相等的权力，重要决策一定是由老大决定。合伙人之间要确立这样一个规矩，那就是基于能力的优势互补，基于对企业贡献的股权和利益分配，不做破坏公司利益的事情，合伙人之间不要有为了自己的利益而侵害、侵占其他合伙人利益的行为等。为了减少不必要的矛盾，通常做法是确保某一个合伙人出资最多，从而使其相对控股（占50%股份）或绝对控股（占60%以上），成为创业团队的老大。另外，为了确保不发生合伙人不道德或其他不利于合伙创业的行为，避免经过工商注册而确定的股东在不合格的情况下仍不交出其股权的情况，最好在创业之初的合伙协议（参考附件1）中写好相关条款，建立一种机制，对什么情况下、以什么价格收回某不称职股东的股权做出规定，以防止发生不称职的合伙人"撕破脸皮"后仍然享受股权和收益的状况。

7. 财务要透明，彼此要一清二楚

合伙创业的财务一定要做到一清二楚，如果连财务都不清楚，最终一定会失败。刚开始时公司规模比较小，还请不起会计、出纳，最好由两个合伙人自己做账，比如两人去银行开一本存折，把两人合伙做生意的钱全部放入这本存折，然后做一本银行日结账。总之钱一定要明明白白，不能有任何的疏忽。因为钱是最易伤感情的问题，也是最重要的问题。再有，账目要做两本，各人一本。这样就明明白白，不怕对方修改账目，因为大家都有底。

8. 要确定一个主导者

创业团队无论有几个合作者，所持有的股份可以大家平均，但在统一规划方面必须得确立一个主导者，不然就很容易出乱子。各人的资源若不通过一个整体的框架进行调配整合，那就是浪费。每个人的执行力若没有集中在一个方向上，也是浪费，尤其是大家形成决议后，就必须确保集中所有的资源和力量，向一个确定的方向前进。若是在形成决议后，每个人的思想和行动方向没有一个主导者进行引领的话，那么，大家的新思想就很容易不断地否定原来的老思想，新的行动方向又会不断地取代原来设定的方向，这样很快就会引起巨大的内耗和矛盾。

第3节 股权安排

如果准备和几个朋友合伙创业，那么首要问题就是如何针对有人出钱、有人出力、有人出专利或独门技术等进行股权安排。这一问题如果解决不好，可能就会导致合伙人因感觉不公平而退出。如果有人为公司提供设备或其他有价值的东西（专利、域名等），最好按这些东西的价值支付现金或写下欠条,不到万不得已尽量不要给股份。创业者应该准确算一下他提供给公司的设备价值,或者他们某个专利的价值,给他们写下欠条,公司有钱后再偿还即可。在创业初期就用股权来购买某些公司需要的东西将导致不公平和纠纷。

为了解决好股权安排问题,创业者首先要确定是否将所有股东都登记在股东名录当中,接下来要确定用什么基准作为登记的股权分配比率。如果大家都是以现金出资的比率作为登记的股权比率依据,那么,以后的分配利润相对就比较简单。

如果有人不是以现金出资作为股权登记的基础,而是以技术、管理能力或专利来参与入股,这就比较容易出现在公司经营上出力不等,或绩效结果不同,或劳逸不均等情况,从而造成后期利润分配时出现争议。针对这种情形可以参考以下的方式来解决。

通常,技术股是自己不掏钱,由公司白送股份。如为鼓励某技术骨干,让他采取技术入股的形式。但这样做并不好,因为他没有出钱,一般也不会对公司死心塌地。如果准备送他10%的技术股,最好有五分之一让他支付现金购买。一旦掏钱了,他就会将自己的利益与公司的运营和发展联系起来了。

关于如何将股份稀释的问题,创始股东持有的股份最好一直不要低于55%。因为低于50%,意味着失去了对公司的决策权和控制权,影响力就会变小。如果一定要对一些骨干员工坚持分配股份,最好利用建立的子公司、子公司的子公司、相关事业部的股份来分。

通常合伙创业最好签订一份《合伙创业协议书》,具体格式和内容可参考附件1。其目的是将合作各方的权利义务确定下来,以便共同遵守,并以此作为创业合作的基础。

第4节 团队的创建

创业是一项系统工程,即使有几个创业合伙人,也不可能具备创业所需要的所有技能和资源。创业者始终要记住,一个团队的努力要比个人的努力更有可能成功。从理论上讲,团队不应该只有某方面的专长,而应该是由具有公司所需的主要专门技能的人所组成的综合团队。让专业的人做专业的事,创业者自己不要逞强,以为自己无所不能。所以,创业者需要从事业整体规划出发,明确哪些方面的技能和资源是自己所欠缺的,再以此来寻找具备此类技能和资源的合作者,让众人的资源和技能实现整合,共同发展。最成功的创业者往往也是组建优秀团队的领导者,他们与同事、顾问、投资者、重要客户、关键供应商等都能保持有效的合作关系。

新创公司千万不要高估自身对优秀人才的吸引力。政府、国企、外企都具有超强的吸引力,新创公司的优势就在于能够给参与创业的成员以成就感和个人成长的空间。在一家大公司里,个人对于整个组织的影响是难以觉察的,你就像一个小齿轮一样,离了你机器照样可以运转,换一个也没有太大关系。在大组织当中,日复一日做着无需思考的执行工作,个人成长的速度也是非常缓慢的。

但是在创业公司当中,个人对整个公司的影响则是可以被充分感知的,这给一个年轻人带来的成就感是非常强烈的。而且,创业公司往往要求员工三头六臂、什么事都能干,员工的成长速度就会非常快。新创公司如果想最大限度地调动一个员工的工作积极性，就一定不要让他感觉只是在为公司出卖自己的体力和时间，而要让他感觉他是在利用公司的资源为自己干活。所以，老板和员工之间的关系不是雇佣关系，而是各取所需的合作伙伴关系。

在创业的初始阶段，由于规模小，前景不明，很难吸引到优秀的志同道合者，继而造成创业者在这一阶段的发展非常艰难。通常，只有当新创企业的销售额达到 100 万元以上，员工人数达到 20 人以上时，企业的存活率才有可能大为提高，也才能吸引到比较优秀的团队成员。

如果你创立的是一家科技公司，创始团队里懂技术的人至少应该占到 1/3，最好能占到一半，否则创业很可能以失败告终。这是因为创始团队里如果没有相关技术人员，你就会因为不懂技术而无法掌控产品，仅拥有专利并不是能够创业成功的充分条件。

为了在创业初期得到所期望的成员，创业者最好先把相关的任务提前想清楚，越细越好，然后统统罗列出来。在具体人选问题上，要充分考虑好需要哪方面的成员？需要几位？各自的权责如何确定？团队合作中可能遇到的负面情况都有哪些？等等，从而形成一个大概的团队成员需求框架，然后召集核心团队成员或合伙人一起对框架进行修改和完善。

"选择了正确的团队，就是完成了 80% 的工作。"这是很多成功创业者的经验之谈。员工对组织来说如同是生命体中的养分，具备各式各样的创造力。新创企业对员工的要求也各不相同。比如，开发和生产 PC 机硬件的设备公司，要比生产水暖器材的企业需要更多的脑力劳动者。因此，前者专业技术人员与工人的比例可达 1∶1，后者也许就是 1∶1 000。

但是，在企业初创阶段是否需要招聘顶尖人才？答案是否定的。事实表明，花高薪招聘顶尖人才无论对初创企业还是对人才本人，其效果都可能适得其反。现实情况是，一些非常优秀的员工，其才干在创业初期的一到两年内都不会得到充分发挥。很多新创企业花高薪聘来的顶尖人才往往只从事一些普通员工就能做的初级工作，其效果也并不尽如人意。如果顶尖人才被新创公司的日常琐事所困扰，他也许在施展才干之前就主动辞职了。

作为一名创业者，你的责任就是要让新创建的公司在头两年生存下来，而不是与那些三年后才需要的顶尖员工一起"共创未来"。因此，要根据今后 1~2 年的实际岗位需要招聘员工。

由于创业者在很多方面还缺乏经验，因此，对于选择有天赋的还是有经验的员工方面往往难以把握。通常，稳妥的办法是招聘在业内工作过的、有经验的员工，因为他们过去的表现都有据可查，这在招聘销售人员时尤为重要。然而，在一些新创企业，更为常见的情况是，人的经验会成为一种不利因素，而不是一种资产。某人过去的成功只是适应了他前任老板称霸市场时的情形，或者是适应原单位的产品优势，或者是适应了当时的市场需求，而这些需求也许已经风光不再了。为了实现销售效率，他可能需要全面了解新的产品线，需要其他人员的配合，还需要以大公司的声望来支持他推销产品的信誉度。而新创企业在这些方面都不可能为他提供支持。

当然，另一种选择就是招聘优秀的、有天赋的新员工并希望他们能很快地进入状态，以此来补偿其经验上的不足。通常，新员工也会努力树立自己的形象，他们会非常愿意尽其所能并抓紧时间为公司开发产品、开拓市场、促进公司的发展。他们也会乐于创新并在资源有限的条件下努力工作。当然，为了避免出现因经验不足而导致工作盲目性的问题，应该让他们从公司外部学习一些经验，包括向外单位的经理、指导教师、专业人士等学习。根据这一思路，对新创公司来说，招聘优秀的新员工，其风险远远要小于招聘具有多年经验的人。

有了创业团队并不必然意味着成功，大家的价值观要相同，只有大家齐心协力才能发挥出最大的能量。从大量成功案例可以发现，一个成功的创业团队一般都拥有五个重要条件，即：创新能力、专业知识、广泛的人脉关系、吃苦耐劳的精神以及良好的融资能力。在新创企业中，不会有人同时拥有这五种能力，只有依靠各有所长的团队成员。

在创业的最初阶段，团队中的每个成员都会努力施展创造力和才干，创建能发挥自己责任和作用的平台，尽量将自己的发展与公司的需求联系起来。这时，每个员工都充满激情，工作努力，干劲十足。这种振奋人心的氛围，会使新创公司吸引到更多人才，也会使那些大公司的老板很难来此下手挖人。

第5节 留住骨干员工

每个人都渴望成功，都希望出人头地，你不可能阻止员工这样想。越是优秀的员工，你越难留住他，因为他的选择有很多。既然留不住，索性就不要去想这件事情了，就把成就一个员工作为你工作的重点。至少当你这样做的时候，你可以把优秀员工这段时间在你公司工作的积极性彻底激发出来，这对你来说就足够了。要记住，唯一能够留住员工的条件，就是公司的成长速度高于员工个人的成长速度。

成熟的管理从根本上说就是有能力吸引、训练、激励、留住优秀的且有经验的员工。特别是当新创企业发展到一定程度，不再为生存发愁时，创业者的大部分精力应放在诸如训练和培养新员工，创建薪酬制度和奖励机制，处理团队内部钩心斗角等问题这些方面，努力营造一种充满创造力的氛围，让消极怠工的人通过竞争下岗，从而达到一种新的境界，即：员工执行任务出色，在新创企业发展和建设过程中，人人卓有成效。

而企业家型创业者之所以如磁铁一般能吸引一批优秀人才，其中一个重要原因是他们具有"小家子气"创业者根本不理解的"散财"品质，如牛根生在伊利任副总裁时，最多的一年年薪达到了75万元，不过最后他只拿了10万，其他大部分都分给了部下。创立蒙牛后，他的"散财"之举更是数不胜数，2002年，蒙牛创业才3年，牛根生就开始张罗着为员工盖房。而且，在他的感召下，其部下也是如此。他说："财聚人散，才散人聚"。如果没有牛根生及其属下的"散财"之举，蒙牛也不会有如此强大的凝聚力和战斗力，更不会取得如此神速的发展。

这些年物价上涨，成本上涨，公司利润却可能未涨多少。每个员工都希望工资大幅增加，但估计90%以上的小公司无法做到这点。虽说近几年由于给每个员工上五险一金，人均费用每月增加几百元，但员工往往并不领情，他们只算每月到手多少钱，至于公司的各项支出与己无关。既然无法做到让所有员工都满意，无法给骨干员工提供较高的工资待遇，也无法阻止骨干员工跳槽或被别人挖走，那么，新创企业可通过以下方法重点满足公司 20% 的骨干员工：

1. 股权激励

股权通常分为三种类型：第一种是实股，即股东持有的股份，通常在工商注册时就明确了股东及其所占的股权比例，工商股权是真正意义上的股权；第二种是股份期权，也就是人为将公司工商注册时的股份分成若干份，如 2 000 万份，每一股就是股份期权；第三种是虚拟股权，同样是将公司的股份分成若干份，这种股权本质上是一种分红权，虚拟股权具有工商股权的特征，但不在工商注册时注明，只是在公司内部的文件中体现。持有虚拟股权的人，没有参与投票、决策、监督等权利，但却有收益分红的权利。资本市场对中国经济发展信心十足的时候，这种股票期权被老板们用作鼓励资深员工和中高层管理团队的一种承诺。实施股权激励不是一下子就分到位的，而是分期逐步进行的，通常要通过几年的分批、分期实现，这样做是为了鼓励员工将公司的发展与个人未来的收益很好地结合起来。一般来说，创业公司要从总股权中预留 20% 左右的股权（也称期权池）用于股权激励，典型的做法是根据需要以内部认购价格出售甚至是赠予骨干员工，一旦公司获得发展并完成公开上市，持有股权的员工可通过变现，就可在一夜间实现普通人的富豪梦想。比如，阿里巴巴创办 8 年时，有 65% 的员工拿到了股权激励；京东员工的股权已超过刘强东个人持有的股份。

但是，很多创业者往往不愿意与他人分享，要么是老板自己独占股份，要么是老板和老板娘共占股份。他们只希望员工永远为自己打工，而且是死心塌地地为企业付出。事实证明，这样的创业者很难留住优秀的员工。他们之所以缺乏具有真才实学的员工，也干不成什么大事，就是因为他们看不见别人的付出，只在意自己的得失。

在新创企业实行股票或股票期权激励核心员工的做法，往往具有十分现实的意义。首先，因为在创业企业拥有核心技术的核心员工和组成管理团队的核心管理人员是创业企业生存和高成长的决定性力量，他们在得到充分激励的状态下能发挥既有的和潜在的能力，使创业企业有了坚实的人力资源保证；其次，新创企业的高成长性为股票期股期权制的实施提供了良好的条件，高成长的现状和前景可以提供巨大的利益刺激，这是成熟企业所无法比拟的。正如美国新经济中的许多成功的新创企业，在上市以后，其期股期权计划使得企业的核心员工一夜之间成为百万富翁。这种巨大的利益刺激加之创业本身的精神满足，使股票期股期权制能在创业企业内对员工充分有效地发挥长期的激励作用。事实上，阿里巴巴和京东的成功，并不是做大了以后才实施股权激励的，而是通过股权激励一步步把事业做大的。因此，基于创业企业的组织形式，设计适当的股票期股期权激励计划，选择适当的时机推出激励计划，并解决其执行中的财务等相关问题，是把创业者的梦想转变成优秀员工的共同梦想必不可少的方式。

在实施股权激励时，也要注意方式方法：

（1）给骨干员工股份后，为了防止其跳槽，最好在公司股权激励政策中讲清楚，只有在公司工作满15年后，离开公司时才能将股份带走。如果在此期间内离开，则由公司将股份购回。当初公司一般是以票面价值给员工，回购时也按票面价值支付（员工离开企业时的市场价可能会高出票面价值）。

（2）要将给员工的股份交由公司负责管理，不要让其流通。因为一旦流通，可能就会落到竞争者手中，这就很麻烦。此外，如果员工获得企业股份后就很快出让，说明他对公司根本没兴趣，他只想变现要钱。如华为公司的职工股份就是不能像股票那样流通的，只是可以享受股权分红和股权增值收益。

（3）不要给骨干员工白送股份。这是因为白给的东西别人可能不会珍惜，而且入股的钱又可作为押金，以防股东做出格的事，再说员工入股的钱不出几年即可随着企业发展通过分红形式收回。

（4）给骨干员工送股不要一步到位，可以1%或2%的比例分批送。这样，员工就会感觉后面还有希望，他还会因此而继续努力。如果一下了把股份全送光了，他再要，你却没有了，他就会感觉以后没有什么奔头而缺少动力了。

（5）实施股份绑定。股份绑定期最好是4~5年。创业初期就规定，任何人都必须在公司工作起码1年后才可持有股份。好的股份绑定计划一般是头一年确定给某合伙人持股，比如持股占公司总数的10%，然后，在接下来的第二年，每个月落实其中的2%。否则，个别合伙人将在加入公司的第二年后跑掉，然后7年后又出现，并声称他拥有公司的10%的股份。没有股份绑定条款，你将股份送给任何人都是不靠谱的。没有执行股份绑定是极其普遍的现象，但后果十分严重。人们会注意到一些公司的几个创始人没日没夜地工作5年，然后发现有些合伙人加入后不久就离开了，这些人却认为他们仍然拥有公司10%的股份，就因为他曾工作过一段时间。

比如，某新创企业老板的做法是：首先发展骨干员工入股，创业者将公司股份买一送一，以半价销售给骨干员工，5年内退股只退还本金，5年以上退股创业者三倍赎回。每年拿出利润的60%分红。反正有钱大家赚，但股东一旦做了对不起公司的事，加倍惩罚，由股金中扣除。这招还真好使，在近5年内没有一个股东离职，而且公司重点岗位都有股东，省了老板不少精力。

2. 高薪＋分红

一家企业要发展，一定要有很多的人才。但是当面对有才华的员工的时候，要多个心眼，留人可以，但是不一定都采取送股的方式，这样会给自己减少很多的麻烦。因为有些人才可以在创业初期的时候很有用，但以后可能会被新的人才所替代。如果凡是人才都送股，容易造成股权的稀释。如果有的送股，有的不送，就会造成不公平，影响工作的积极性。

不要让一个刚进公司的人持股，除非他在公司工作了2~3年。因为既不知道他对公司是否有用，也不知道他是否将来会离开公司。公司发展虽然需要能人，但他们不一定都适合当股东。创业者可以用"高薪＋分红"的方式来激励他们，而不一定非要用送股的方式。比如，懂技术的人才只是团队中的成员之一，此外还需要有懂得管理、市场等各个方面的人才，否则只偏重某方面人才，忽略其他人才，就不会形成一个实力均衡的好团队，最后往往会以员工之间相互不服气、公司失败而告终。

3. 大胆放权

有不少新创公司几年也发展不大，一直只有十几个人，业务难以突破，而且公司员工还感觉备受压抑，无发展空间。问题的症结多半是放权不够，老板事事都亲力亲为。其实，从管理跨度分析，一个能力强的人，通常可有效直接管理10个人左右，能力一般的人，则只能直接管理6~7个人。有的创业者体会到，公司只要超过10个人，老板一个人根本管不过来，整个公司就像个筛子一样，到处都是漏洞和问题。其实，哪怕员工能做到老板的70%也可以使老板腾出很多时间处理一些大事。因此，该放权就得放权，否则，手下的员工如何进步？

4. 建立长效激励机制

第一是要做到激励公平。公平性是员工管理中一个很重要的原则，员工感到的任何不公平的待遇都会影响他的工作效率和工作情绪，并且影响激励效果。取得同等成绩的员工，一定要获得同等层次的奖励；同理，犯同等错误的员工，也应受到同等层次的处罚。如果做不到这一点，管理者宁可不奖励或者不处罚。创业者在工作中，一定要一视同仁，不能有任何不公的言语和行为。

第二是激励要适度。激励标准有个适度性问题，保持了这个度，就能使激励对象乐此不疲地努力。反之，如果激励对象的行为太容易达到被奖励和被处罚的界限，那么，这套激励方法就会使激励对象失去兴趣，达不到激励的目的。奖励和惩罚不适度都会影响激励效果，同时增加激励成本。奖励过重会使员工产生骄傲和满足的情绪，失去进一步提高自己的欲望；奖励过轻会起不到激励效果，或者让员工产生不被重视的感觉。惩罚过重会让员工感到不公，或者失去对公司的认同，甚至产生怠工或破坏的情绪；惩罚过轻会让员工轻视错误的严重性，从而可能还会犯同样的错误。在新创企业，要建立个人沿金字塔逐级提升的激励机制，金字塔层级设置太低，员工的能力发展如果很容易超越金字塔所提供的高度，那么员工就会感到没有再提升的空间，也就不会再有动力。如果有的公司职位层级设置太少，只有总经理、经理和一般职员三个层级，由于做到经理这一级别的只能是极少数人，多数人都与此无缘，那么，在没有其他升迁机会的情况下，谁又会在这样的企业长久寻求发展呢？

第三是打好激励的先期基础。在建立一套激励机制前，先要打好基础，包括从下至上进行广泛的讨论，反复研究，在充分听取各方意见的基础上制定出激励措施，而不是靠几个高层人物闭门造车弄出来的。激励机制是企业文化的重要组成部分，激励机制建立后要反复进行宣传和教育，使员工明白要求和规则，让其深入人心。只有这样，在采用激励方法时，员工们才不至于感到突然，尤其是对于处罚不公而感到冤枉。

第四是激励要适时。在新创企业，如果员工在自己的本职岗位长期得不到提升，他可能会阻碍整个企业的进步，这是更加严重的问题。如果某人只有在"无人能与之相比"的时候才得到提升，那么，在此之后，他不仅会不思进取，而且还会在他的工作领域设置阻力，妨碍组织的进步。在新创企业，这种现象多少也会存在。行为和肯定性激励的适时性表现为"赏不逾时"的及时性，这样做至少有两个好处：一是当事人的行为受到肯定后，有利于他继续重复所希望出现的行为；二是使其他人看到，只要按制度要求去做，就有机会获得奖励，这说明制度和领导是可信赖的，因而大家就会争相努力，以获得肯定性的奖赏。

第五是激励要具有多样性。绩效＝能力×激励。一个人的工作成绩由其个人能力和激励水平两个因素的合成量决定。在能力一定的情况下，激励水平的高低将决定其工作成绩的大小。综合运用多种激励方法是有效提高激励水平的一大法宝，企业的激励机制是否对员工产生影响，取决于激励方法是否能满足员工的需要。有效的手段包括：

（1）精神激励。精神激励是十分重要的激励手段，它通过满足员工的自尊、自我发展和自我实现的需要，在较高层次上调动员工的工作积极性，激励深度大，效果维持时间长。精神激励主要有目标激励、荣誉激励、感情激励、信任激励、尊重激励。

（2）物质激励。通过满足个人利益的需求来激发人们的积极性与创造性。激励要点如下：其一，只对成绩突出者予以奖赏。如果人人有份，既助长了落后者的懒惰，又伤害了优秀者的努力，从而失去了激励的意义。其二，重奖重罚。对于克服重重困难方取得成功者，应给予重奖；对于玩忽职守，造成重大责任损失者，要给予重罚。

（3）任务激励。让个人肩负起与其才能相适应的重任，由组织提供个人获得成就和发展的机会，激发其献身精神，满足其事业心与成就感。把单调、乏味的工作或训练同个人的切身利益相结合，使下属能够从保护自己的利益出发去做内心不愿做的事。

（4）强化激励。通过正强化激励，对良好行为给予肯定。通过负强化激励，对不良行为给予否定与惩罚，使其减弱、消退，批评、惩处、罚款等属于负强化激励。对人的行为进行强化激励时，一是坚持正强化与负强化相结合，以正强化为主。

在企业发展顺利的情况下，团队成员之间存在的小利益冲突会被掩盖；当企业发展遇到瓶颈时，团队成员之间的矛盾就容易被激发出来。随着订单的出现、送货压力的增加、运营问题的困扰，原先那种生机勃勃的情景就会逐渐消失，新创企业发展的方法和手段也将会随着公司规模的扩大和特色的改变而出现必要的调整。总之，公司变化越大，团队建设的任务就将越艰巨。

思考题：

1. 如何理解企业家的"散财"品质？
2. "小家子气"的创业者之为什么缺乏对优秀员工的吸引力？
3. 核心骨干员工跳槽对新创企业意味着什么？你认为应如何留住核心骨干员工？
4. 针对新创企业经常会遇到的以下问题，请提出对策和理由：
（1）员工招不来、管不了、留不住。
（2）创业合伙人坚持要求平分股权，没有真正的领导者。
（3）很多具有优秀人才、好产品的团队，却因为股权问题，折在通往成功的半路上。

Chapter 8
第8章　商业模式的选择与创新

- 第1节　商业模式的内涵
- 第2节　商业模式的构成
- 第3节　创造价值内涵
- 第4节　商业模式创新
- 第5节　商业模式创新的特点
- 第6节　比较典型的商业模式创新

案例

　　沃尔玛的价格总比别人低，但靠什么赚钱呢？为了做到"天天平价"，同时又要盈利，沃尔玛必须在成本上下工夫，要最大限度地压低成本，这样才可以让消费者得到好处。问题是如何压低成本？沃尔玛的最大特点是大批量采购货物，而且是直接从厂商采购，避开批发商。

　　当时，一般人认为，在人口少于5万的乡镇开平价超市，是不会盈利的，所以，那时的连锁超市都集中在城市，宁可在那里互相竞争，也不去乡村。沃尔玛超市的创始人沃尔顿反倒觉得乡村才有机会，因为那里竞争少，只要价格足够低，即可赢得市场。

　　1962年，在阿肯色州的一个小镇，沃尔顿开了第一家沃尔玛，以"天天平价"为宣传口号。随即，沃尔玛开始在其他小镇扩张。那些小地方，不仅没有竞争，而且每开一家沃尔玛，当地马上家喻户晓，不需要额外花钱做广告，当地人自动会来，这当然节省成本。这也是沃尔玛的一个成功秘诀。到1969年，沃尔玛共开了18家规模相当大的分店，全部在人口少于25 000的小镇。到20世纪90年代，沃尔玛有三分之一的超市都选择在这种没有竞争的小镇，在那里，它有相当强的定价权。有了这种优势作后盾，沃尔玛的竞争力就强了。

　　因为没有批发商愿意送货到阿肯色州的乡村，1964年开始，沃尔顿只好建自己的物流库存中心。虽然这是被迫的，但意外的收获是，沃尔玛从此可以避开中间批发商，直接跟生产厂商谈价、进货了。也就是说，沃尔玛从厂商进货到自己的物流中心，然后再运到各分店。随着沃尔玛规模越来越大，它的议价能力也直线上升，这使得沃尔玛的商品价格越来越低，竞争优势越来越强[①]。

　　思考与研讨：
　　1. 什么是商业模式？商业模式就是盈利模式吗？
　　2. 品牌知名度高、质量好就是好的商业模式吗？为什么美的品牌知名度远高于九阳，但豆浆机销量却远不如九阳？（九阳豆浆机已成为业内第一品牌，市场份额占80%以上）
　　3. 请分析一下沃尔玛的商业模式。

第1节　商业模式的内涵

　　现代管理学之父彼得·德鲁克认为："当今企业之间的竞争，不是产品之间的竞争，而是商业模式之间的竞争。"很多人往往能发明革命性的产品，但不能使市场接受其发明成果。如法恩斯沃斯（Farnsworth）在1927年就发明了电视，但真正把电视带给消费者的时间却是1937年，由萨尔诺夫（Sarnoff）完成。因为他创建了一种成功的商业模式，把电视机、电视台、节目内容等结合起来。法恩斯沃斯只发明了一台设备，而萨尔诺夫却

---

① 沃尔玛的创造性破坏模式［EB/OL］.（2012－10－30）［2017－07－08］. http：//www.doc88.com/p－9542700365307.html.

建立了一个新产业。可见，商业模式很重要。对创业者来说，好的商业模式是其创业不断走向成功的根本。

尽管目前还没有一个统一的关于商业模式的定义，但人们对商业模式本质的理解基本上是一致的，那就是：商业模式的核心在于解决企业建立"做什么和怎么做"的运作体系问题。目前普遍接受的商业模式的定义是：企业利用自己掌控的资源，进行价值创造并取得经济回报的基本逻辑，即企业在一定的价值链或价值网络中如何使用资源、如何向客户提供产品/服务并获取利润。从创业角度讲，就是通过创造新价值并从中获取盈利的一整套办法。任何企业，不管是新创企业，还是现有企业，都需要有自己的商业模式。选择何种商业模式，是由企业的战略目标所决定的，也受企业的资源能力、产业和市场环境所影响。因此，不同的企业，由于面对不同的市场环境差异和内部的资源能力限制，也会具有不同的商业模式。从价值创造、价值传递到价值实现，不仅取决于生产者和消费者，也取决于其他利益相关者（如传统的供应商、分销商，还包括上游的设计者、创新者）以及各种政府关系等。

如全世界最有价值的餐饮企业麦当劳，它的主打产品是汉堡，但它的汉堡基本不赚钱。因为这么大的汉堡，要用最好的牛肉、最好的面包、最好的油，超过十分钟没卖掉就得扔掉。但麦当劳靠它的汉堡吸引人气，靠可乐、薯条、玉米等赚取"小"钱；靠集中采购、降低供应链成本赚钱；靠买断土地并建造房屋，或者是长期持有，或者转租给加盟商而赚取"大"钱。

第2节 商业模式的构成

参考美国商学教授谢弗（Shafer）等的归纳，有效的商业模式通常包括以下四个方面：

一、目标客户与解决痛点——新企业提供的产品或服务的价值内涵是什么？面向的目标客户是谁（大众或小众）？产品或服务将怎样满足目标客户的需求？等等。解决什么痛点？需求是否可持续？如同样的商品，沃尔玛比所有的店都便宜，注重价格的客户自然会选择沃尔玛。

任何企业安身立命的根本就是能够满足目标客户群体的某些需求，因此，其所创造的价值内涵必须能做到有针对性地解决目标客户的痛点。典型的价值内涵有：创新、性能、定制、实用、设计、品牌、价格、节能、降耗、安全、易得、易用等。比如，克罗克在接手麦当劳后，虽然仍然提供快餐食品，但目标客户已经不再局限于当地的居民，而是逐渐扩大到全社会大众。正是基于这一变化，克罗克为目标客户创造了广为接受的价值内涵——质量过硬、服务周到、干净整洁、物有所值，即所谓的"QSCV"。

另外，还应按需求特点的不同进行客户细分，将需求量比较大的对象作为目标客户确定下来。作为事业型创业，其商业模式所确定的目标客户通常是大众，而不是小众。比如说，如果只是把某一个区域的居民作为服务对象，创业者只需建立一个小卖部或小餐馆等即可。但若将各区域乃至全国的居民作为目标客户，创业者可能就要考虑自己商业模式如何实现可复制性（如麦当劳、如家快捷酒店的连锁加盟模式）、可扩张性（如百度、携程网可在一个平台扩张多个增值服务）、可规模化经营（如微软公司软件具有非常广泛的适用性，任何使用计算机的人，几乎离不开该公司的通用软件）等。

二、核心竞争力——价值创造、优势资源、核心能力、差异化、核心人才、团队、竞争优势持久性。它包括：核心竞争能力、差异化基础是什么？特别是自己提供的产品或服务是否具有博得目标客户认同的特色？其特色要与众不同，而且也不容易被拷贝，或者是即使容易被人拷贝，也可通过其他形式（如知识产权保护、市场准入等）来加以控制。这就需要创业者对具体目标客户的消费诉求、购买习惯、核心关注点等进行认真分析。如京东商城提供知名品牌的正品，坚决杜绝假货，所销售商品门类齐全、丰富，可满足绝大多数人的需求，线上价格比线下购买有明显优势；同时，京东商城还做到了以最快速度安全送货上门。这些特色在电子商务（B2C）领域都是极为重要的。正是因为京东商城率先做到了这点，它赢得了广大的客户。

比如戴尔公司的核心竞争力就是改变了传统的电脑销售中分销商环节，创造了直销商业模式。通过直接接触，特别是互联网，戴尔能够掌握第一手的顾客需求和反馈信息，为顾客提供"一对一"的定制服务。围绕直销，戴尔打造了采购、装配、输出的高效运转链条，将电脑送到顾客手中。戴尔的直接商业模式，省略了中间商的时间和成本耗费，缩短了戴尔与客户直接交流的时间和距离，去除了中间商所赚的利润，极大地降低了成本，取得了巨大的竞争优势。

核心竞争力还包括新创企业的关键性资源。这需要创业者仔细分析和检查自己掌控和可能获得的资源情况，并对资源的整合能力进行评估。这些资源能够让企业有效地为客户创造并提供价值内涵，取得市场认同，并获得经济回报。这些资源包括：核心能力、优秀团队、关键人才、独有资源、物质资产、知识产权、财务资源等。如果不具备优势资源或条件，就要尽量创造条件，设法获得这些资源。否则，尽管有着美好的差异化构想，实际上也很难实现创业目标。

三、价值链——价值体系中的定位、供应商、合作伙伴、渠道，即价值链的完整性、有效性和可持续性，也就是关键伙伴包括供应商和合作伙伴所形成的网络是否有效。随着竞争的不断加剧，企业正从独立创造价值走向合作创造价值，有多条价值链构造企业价值网。价值网之所以能够持续发展，是因为其所创造的价值大于各企业成员单独运营所创造价值的总和。创新价值网模式，企业应在价值网中选择合理定位，加强与供应商、分销商、合作伙伴的联系，发挥协同效用。

公司只有通过沟通渠道、分销渠道、销售渠道才能把价值内涵交付给客户。在价值网建立的过程中，首先，要形成内部资源和外部资源的有效整合。比如，一家新创企业的内部条件（包括人、财、物等）都很好，但如果供应商方面总出问题——要么总找不到合适的供应商，要么合适的供应商不愿意与你继续合作，这些都会导致新创企业的经营立刻面临困难，更不用说商业模式的实现了。如供给渠道方面，亚马逊不仅与大的图书批发商Ingram密切合作，也与小的供应商们合作。在合作过程中，亚马逊能严格保护客户信息资料。所有外地运送的货物都直接进入亚马逊自己的仓库，供货商没有机会接触其客户。其次，还要明确目前价值链分工状况，企业自身具有什么资源能力，适合占据哪些活动，哪些环节适合交给外部利益相关者。最后，要明确业务环节利益相关者扮演的角色、交易形式、内容、权责利及风险承担分配。比如，有一家做电子商务的企业，其定位只卖3C产品，但没有自己的物流，都是厂家做物流和配送，此外，他们也没有进行异地扩张，而是在全国60个城市围绕当地厂家配送来运营，既帮助了这些厂家提升价值，也帮助了利益相关者提升价值。这就需要处理好价值体系中相关者的利益，比如说协调成本、监督成本、物流仓储成本、营销成本等。

比如在手机生产方面，小米手机ID设计全部由小米内部来自摩托罗拉的硬件团队完成，小米也没有自己的生产线，而是采取业务外包的形式，这样就能够将更多的精力和资金用于产品的技术研发上。在手机物流方面，小米选择了电子商务销售，并且依托资源优势，借助凡客诚品的平台和物流。这样小米就不需要考虑仓储、分货、运输、安保等环节的成本支出，因此能够减少物流成本。

四、盈利模式（也就是价值创造的具体实现形式）——包括成本、收入来源、销售实现与支持，（关键在于是否可持续）及创造的具体实现形式。即公司成功地把价值内涵提供给客户并获得收入的具体做法。一些常见的做法包括：生产产品、提供服务、解决问题、构建平台等。价值创造过程必然会产生成本，这些成本可能包括：生产作业、创造价值、保持客户关系、市场开拓等要支付的成本。不同的商业模式有不同的成本结构，比如：固定成本为主、可变成本为主、人员成本为主（咨询）、原材料成本为主（制造业），等等。同样，价值创造通常也会带来收入，形成收入流的情况有：出售产品、收取使用费、收取加盟费、收取出租出借费、收取许可证费、交易费、广告费等。

以阿里巴巴B2B为例，其商业模式如下：

目标客户与痛点：国内外生产制造业企业（大众），解决大量产品供求信息不对称，为供需双方相互了解和建立联系创造条件。其需求具有可持续性。

核心竞争力：信息丰富、包罗万象，通过对信息加工、处理、分类和发布，大数据、阿里云，解决了厂家供求信息脱节问题、提供增值服务。辐射广泛，规模化，提供大量商机，吸引买卖厂家。核心人才为大批专业人士、精英加盟。目前提出"双百万"工程，与网商共赢。最初免费发展会员，形成依赖后，发展会员，并提供高质量服务，吸引厂商做广告等。

价值链：优势资源——信息来源广泛，可以得到国内外贸易第一手材料；供应商——选择国内外大厂家、大品牌的产品交易记录，信息来源。合作伙伴——银行（支付宝）、杭州市政府大力支持、风险（VC）投资热点；信息流——广告（推广）、媒体（宣传）等。

盈利模式：会员费、广告费、支付宝理财等。

第3节 创造价值内涵

商业模式的核心在于创造价值内涵，也就是产品或服务能给客户提供什么价值，客户为什么选择你的产品或服务而不是别人的。"创造价值"意味着什么？一种解释是：通过企业的努力，利用各种资源，将新产品、服务、交易、方法、资源、技术和市场创造出来，从而对市场贡献一定的价值。在这个转换过程中，价值内涵之所以被创造出来，也就是创造了一些对客户有价值的、有用的东西。如果企业的价值内涵不清楚，就无法建立合理的商业模式。不同的行业，不同的价值内涵，商业模式也不一样。比如，沃尔玛的价值内涵就是天天低价。沃尔玛注重的商业模式也是围绕这一价值内涵，我们看到，沃尔玛并不注重购物环境的奢华，而是简单实用。沃尔玛更多的是通过增加网点覆盖，提高运营效率，利用大批量采购方式，节省成本，并且与价格低廉的中国供应商结成网络，使人们得出在沃尔玛购物要比其他超市都便宜的印象，从而吸引了大批注重价格的客户。

格力集团为客户提供的价值内涵是：性能＋质量。"好空调，格力造"的广告词完美体现了格力的价值内涵，"好"意味着性能好、质量好，而格力注重的商业模式也是与之相适应的。格力专注于空调领域的做法也让这种价值内涵得到了强化。

如今的互联网企业比较典型的有四种模式：搜索（百度）、门户（新浪、搜狐）、互动平台（腾讯）、电子商务（京东、天猫）。这四种模式所对应的是为客户提供四种不同的价值内涵：搜索引擎网站提供各类信息的查找查询服务；门户网站提供海量新闻和资讯；互动平台网站提供大量沟通交流形式；电子商务网站提供各种网购产品与服务。正因为它们提供的价值内涵不同，其商业模式与关键活动也不同。对搜索引擎网站来说，关键是有先进的搜索技术，能有效地捕捉互联网上海量的信息；对门户网站来说，新闻信息的合作伙伴至关重要，编辑人员也是关键资源；而对互动交流平台来说，客户关系至关重要；对电子商务平台来说，信息、配送渠道和供应链则是重中之重。总之，价值内涵是一家企业的商业模式的核心。虽然砸钱投入广告可以提高企业品牌的知名度，但是并不能真正提高企业的价值内涵。

第4节　商业模式创新

商业模式创新是指企业价值创造的基本逻辑的变化，即把新的商业模式引入社会的生产体系，并为客户和自身创造价值，通俗地说，商业模式创新就是指企业以新的有效方式创造价值并取得经济回报。

新引入的商业模式，既可能在构成要素方面不同于已有的商业模式，也可能在要素间关系或者动力机制方面不同于已有商业模式。

企业商业模式创新是企业为了创造卓越的客户价值并以此指导企业进行价值创造的活动。当一种商业模式运行多年之后，它的运作机制已经不再是经营机密，有可能轻易地被竞争对手模仿。而在此时，它也就不再是一种商业模式，而是演变成为一种商业方式。例如，在如今的内衣行业，绝大多品牌都是通过发展加盟商的方式来经营的，"加盟"已经在行业普及了，所以，"加盟"只能是算作内衣行业的一种经营方式，而不是商业模式创新。

商业模式创新受到广泛的重视，与20世纪90年代中期互联网在商业世界开始普及密切相关。互联网是一种具有创造性破坏特点的媒介技术，它有许多特点，如无处不在、没有时空的局限，具有无限的虚拟容量，可减少信息不对称和降低交易成本等。正是由于这些特点，互联网的出现改变了基本的商业竞争环境和经济规则，标志着"数字经济"时代的来临。互联网使大量新的商业模式成为可能，一批新型企业应运而生。新涌现的一些企业，如百度、新浪、阿里巴巴、携程等，在短短几年时间内就取得了巨大发展，并成功上市，许多人也随即成为百万甚至亿万富翁，产生了强有力的示范效应。它们的商业模式明显有别于传统企业。这些基于互联网的新型企业的出现，对许多传统企业也产生了深远影响。如京东、淘宝、天猫等仅用了短短几年就发展为国内超大的网络零售商，给传统零售业带来了严峻挑战，新型商业模式显示出强大的生命力与竞争力。无论对准备创业的，还是在已有企业工作的人，这些都激励他们在这个经济变革时期重新思考企业盈利的方式，思考企业的商业模式创新。

随着2001年互联网泡沫的破裂，不少基于互联网的企业虽然可能有很好的技术，但由于缺乏良好的商业模式而破产倒闭。而另一些企业，尽管它们的技术最初可能不是最好的，但由于其采用优越的商业模式，依然保持了很好的发展势头。于是，人们更充分地认识到商业模式的重要性：在全球化浪潮冲击、技术变革加快及商业环境变得更加不确定的时代，决定企业成败最重要的因素，不是技术，而是商业模式。2003年前后，创新并设计出好的商业模式，成了商界关注的新焦点，商业模式创新开始引起人们的普遍重视，它被认为能带来战略性的竞争优势，是新时期企业应该具备的关键能力。

比如，360推出了全新的商业模式，向客户提供免费杀毒软件，颠覆了过去要定期收费的传统。有人怀疑360既然免费，那怎么挣钱？因为360不卖杀毒软件，所以就有人认为360是骗子，一定是在偷窃用户隐私来获得收入。他们根本没有想到，360创造的是一种全新的基于浏览器的商业模式，那就是通过提供免费杀毒软件，吸引海量用户登录360浏览器并下载，从而形成超高的人气，进而吸引并链接广告、发展在线游戏业务和搜索业务等，以此获得规模性的收入。这一商业模式的创新以及相应产生的收入要比原先传统软件厂商的收入多得多。

苹果公司对自己旗下的iPod、iPhone、iPad等产品实施了"产品+应用服务"的全新商业模式。以App Store为例，它的模式是一种C2C模式。应用软件开发者在注册之后，可以把他们的奇思妙想编成软件，经过苹果公司审评后可以放在App Store上销售，客户每次付费下载后，苹果公司和软件开发者将按一定的比例获得各自的收入。App Store的营销模式是完全基于平台自身的自营销体系。这个体系把开发商和用户联结起来，一方面向用户提供了一个售卖软件的平台，另一方面向用户提供了持续的互联网应用服务。这种商业模式的创新，硬件和软件的销售相互促进，优秀的服务提高了产品的吸引力，产品的热卖又带动了应用服务的销售。

戴尔是另一个商业模式创新的成功案例。1985年，戴尔发现IBM、康柏的商业模式过于呆板，不能根据用户的需要组装电脑，同时资金周转速度太慢，库存电脑太久、太多，零售店面占用太多，成本过高。于是，戴尔改做电脑销售，其模式是：先拿到客户订单，收到钱，再组装电脑，然后发货。也就是说，客户先打电话下订单，告诉他们所要的电脑配置、存储器大小等，交好钱，然后公司才开始组装电脑，装好后寄到客户家里。这样，戴尔不需要太多流动资金，没有库存，没有零售店面成本，更没有电脑技术过时的风险，因此也没有降价风险。既有满足用户需求的灵活性，又大大降低了成本，这使戴尔有很大的砍价空间，即使它卖的电脑比 IBM、康柏等便宜很多，公司也照样能盈利。戴尔的定制加直销模式获得了巨大的成功。在 20 世纪 90 年代中期，它的平均库存时间在 6~13 天，而竞争对手的库存时间为 75~100 天。由于电脑淘汰速度、降价速度一直很快，这种库存时间优势对戴尔的成功极为关键。

第 5 节　商业模式创新的特点

商业模式创新有几个明显的特点：

第一，商业模式创新更注重从客户的角度思考和设计企业的行为，视角更为外向和开放，更加注重企业经济方面的因素。商业模式创新的出发点，是如何从根本上为客户创造更多的价值。因此，它的逻辑起点就是客户的需求，根据客户需求考虑如何有效满足它，这点明显不同于其他技术创新。技术创新常从技术特性与功能出发，看它能用来干什么，去找它潜在的市场用途。商业模式创新不仅涉及技术，也与技术所蕴含的经济价值及经济可行性有关，而不是纯粹的技术特性。

第二，商业模式创新往往不是靠单一因素的变化，而是更加系统化。商业模式创新，虽然也表现为企业效率提高、成本降低，但由于它更为系统，涉及多个要素的同时变化，因此，它也更难以被竞争者模仿，常会给企业带来战略性的竞争优势，而且优势常可以持续数年。商业模式创新常常涉及多个要素同时的变化，如产品、工艺、管理的创新，以及服务内容、方式、组织形态等多方面的创新变化等，甚至有时需要企业组织的较大战略调整，是一种集成性创新。

第三，从绩效表现看，商业模式创新如果提供全新的产品或服务，那么它可能开创了一个全新的可盈利产业领域，即便提供已有的产品或服务，也能给企业带来更持久的盈利能力与更大的竞争优势。

以俏江南为例来分析它的商业模式。俏江南是一个高端餐饮品牌，其商业模式如下：

目标客户与痛点：餐饮面向高端人群和公款消费，解决高端人士用餐需求。

核心竞争力：高档装修、环境高大上、菜品高档、有好大厨、有名人效应。

价值链：上游供货商、投资方、店面出租方、加盟店、食客。

盈利模式：地产租金、加盟费、就餐营业额。

分析：其发展局限性是目标客户较小众，因此不具有可持续性。此外，缺乏经营管理模式创新，主要是依靠家族式管理，通过名人效应代替科学管理。显然，俏江南的商业模式缺乏创新，虽然在某些特定时期辉煌过，但其商业模式仍然简单粗放，不具有发展的后劲。

第 6 节　比较典型的商业模式创新

由于商业模式构成要素的具体形态表现、相互间关系及作用机制的组合几乎是无限的，因此，商业模式创新企业也有无数种。目前，商业模式比较成功的有以下四种：

一、提供免费服务。让用户不花钱就用上好东西。全世界所有的人都喜欢便宜的东西。所以，免费是吸引用户，从而建立庞大用户群的最好方法。传统观点认为，企业只为那些付钱的客户提供产品或服务，不付钱就没有权利使用产品和享受服务。但互联网公司却打破了这一模式，用户成为互联网公司商业模式的基础，绝大多数的互联网公司都是通过免费的形式千方百计吸引人们，增加点击量。互联网公司认为，不管有没有付钱，只要是我的用户，我就给他提供最好的产品或者服务。

不管是做搜索、电子邮箱、安全软件还是即时通讯，互联网公司都是通过提供免费的产品和服务，吸引上亿的用户，从而形成庞大的用户群。所以，用户是互联网模式的基础。没有这种庞大的用户基础，互联网也吸引不到广告和其他加盟方，其商业模式也根本建立不起来。所以，互联网公司强调用户至上，挖空心思琢磨用户需求，绞尽脑汁做出用户喜欢的产品，千方百计地讨好用户，生怕用户跑到竞争对手的阵营。

二、强调用户体验。通过创造良好的用户体验，把用户牢牢地吸引住。有时候，好的用户体验不需要高精尖的技术，比如苹果手机并没有什么高端的通信技术专利，但是它通过在产品上追求极致的体验，创造出一流的产品，从而将用户黏住。互联网的技术其实也并不高深，但不同的互联网公司却差别很大，一个重要原因在于创造的用户体验差异很大。好的产品拥有一流的用户体验，从而吸引了庞大的用户群；差的产品用户用一次就再也不碰了，避之不及，这样的公司肯定会非常快地衰落下去。创造一流用户体验的过程，就是颠覆式创新的过程。颠覆式创新有两个含义：一个是把贵的变得便宜，把收费的变成免费；一个是把笨重的变得灵活，把复杂的变得简单。像个人电脑就是用简单的架构、便携的特点颠覆了大型机和小型机市场，这就是用户体验上的颠覆式创新。

三、突出自己的强项。把注意力放在核心能力的打造上，对于企业核心能力之外的部分，要么舍弃，要么外包，以更小的成本获取相应的产品和服务。企业要擅长于找到市场的空隙，培养适合于在夹缝中生存的核心竞争优势。对于中小企业来说，在市场上找到适合生存与发展的一块领地，通过培养核心能力设立门槛，不断扩大核心竞争能力来捍卫这块领地，是企业快速成长的捷径。比如，IBM以前的主要业务是生产硬件，并出售大型主机。但现在，IBM虽仍然生产硬件并出售大型主机，但这块业务所占的比例已经越来越小。事实上，当上世纪80年代末90年代初IBM逐渐被小型竞争对手在"PC革命"中追上并赶超后，IBM便已经开始了向"服务型企业"的演变历程。IBM把生产任务大量外包，而重点发展遍布全球的IT服务，尤其是针对大型企业和政府客户所提供的IT服务。近年来IBM也开始向软件公司转变，并已经使公司及投资人获益，公司财报的出色表现及股价的不断上涨都反映出该公司软件业务和IT服务贡献率的上升。

四、整合多种资源。资源整合可以产生强大的魔力：假如你擅长技术，你的竞争对手擅长管理，按过去的思维模式就是你一定要拼命去学习管理，争取打败竞争对手；同理，你的竞争对手也在拼命地学习技术希望打败你。三年过去了，你们谁也没有打败谁，因为你和对手都在不断地学习和进步。如果换个思路，你和竞争对手联合起来，成立一家公司，你负责技术，他负责管理。那么你省下三年的时间来研究管理，他省下三年的时间来研究技术。这样一来，管理和技术都有了，再找一个擅长营销的合伙人，那么技术、管理、营销全部都有了。事实说明，面对竞争激烈的市场，从对手到成为合作伙伴，结合才是壮大自身实力的最好方式。2015年2月14日，滴滴与快的两家公司高调宣布合并，合并后的双方并没有改名叫"快滴滴"，而是采用了平行发展的形式，保持业务独立性，互不干扰，合并后双方成为国内最大的叫车平台之一。类似的还有58同城战略入股赶集网，双方将共同成立58赶集有限公司。这些都是资源整合的成功范例。

　　五、共享模式。随着经济的发展和人民生活水平的提高，社会上开始存在着充裕的闲置资源，但由于信息不对称，造成这些资源的闲置。于是，一些新创企业从这些闲置的资源中找到一些具有标准化和广泛适用性特点的资源，然后通过传统的地推方式，积累第一批种子用户，并逐步扩大；或是使用高科技的手段（如利用手机移动互联等方式），或是通过大家耳熟能详的口碑营销（消费者互相推荐），或是利用免费使用、激发好奇、沉浸体验、场景加速器等策略，从而以更方便、低价的优势吸引客户。当用户规模发展起来后，其主要的挑战就转变为如何绑定用户。因此需要提高用户的转换成本，尽量封闭用户流失出口，构建良好的品牌和用户体验以及建立用户的归属感。如今，共享经济的模式已深深影响着我们的观念和生活，从住宿的Airbnb、出行的Uber、到技能分享的Taskrabbit，以及Lendingclub，均为共享商业模式。我国从2012年起，在出行领域首先出现了共享模式，后来，共享模式在更多的行业和领域出现，如短租平台、物品分享、技能分享、知识分享等，一大批的创业者在这条道路上探索。

思考题：

1. 为什么说商业模式是创业者能否存活的关键因素之一？
2. 什么是商业模式创新？为什么商业模式创新很重要？
3. 请查阅有关文章，尝试找出商业模式创新并取得成功的几个创业案例。
4. 查阅资料，试分析典型的共享商业模式。

Chapter 9
第 9 章　商业计划书的撰写

- 第1节　商业计划书的用场
- 第2节　商业计划书的初步编写
- 第3节　正式商业计划书的编写
- 第4节　撰写商业计划书的注意事项

创业案例　投资人眼中的商业计划书

说实话，大部分商业计划书都没有给潜在投资人留下什么印象，甚至都没有被完整看过。这些商业计划书都有明显不足，即便是一份只有两页的执行摘要。这主要是因为创业者在写的时候，还没做出什么实质性的工作。

为什么大部分商业计划书不管用？通过多年与创业者和创业企业的合作，从成千上万的商业计划书中，我尝试去寻找它们缺乏吸引力的共同特征。结果是，有五种常见类型的商业计划书会很快被扔进垃圾桶，不会被多看一眼。

1. 创业者很迷恋他的技术优势。计划书一开始不是指出要解决的潜在客户将面临的问题，而是详细地解释他的技术原理、为什么会领先、为何比目前的其他方案更好。

这种商业计划书通常只有那些已经对特定的技术领域很熟悉的人才看得懂，但遗憾的是，经验老到的投资人知道，更好的技术并非总能在商业上获得成功。

这种自以为是的商业计划书给投资者传达了一个清晰的信号：创业者把优先次序搞混了，比伟大的技术或创意更重要的是能够解决客户的问题或麻烦。

2. 在商业计划书中，创业者通过大量的二手数据，想展示出一个巨大的、高速发展的潜在市场。然后，创业者会假定公司将获得一定的市场份额——比如1%、10%、30%等。他们会在商业计划书中这么写："由于市场中存在大量客户，我们很容易就能获得足够的客户。我们只需要很小的份额就能成为一家很棒的公司。"这样的计划书表明创业者并不确定自己的初始市场定位。

这种商业计划书给出的一个信号就是创业者缺乏跟潜在客户之间的沟通。跟客户沟通是很辛苦的事情，但是这不仅有利于商业计划书的写作，对于公司的业务本身也有很大好处。这种沟通可以发现客户的真实需求，有利于公司对产品进行有针对性的调整。

3. 盲目预测利润。这种商业计划书通常有一个详细的Excel表格，说明这些数字是怎么来的。老练的投资人不仅会把你的Excel表格撕得粉碎，还会用一堆问题考验你：收入模式是大量小额交易（比如Amazon.com）还是少量大额交易（比如汽车制造）？净利率是依靠高毛利来抵消高额研发成本（比如Microsoft）还是低毛利低成本运营（比如Costco）？需要大量固定资产投资吗（比如生产设施）？运营资金周转是否有利（可以预收吗）？需要维持库存和应收账款并占压现金吗（生产和分销业务）？上面这些因素的某些组合会有吸引力，但有些组合则从一开始就有缺陷。

4. 我们的团队很牛。投资人不会被顶级文凭、过去大公司的工作经历所蒙蔽，他们首要关注的是某个行业面临的主要挑战，以及你的团队是否有能力应付这样的挑战。

每个行业都有关键的成功因素，概括地说，通常都会有两三条，如果处理好这些，其他因素影响不大。比如，对于零售行业来说，位置就是一个关键的成功因素。在商业计划书中，确定行业的关键成功因素，并展示出团队成员的专业能力和经验跟这些因素是匹配的，这样就很有可能吸引投资人的注意，至少也会让他们多看几眼。

5. 什么都很好。那些最常见的和最先被扔进垃圾桶的商业计划书中，创业者写的全是好话，找不到自己的公司和业务的任何问题。

投资人知道，大部分的商业机会，即便是很好的机会，也有一些缺点。通常，公司成立之前，客户是否愿意购买产品或者是否愿意承受设定的价格都不清楚。另外，在现在全球经济产能过剩的背景下，大部分行业并不是机会无限。

为了帮助创业者避免这些陷阱，我也找到了成功的商业计划书的三个关键因素：对问题和解决方案的清晰表述；一堆充分和过硬的证明；如实披露风险、不足和可能有偏差的假设条件。[①]

思考和研讨：
1. 阅读上文后，你对商业计划书的撰写有哪些新的认识？
2. 什么样的商业计划书比较容易引起投资人的关注？为什么？

第1节 商业计划书的用场

商业计划书（BP）是确保新创公司良性运行的基础，它不但是创业的蓝图，而且是创业者向外筹资的重要依据和窗口。通过它与外界沟通，有助于将人才和资金吸引到你的新创企业中。商业计划书也是一种内部控制机制，利用这一机制，可以检查实际经营的情况并及时纠偏。商业计划书也应该是定期更新的计划，此外，它还是连接企业愿景目标与当前使用创业资源情形之间的桥梁。由此可见，拟写一份成功的商业计划书，是所有创业者所面临的极大挑战。

商业计划书是给投资人看的，更是给自己看的，通过商业计划书梳理自己公司的发展状态、发展战略和资本部署是非常必要的；好的商业计划书可以帮你提炼和梳理创业思路，指导你分析市场和用户、找到好的定位和切入点、明确产品逻辑和业务走向、规划发展路径，搭建团队，定制资金规划。

虽有一腔热血却缺乏深度的思考，创业是不太容易成功的。落实到纸面上，将迫使创业者检查自己的运作构思是否可行；帮助创业者改正不切实际的想法，减小试错的代价；能够让创业者重视核心问题，如市场竞争，解决方案等。

一份只有15~20页、简明扼要、引人入胜的商业计划书比200页的冗长的计划书将增加数十倍的阅读次数。只要有可能，创业者就要尽可能提供适合阅读对象的认知、兴趣和需求的材料。如果能再附上反映市场数据和财务图表的内容，则更容易增强说服力。

商业计划书一般用于下列情形：

一、吸引投资者，从而有机会获得外部融资。商业计划书是创业者提供给投资者的第一份材料，也是创业者与投资者接触的起点。资本有逐利的特性，因此，要引起投资者的兴趣，商业计划书必须要能说明新创企业将要运营的商业模式是如何盈利的。具体来说，

---

① 融资技巧风投商业计划书5大常见错误[EB/OL].（2012-05-01）[2017-11-10]. https://wenku.baidu.com/view/db8ea6c09ec3d5bbfd0a7494.html.

要回答以下四个问题：1. 企业做什么？2. 如何盈利？3. 赚多少钱？4. 为什么能赚这么多钱？创业者在编写商业计划书时要尽量详尽地解答上述问题，切忌空泛。

当创业者需要向投资人提出项目融资请求时，无论是种子轮、天使轮，还是A轮、B轮等，通常都被要求向投资方提供商业计划书。因此，商业计划书的质量对创业者的融资至关重要。比如，创业投资公司（VC）在评估创业企业的投资申请时，首先评估的资料就是商业计划书。一般来说，只有内容翔实、数据丰富、体系完整、装订精致的商业计划书才有可能吸引投资商。那些既不能给投资者带来充分的信息，也不能引起投资者兴趣的商业计划书，其最终结果只能是被扔掉。

二、作为企业发展的行动纲领，为制订日常运营计划打好基础。创业者需要通过商业计划书，很明确地规划出创业的构想与策略、产品市场需求的规模与成长潜力、财务计划以及投资回收年限等，同时创业者也要证明他对市场、财务的分析预测，是有具体事实根据的。

三、为应对风险而提供的一个事先制订的应变计划。创业者在一系列纠偏过程中使用商业计划书，不断更新计划、修改计划。

四、通过定期检查与改进，创建一种管理计划机制。用计划书的形式有助于新的管理人员尽快融入角色，这样不仅让他们能通过商业计划书理解创业者的奋斗目标，而且还知道如何实现目标，计划已经达到了什么程度，随之将会发生什么情况等。

五、让部门负责人、员工、律师、银行家、顾客、供应商和投资者了解新创企业未来的发展。

六、商业计划书的重要作用之一是通过提供给投资方，让其了解新创企业未来的发展和价值，从而获得投资方的关注和资金支持。写好商业计划书后，在正式提交给投资方之前，通常要求投资方签订一份保密承诺。基本格式为：

保 密 承 诺

本商业计划书内容涉及本公司商业秘密，仅对有投资意向的投资者公开。本公司要求投资公司项目经理收到本商业计划书时做出以下承诺：

妥善保管本商业计划书，未经本公司同意，不得向第三方公开本商业计划书涉及的本公司的商业秘密。

项目经理签字：

在此基础上，就可以向投资方提交商业计划书并正式与之就投资等事宜做进一步沟通。

第2节 商业计划书的初步编写

在创业初期，为获得投资者的资金支持，或者是在某些场合进行项目路演推介时（此时一般要求采用PPT形式），创业者通常都被要求递交一份简明扼要的商业计划书，重点描述企业将要开展的业务。请注意：最好由创业者亲自撰写商业计划书。当然，也可请专业人士协助完成。由于创业者对创业项目了然于胸，且知道商业计划书中的主要内容，因此，在与投资人商讨特定内容时就不会不知所措了。

创业者通常不太在意细节，总认为自己的创业项目很完美，理想化成分较多。而投资者的思维通常比较挑剔，在众多创业成功要素中，如果发现某个点或某几个点不成立，一般就不会认可创业成功的可能性，因一个点不成立而放弃投资是多数投资者的做法。

要写好这样的商业计划书非常需要写作功力，它的好坏直接关系到能否在几分钟之内引起投资者的兴趣。因此，撰写这样的商业计划书时应注意突出重点、文字要简洁精炼，最好在 20 页以内，尽可能配有图片。

在编写初步的商业计划书时，第一，最好只用一句话把项目名称（包括项目提供的产品或服务）表达清楚，然后列出项目所要面对的目标客户，再用一句话或通过关键词的形式列出目标客户的痛点，特别是把最重要的痛点写出来。这样做是为了让投资方了解你的项目主要用于解决目标客户的什么问题，从而更好地关注你的项目是否有对应的功能，是否可以解决这些痛点。好的商业计划书一开始就应明确公司的产品或服务要解决客户的什么问题——真正麻烦或引人关注的问题，并有市场研究、消费者购买意向等材料证明这种问题是真实存在的。

第二，要比较详细地介绍你的项目。如你的项目形式是产品还是服务，通常要求有项目图片（如网页、App 界面等），以说明实际应用的情形和效果。此时，还需要简要描述一下项目的核心功能是什么，主要解决什么问题，填补了什么市场空白，特别要说明你提供的产品或服务能解决客户的什么痛点，从而让客户甘心情愿地购买你的产品或服务。注意一定要把产品或服务功能的特点写清楚，让投资方明白你特有的功能是否具有明显的竞争优势。

第三，用很简短的文字（包括具体数字）描述创业项目未来的市场规模和发展潜力。创业者要给投资人讲清楚自己想要做的事情有多大，未来能涉及多少人，为什么你的解决方案能解决客户的痛点问题，为什么客户选择你的产品或服务而不是选择其他类似产品或服务，目前日常业务量已经有多少、用户多少、到底靠什么产品来实现这样的数据等。这些都一定要有数据支撑。

第四，写出在该领域都有哪些竞争者。这些竞争者与你的项目相比，他们的优势、劣势以及你们之间的差距在哪里，最好能写出目前竞争对手解决客户相关痛点问题的主要方法及失败或不理想的原因。这一环节很重要，投资方可据此判断你们的创业团队是否对竞争有着清醒的认识。肤浅的竞品分析很容易令投资人质疑你们团队的专业水平和能力。

第五，简单介绍你的创业团队，包括团队总人数，特别要列出创业团队的核心成员（最好附上本人的照片），说明这些成员是全职或是兼职，尤其要通过对团队核心成员职业经历的介绍（如名校、名企、职场经历等），突出团队的竞争力。

第六，编写创业项目当前的进展情况。一般是通过关键词的形式，如果是处于开发阶段，就要写出项目的预测开发周期；如果项目已经正式发布，就要写出项目进入市场的措施和进度等；如果已进入市场并有销售业绩，就要写出具体数据，如用户量、活跃度、交易额、客户扩展速度等。如果已有（试）运营综合数据，就要以图表的形式展示。

第3节 正式商业计划书的编写

如果投资者对你的创业项目感兴趣,通常会让你把商业计划书再做进一步具体化和完善处理,以便投资机构的决策委员会就是否对项目投资进行分析和决策。因此,在正式商业计划书的编写上,需要下更多的工夫。一般来说,商业计划书由以下几部分组成:

第一部分,摘要,也称执行摘要。

商业计划书中的摘要部分十分重要,因为它是投资者首先要看的内容。它必须能让投资者从看第一眼就有兴趣并渴望得到更多的信息。这些内容都是关键点,它将给读者留下长久的印象。通常,摘要部分要简短而精练(一页或两页)。它讲述了商机条件是什么以及为什么存在这样的条件;为什么你对此商机有兴趣;谁来把商机付诸实施以及为什么这些人可以这样做;开发此商机的战略以及公司如何进入市场并进行市场渗透等。

此外,在摘要部分,你还要清楚地表达需要强调的主要观点或利益,大概描述一下关键事实、条件、竞争者的痛点(服务质量差等)、行业趋势及其他可以定义商机的证据和逻辑推理,适当说明在产品与服务进入市场并扩展到其他细分市场(如国际市场)后企业的发展和扩张计划。

别忘记还需要有一个对公司基本情况的简介,如主要产品和业务的范围及突出特色;目标市场与潜力;销售计划;财务计划;资金需求状况等。

创业者最好在完成计划书其他全部内容的编写后再撰写摘要部分,因为这样可以比较容易凝练计划书中各组成部分的精华内容。因此,在草拟其他部分时,很有必要从每一部分中提出一两句关键语句或一些关键事实和数字作为摘要内容的组成部分。

第二部分,产品/服务介绍。

在商业计划书中,应提供所有与企业的产品或服务有关的细节,包括企业所实施的所有调查结论,包括:产品正处于什么样的发展阶段?它的独特性怎样?企业分销产品的方法是什么?谁会使用企业的产品,为什么?产品的生产成本是多少?售价是多少?企业发展新的现代化产品的计划是什么?把投资者拉到企业的产品或服务中来,这样投资者就会和创业者一样对产品有兴趣。通常,产品介绍应包括以下内容:产品的概念、性能及特性;主要产品介绍;产品的市场竞争力;产品的研究和开发过程;发展新产品的计划和成本分析;产品的市场前景预测;产品的品牌和专利。

需要说明的是,产品/服务介绍部分必须要清晰地回答以下问题:

(1)你提供的是什么样的产品或服务?功能是什么?产品或服务能解决什么问题?顾客能从产品或服务中获得什么好处?

(2)与竞争对手相比,自己提供的产品或服务有哪些优缺点?特有的功能是什么?顾客为什么会选择本企业的产品或服务?

(3)企业采取了何种保护措施,申请专利、许可证,还是与已申请专利的厂家达成了哪些协议?

(4)为什么企业的产品或服务的定价可以产生足够的利润?为什么用户会大批量地购

买企业的产品或服务?

(5) 企业采用何种方式去改进产品或服务的质量、性能,企业对发展新产品或服务有哪些计划,等等。

第三部分,市场分析。

商业计划书要提供新创企业对目标市场的深入分析和理解。一般从三个角度提供数据:一是宏观的;二是微观的;三是具体新创企业的目标市场。从宏观角度讲,要细致分析经济、地理、职业等因素对消费者选择购买本企业产品这一行为的影响,以及各个因素所起的作用。但由于投资者对宏观领域的信息一般也比较了解,因此,创业者不必在此费时编写太多的内容。

进行市场分析,首先要对需求进行预测:市场是否存在对这种产品的需求?需求程度是否可以给企业带来所期望的利益?新的市场规模有多大?需求发展的未来趋向及其状态如何?影响需求的因素都有哪些?其次,市场预测还要对市场竞争的情况、企业所面对的竞争格局进行分析:市场中主要的竞争者有哪些?是否存在有利于本企业产品的市场空当?本企业预计的市场占有率是多少?本企业进入市场会引起竞争者怎样的反应?这些反应对企业会有什么影响?等等。

在商业计划书中,市场分析应包括以下内容:市场现状综述;竞争厂商概览;目标顾客和目标市场;本企业产品的市场地位;市场区位和特征等。目标市场和预测包括确认并简要解释行业和市场、主要客户群、产品或服务定位以及你计划如何接触到这些客户群并向他们提供服务。这里包括的信息有市场结构、你正在寻找的细分市场或机会市场的大小和成长率、你估计的销售数量和销售额、你预计的市场份额、客户的付款期以及你的定价战略(包括价格性能比、价格价值比、价格效益比等因素)。

经济性、盈利性和收获潜力。概述企业经济性"宽仁和回报"的本质(如毛利和经营利润、期望盈利率和盈利持续的时间);达到盈亏平衡点和正现金流的大致时间框架;关键财务预测;预期投资回报等。一定要简要讨论你的毛利分析以及营运和现金转换周期,尽可能用关键数字。

重要的是要有与新创企业的产品或服务相关的市场数据,即企业的微观市场和力所能及的市场,这些数据越详细越好。即使你没有这些数据,投资者自己也会去找的。如果你把投资者要做的工作先做好了,你就有可能提前拿到资金支持。

第四部分,市场策略。

市场策略是企业经营中最富挑战性的环节,包括一个主要的营销计划,计划中应列出本企业打算开展广告、促销以及公关活动的地区,明确每一项活动的预算和收益。商业计划中还应简述企业的销售战略:企业是使用外面的销售代表还是内部职员?企业是使用转卖商、分销商还是特许商?企业将提供何种类型的销售培训?此外,商业计划还应特别关注销售中的细节问题。影响市场策略的主要因素有:

(1) 消费者的特点;

(2) 产品的特性;

(3) 企业自身的状况;

(4)市场环境方面的因素，最终影响营销策略的则是营销成本和营销效益等因素。

在商业计划书中，市场策略应包括以下内容：

(1)市场机构和营销渠道的选择；

(2)营销队伍和管理；

(3)促销计划和广告策略；

(4)价格决策。

第五部分，介绍组织结构及重要成员。

商业计划中还应明确管理目标以及组织机构图。应对公司结构进行简要介绍，表明公司是如何运转的，包括：组织机构图，有哪些部门及各部门的功能与责任，各部门的负责人及主要成员，他们是否分工明确，各就各位；公司的报酬体系；公司的股东名单，包括认股权、比例和特权；公司的董事会成员；各位董事的背景资料等。特别是要对创业团队的主要管理人员加以介绍，说明他们所具有的能力、他们在本企业中的职务和责任、他们过去的详细经历及背景等。

要创办成功的企业，其关键因素就是要有一支强有力的管理队伍。这支队伍的成员必须有较高的专业技术知识、管理才能和多年工作经验，要给投资者留下这支队伍很优秀的印象。在商业计划中，组织结构和团队成员介绍部分要清晰地回答以下问题：

首先描述一下整个管理队伍及其职责，然后再分别介绍每位管理人员的职业背景、特殊才能、特点和造诣，细致描述每个管理者将对公司未来所做的贡献。

第六部分，竞争分析。

几乎所有公司都会有竞争对手。你如果开发了一种新产品，投资者通常都会向同类产品的行业巨头打探，了解这些巨头为什么自己不研发同类的产品，再让巨头们谈对这类产品的看法和观点。其中的关键是你的产品要比竞争品牌的产品做得更好、更先进。

在商业计划书中，创业者应细致分析竞争对手的情况。主要的竞争对手都有谁？他们的产品是如何工作的？竞争对手的产品与本企业的产品相比，有哪些相同点和不同点？竞争对手所采用的营销策略是什么？最好能提供每个主要竞争者的销售额、毛利、收入以及市场份额，然后再讨论本企业相对于每个竞争者所具有的竞争优势。要表现出能在跟其他的新创企业的竞争中胜出的信心，还要说服投资者，顾客之所以偏爱本企业产品的原因是：本企业的产品质量好、送货迅速、定位适中、价格合适等。商业计划书要使读者确信：本企业不仅是行业中的有力竞争者，而且将来还会是确定行业标准的领先者等。

在商业计划书中，创业者还应阐明竞争者给本企业带来的风险以及本企业所采取的对策。在计划书中特别要讲清你的创新产品、服务和战略的明显竞争优势；供货周期的优势或市场进入者障碍；竞争者的缺点和薄弱环节；其他的行业条件等。

第七部分，行动计划。

这部分要说清新创企业将如何有效地开拓市场，企业的行动计划应该是无懈可击的。不要去说需要数百万去做媒体广告，然后"烧钱"去建立品牌。与其这样，还不如说："我们已经和某知名公司达成意向协议，通过它们的渠道进行全国推广。"

这部分的内容还应该明确下列问题：企业如何把产品推向市场？如何设计生产线，如何组装产品？企业生产需要哪些原料？企业拥有哪些生产资源，还需要什么生产资源？生产和设备的成本是多少？企业是买设备还是租设备？解释与产品组装，储存以及发送有关的固定成本和变动成本的情况。

以生产制造计划为例，应包括以下内容：产品制造和技术设备现状；新产品投产计划；技术提升和设备更新的要求；质量控制和质量改进计划等。

一般来说，生产制造计划应明确几个问题：企业生产制造所需的厂房、设备情况如何；怎样保证新产品在进入规模生产时的稳定性和可靠性；设备的引进和安装情况，谁是供应商；生产线的设计与产品组装是怎样的；供货者的前置期和资源的需求量；生产周期标准的制定以及生产作业计划的编制；物料需求计划及其保证措施；质量控制的方法是怎样的等。

这部分内容还需要写明项目的执行预期进度。因为投资者非常关心新创公司的产品或服务什么时候能够通过各种测试并推向市场？什么时候公司的账上开始有收入？什么时候公司能达到盈亏平衡？当然，投资者并不会满足于盈亏平衡，而是通过平衡建立了信心，就会投入更多的资金去扩大企业规模，求得更大的发展。

为了体现你的创业项目受到了市场认可，最好提供一些与客户签订的合同书、意向书或订单之类的资料。投资者不在乎你是否能成为亿万富翁，他们最关心的是你什么时候可以赚到第一笔钱。因此，最好要讲清楚第一笔钱是怎么来的，什么时候来的？

第八部分，财务规划。

通常，投资者会要求创业者提供一个详细的财务计划，最好用 Excel 表格的形式，而且至少要做三年的财务计划，最好是五年的计划，把重点放在第一年。财务规划需要花费较多的精力来具体分析，其中包括现金流量表、资产负债表以及损益表的制备。流动资金是企业的生命线，因此企业在初创或扩张时，对流动资金需要有预先详细的计划和进行过程中的严格控制；损益表反映的是企业的盈利状况，它是企业在运作一段时间后的经营结果；资产负债表则反映在某一时刻的企业状况，投资者可以用资产负债表中的数据得到的比率指标来衡量企业的经营状况以及可能的投资回报率。

无论创建什么样的公司，账面收支平衡越早越好。一家公司开始有收入了，说明公司的产品或服务有市场价值。公司达到盈亏平衡，说明新创企业有盈利的潜力，只有具有盈利能力的企业，才是真正具有价值的企业，也才会有更多的投资者青睐，从而送来更多的资金支持。

这部分还需要写明现金流结构。现金的流入和流出是如何构成的，然后根据对现金流的分析，结合实际问题提出调整策略，从而改善现金流，增加稳定性、降低风险。

财务规划一般要包括以下内容：

（1）商业计划书的条件假设；

（2）预计的资产负债表；预计的损益表；

（3）现金收支分析；

（4）资金的来源和使用。

第九部分，融资策略。

合理的融资决策必须在保证公司经营的现金流量匹配的基本前提下，尽可能地降低融资成本，以提高股东的市场价值。在实际中，不同性质的企业对融资方式和融资成本会有不同的考虑和侧重。对于高成长性公司，业务的扩张快，投资的预期回报率高，同时经营的现金流往往不稳定，财务风险较大，债务融资不能保证资本扩张和业务扩展的需要，一般采用股权融资方式。

股权融资的成本虽高，但如果公司经营成功，投资的回报率会远远超过股权的融资成本，有利于提升股东的价值。

需要什么样的资金？什么时候需要？目的是什么？长期或短期融资？对每一个融资问题都要进行合理的叙述。什么时候、为什么能上市？在融资之前应明确产权、股票期权、认股权证、其他承付款项等。

在这一部分创业者还应写出自己投入了多少钱。如果一分钱都没有投入，投资者可能会怀疑创业者本身对这个项目的信心和创业态度。

最关键的还是要给投资方带来巨大的收益。现在的投资方都在寻找 10 倍的投资回报。比如说，新创企业的估值为 500 万元，投资方占股 25% 价值 125 万，那么就要拿出一份商业计划，证明企业能在 5 年之内把投资方的预期收益提高到 1 250 万。对于投资方来说，投资一家公司意味着要和这家公司一起走过 3 年到 5 年甚至更长时间，还有 B 轮 C 轮等多次融资。投资不是一个短期行为，需要创业团队有着更广阔的视野，更多的耐心，需要投资方有更大的魄力、更强的前瞻性。

想好你需要多少钱？准备出让多少股份？不管你的心理价位是多少，你应该明确提出你的要价，将它作为讨价还价的谈判起点。

即使你有详细的财务预测，最好还是列出一张清单，把主要的资金用途罗列出来。

第十部分，总结。

一般用一页纸，总结一下你的创业项目将给投资人带来的收益，重点论述相对其他项目而言，为什么这项投资是值得的。同时还要指明主要风险，简要说明如何将风险降到最低。

在商业计划书背后，最好附上支撑材料。如相关产品预估销售额的支持材料、核心成员的主要业绩和经历、市场分析数据、竞争对手及其产品系列表、独立的研究结果等。

下表列出了商业计划书应该包含的主要内容：

表 9-1 商业计划书的主要内容

	内容	描述重点	撰写要求	运营计划内容
1	概述	一般包括以下内容：公司介绍；主要产品和业务范围；市场概况；营销策略；销售计划；生产管理计划；管理者及其组织；财务计划；资金需求状况等。	必须要回答下列问题： (1) 企业所处的行业，企业经营的性质和范围； (2) 企业主要产品的内容； (3) 企业的市场在哪里，谁是企业的顾客，他们有哪些需求； (4) 价值内涵：核心能力、优势资源、差异化基础； (5) 企业的合伙人、投资人是谁； (6) 企业竞争对手是谁，竞争对手对企业的发展有何影响。	不需要

续表

	内容	描述重点	撰写要求	运营计划内容
2	背景介绍	产品原有情况介绍、商机描述、市场潜力介绍等。	本部分很重要,需要1～5页说明。	包括未来的整合。
3	团队介绍	描述团队成员的素质,为什么能形成团队?提出组织的框架结构,明确负责人。	本部分内容要方便阅读。一些投资人会首先阅读这页内容。	岗位描述和组织架构都需要详细介绍。
4	产品描述	什么样的产品?功能是什么?产品在哪方面优于竞争对手?其特有的功能是什么?产品族,客户利益。	这部分是实质性内容。一定要认真写好这部分内容,如果可能的话,最好加上一些图示。	包括此内容。
5	产权界定	在融资之前明确产权。股票期权、认股权证、其他承付款项的描述。	包括此内容。	包括此内容,而且还有给员工的股票和期权的分配标准。
6	市场描述	目前市场的成长、价格趋势、对你产品的需求等材料,包括重要客户、营业代表、代理机构等的名称。	用图表说明,包括业界领袖、有影响的咨询公司、行业协会和政府机构等的验证说明。	还要包括支持性统计数据和市场细分情况的内容。
7	市场策略	详细的市场销售渠道、每年的销售成本、销售人员。独特的促销活动,货物配送等,列出时间表和阶段性要求。	要有对基本营销活动成本掌控的详细证据,并进行描述。	包括预算和时间安排的全部详细内容。
8	运营规划	如何形成学习曲线,如何使销售更经济,关键的卖方,制造和采购决策点,设备,详细的成本清单。	投资人倾向假定你会做好一切事情。	写出全部细节内容,详细的时间安排,单位成本,说明假定条件。
9	研究与开发	目标、成本和进度安排。	强调开发,投资人不愿意为研究提供资金支持。	确保你的理由正当,包括细节内容。
10	职工规模	雇用的时间表,所需要的技能,获得的可能性和用工成本。	简要介绍,投资人通常乐于假定员工能被雇用。	细节内容要合理,尽量做出图形表示组织两年后发展的预期。
11	融资策略	需要什么样的资金?什么时候需要?目的是什么?长期还是短期融资?对每一项都要进行合理的叙述,什么时候、为什么要上市?租赁策略。	对现金流的情况最为期待,还要提供最佳/最差情形模式的惯例描述,一定要经注册会计师审阅。	详细内容,包括每个月的现金流(共6个月),需要图形格式和数字。
12	应变计划	列出应对两个或三个可能出现的危机的计划。	详细写,但不是必需的。	尽可能写出详细内容。
13	总结	给投资人带来的收益,指明主要风险。	用1页的内容说明:如何将风险降到最低?相对其他项目而言,为什么这项投资是值得的?	最基本的有关风险方面的内容。

续表

附录			
A	支持体系、市场分析数据、独立的研究等。	如果可能的话,总结一下数据,重新做一下全面研究。	包括全部支持的内容。
B	核心成员的主要介绍。	保持言简意赅。	不必。
C	核心成员发表过的文章。	为了外部咨询人员的利益,如果可行,可加上这一内容。	不必。
D	竞争对手及其产品系列表,相关产品的估计销售额。	对建议的简要评价。	包括所有细节,加上对计划和人物的情报报告。

第4节　撰写商业计划书的注意事项

当你还处于探索商业模式以及产品方向的阶段时,写商业计划书是没有任何必要的,对于你完成任务来说,此时写商业计划书是错误的工具,它还会让你面临更大的风险。在创业的早期阶段,你应该做的是将产品尽快推向市场进行测试,通过用户的反馈持续改进产品,而不是闭门造车,将自己的创意精雕细琢成商业计划书。否则,你可能会发现不断精练出来的产品创意其实根本没市场,只是在浪费时间。而经常在你意识到自己浪费时间时,已经太晚了。你的创意一开始只需要一个粗略的大纲(用一页纸阐述商业模式或者展示价值),之后就马上开始进行市场测试。在实践中逐步完善你的想法,并且不断精益求精。在你找到充分的证据去证明自己的想法可行之前,你应该使用更具灵活性的工作方式来替代写一份商业计划书。

商业计划书带来的最大风险就是它会导致过早地扩张。当你基于一个还未经过市场验证的商业计划就开始招人并且投入资金在关键资源上时,风险也就随之而来了。换句话说,你还没有完成对于正确商业模式和产品价值取向的探索,就早早地跨入了"执行模式"。

特别需要注意的是,尽量把商业计划书写得更吸引人一些。不要忘记,除了个别很挑剔的人之外,商业计划书的读者都是普通人。不要将商业计划书写得如同雾里看花,让读者不知所云。如描述产品和市场时,要避免使用言过其实的形容词。计划书不要弄得特别复杂,一定要言简意赅。如果需要用到图示、绘图和格式装饰,可以考虑花钱找专业人士来做。设计好漂亮的封面,产品照片最好用网版印刷纸,而不要用光面纸,以防止有的读者使用复印机拷贝照片。

在最后定稿和印刷之前,让一些文化水平较高或有过投资经验的朋友将创业计划书预审一遍,征求他们对外观、内容和商业模式的建议和评价,由此确保商业计划书撰写规范。

思考题:

1. 商业计划书的阅读对象主要有哪些人?他们关注商业计划书的出发点分别是什么?
2. 商业计划书的作用是什么?
3. 商业计划书的主要内容有哪些?哪部分最重要?

Chapter 10
第 10 章　目标市场的选择与开拓

- 第 1 节　什么是市场?
- 第 2 节　细分并确定目标市场
- 第 3 节　产品/服务定位
- 第 4 节　营销组合策略
- 第 5 节　市场开拓策略

创业案例

1992年,华为自主研制的交换机批量进入市场,当时,国际电信巨头大部分已经进入中国,盘踞在各个省市多年,华为要与这些拥有雄厚财力、先进技术的百年老店直接交火,未免是以卵击石。最严峻的是,由于国内市场迅速进入恶性竞争阶段,国际电信巨头倚仗雄厚财力,也开始大幅降价,妄图将华为等国内新兴电信制造企业扼杀在摇篮里。

熟读毛泽东著作的任正非,选择了一条后来被称为"农村包围城市"的销售策略——华为先占领国际电信巨头没有能力深入的广大农村市场,步步为营,最后占领城市。

电信设备制造是对售后服务要求很高的行业,售后服务要花费大量人力、物力。当时,国际电信巨头的分支机构最多只设立到省会城市以及沿海的重点城市,对于广大农村市场无暇顾及,而这正是华为这样的本土企业的优势所在。另外,由于农村市场购买力有限,即使国外产品大幅降价,也与农村市场的要求有段距离,因此,国际电信巨头基本上放弃了农村市场。任正非深刻地认识到,如果说小客户还可以单靠价格吸引,但对于欧美等发达国家的主流客户,单纯的价格战就很难起作用了,这些客户更关注的是设备提供商的综合实力,也就是说,从设备的设计、生产,到运输、安装、调试,以及到后期的服务,都要有完善的、持续的解决方案。

一位欧洲老牌电信运营商这样说:"我们最怕的就是设备买回来几年后,设备供应商倒闭了,没有人来升级、维护,因此我们购买设备要综合考察设备供应商,只有那些有持续发展的可能、在产品和服务上不用我们担心的供应商才会进入我们的视野。"

这就要求华为要提升综合实力,为客户提供持续稳定的服务,且能够在最短时间内响应客户的需求。

事实证明,这个战略不仅使华为避免了被国际电信巨头扼杀,更让华为获得了长足发展,培养了精良的营销队伍和研发团队,积蓄了"打城市战"的资本。因此,在当年与华为一样代理他人产品以及随后也研制出了类似的程控交换机的中国籍新兴通信设备厂商纷纷倒闭的时候,华为在广大的农村市场"桃花依旧笑春风"。[①]

思考与研讨:
(1) 华为在创业之初是如何开拓市场的?它市场开拓成功的原因是什么?
(2) 创业之初为什么要重视市场开拓?

第1节 什么是市场?

一旦迈出创业第一步,要想获得成功,当务之急就是如何将自己的产品/服务尽快推

---

① 董哲. 华为创始人任正非:两万到千亿的创业史 [EB/OL]. (2014-08-24)[2017-11-12]. https://www.qianzhan.com/people/detail/268/140822-ca19cae5_3.html.

向市场。如果产品/服务没有市场，企业就没有了生存的根基。特别是对于新创企业来说，在初创期一切都要从零开始，需要创业者们自己去开拓并不断扩大自己的目标市场。这就需要创业者找准自己的目标客户，以用户为中心，围绕市场需求做文章，准确进行产品/服务市场定位，实施恰当的市场策略，如此才能获得长远的发展。

无论是从营销学角度，还是从企业角度看，市场都应该是指某种产品的实际购买者与潜在购买者的集合。由此可见，市场的本质并不是简单的一个买卖交易的场所。因为如果你的产品既没有人认可，也没有人买，即使你开设再多的店铺，也无济于事。为便于理解，可用下面公式解释市场：

$$市场的大小＝需求×支付能力×愿意进行交换的人数$$

具体而言，虽然对某产品或服务有需求，但当客户没有支付能力或没有购买意愿时，就形成不了市场；同样，虽然客户有需求，也有支付能力，但当他们对于某产品或服务不认同，没有多少客户愿意购买时，照样形成不了市场。可见，市场的大小与需求、支付能力和具有交换意愿的客户数息息相关。这说明，企业在开拓市场时，既要注意分析客户的需求，也要了解客户的购买支付能力，还要考虑对你提供的产品或服务认可并愿意购买的客户数量有多少。

新创企业要明确自己的目标市场，首先需要搞清楚客户是谁，客户的消费诉求或者痛点是什么，客户为何购买自己的产品或服务。对客户来说，什么是他们认为值得购买的？什么是最重要的？而什么又是不重要的？当一个产品、一项服务或者一种购物体验与客户的消费观念发生冲突的时候，这些往往就会成为他们不购买的理由。比如，创业者要了解：客户是更加注重高品质的产品还是更倾向于低品质的产品？客户对于所购买的产品或服务的消费价值观有变化吗？这种变化是否说明客户需求的产品与现实中所能买到的产品之间是有差距的？

其次，创业者需要关注客户的消费习惯。通常情况下，人们一直重复一种行为，形成的惯性就越强，那么改变这种行为的可能性就越小。例如，很多客户习惯了使用一种品牌的产品，如果换一品牌他们就会觉得很麻烦，因为这需要进行大量的重新调研和体验活动。所以，为了避免麻烦，他们宁可不换品牌。客户虽然对某产品有些不满意，却会被惯性驱使，这正是创业者需要留意的。若发现客户因为习惯使然而不得不处于某种环境中时，打破这种习惯或者从客户的惯性入手就可以创造出新的商机。

再次，创业者要关注客户犹豫不决的情形。客户有时希望马上拥有某产品，但是在面对众多选择时，表现为犹豫不决。创业者要不断寻找自身产品或服务与其他同类产品或服务相比之下的优势与劣势，以及差距点，不断分析竞争对手的薄弱环节，寻找机会点，使自己的产品或服务在某些方面优于竞争品牌。

作为创业者，一般都是先有自己的某项新技术、新产品设计或优势服务项目，然后设法广泛地推向市场。但大多数创业者在初期对于如何将这样的产品或服务有效地提供给目标客户则缺乏经验。通常比较典型的做法有：

1. 等市场。坐等客户找上门来，只重生产和内部管理。
2. 找市场。虽研究市场，但多是跟风，一哄而上，容易形成恶性竞争。

3. 开拓市场。尽量规避竞争，确立自己"唯一性、独特性、排他性"的竞争优势地位。

我们以某制鞋企业开拓一个岛国市场为例进行比较分析。某制鞋企业为开拓某岛国的市场，先后派出一批业务员前去调研，并要求回来后写分析报告。第一批业务员调查后发现，这里的人长年赤脚，习惯不穿鞋。于是，他们回来后写了一份报告，结论是这里不会有市场，建议企业不要在此投入人、财、物进行市场开拓。第二批业务员也做了同样的市场调研，但结论略有不同，认为可能这里会有一些需求，但市场不会太大，建议在岛国开一些鞋品专卖店，方便需要者购买鞋子。第三批业务员调研后也写了一份报告，认为这里的鞋子基本处于空白状态，机会难得。如果在这里下大力气宣传穿鞋子的好处，普及相关健康知识，再利用当地人心目中的偶像作产品代言人进行广告宣传，同时辅以其他促销活动，该市场将会非常大。他们的建议是，大力增加投入，积极开拓该市场。最终的结果是，第三批业务员的判断正确，企业据此开拓市场成功。从该案例中我们可以看出其中的区别：第一批业务员根本没有市场开拓的意识，他们只看到现象，没看到本质，因此也不可能有什么作为；第二批业务员虽然看到了机会，但没有开拓意识，只是开几家鞋店，满足于眼前及现有的需求，由于不知道如何激发潜在的需求，因此市场的开拓效果非常有限；而第三批业务员的做法代表的是一种市场开拓精神，他们不仅注意到了市场现有的和潜在的需求，还能够以积极的措施激发潜在客户的需求，注重市场策划，形成品牌，使穿鞋子的意义真正做到深入人心，从而达到开拓该市场的目的。

第 2 节 细分并确定目标市场

新创企业要想获得成功，就必须要找准自己的目标市场并在该市场开展相应工作。这涉及一系列任务的展开：第一步就是对市场进行细分，所谓市场细分，是指按照客户的需求和欲望、购买行为和购买习惯等方面的明显差异性，把某一产品的整体市场划分为若干个需求大致相同的顾客群（子市场）的市场分类过程；第二步是在市场细分的基础上选择目标市场，也就是确定自己企业提供的产品/服务面向的是哪些客户群体；第三步是进行企业产品/服务市场定位，也就是创建企业提供的产品/服务明显有别于他人的特色；第四步是实施产品组合策略，即企业充分利用自身的有利资源，创造一定条件，才能达到吸引客户认同的目的。

创业者一定要清楚自己的产品或服务是否有市场，也就是说要搞清自己的产品或服务是为了满足哪些客户的需求。新创企业规模小，不可能面对整个市场，它所面对的往往是具体的、个性化的、对它有利的市场。为此，企业首先需要进行市场细分。市场细分是企业制定市场营销策略和选择目标市场的前提，通常把经济形态、地理环境、客户性格和购买行动等因素作为划分的标准，从而对成千上万客户构成的市场进行细分。

细分化道路也要根据市场实际情况来确定，并不是说提出一个细分概念就能走细分道路。如果经过细分，发现目标客户群体实在太小众，就没必要将其作为目标市场。

市场细分离不开市场调研，可以根据5W1H的工具模型，在以下几方面展开调研：

WHO：谁是客户？或者客户是哪些人群？老年、中年，还是少年？公司产品的定位人群和市场调研后的判断一致吗？

WHAT：客户买什么？产品的利益点是什么？客户到底需要产品的什么？

WHY：客户购买产品的动机是什么？商务，还是政务，或者休闲？我们可以以此判断竞争产品针对客户的促销策略是正确的吗？如果不正确，那么我们的机会就会很大。

WHEN：客户什么时间购买或者购买频率如何？对每种销售终端都进行这样的调研，再根据终端的数量，我们可以得出每种终端的销售量，为我们决定进入什么终端和在什么终端能够产生多少销售量提供依据。

WHERE：在什么地方购买？以此我们根据新产品的定位，结合对市场的了解，可以得到产品销售的最佳途径和最佳终端。

HOW：如何有效地将产品或服务提供给目标客户？

根据以上分析，我们可以判断出产品能否畅销。当然，如果认为产品根本没有前途，那就直接否决了。如果新产品有销量，那就应该对相关的因素进行逐一探讨。

案例

原腾讯高级副总裁兼科技总裁张志东与同窗四年的挚友马化腾一起创办了"腾讯"。张志东是技术人员出身，年轻时就是一位技术大牛，在当时深圳的计算机牛人圈子里，他依然是其中的翘楚。QQ产品的架构是他在1998年所设计的，历经十多年，QQ用户数量从上百万增长到数亿，他所设计的整个架构却依然适用，他由此被称为"互联网最牛的架构师"。

张志东对待产品一直以来都秉承着两个理念。一个是"三个柱子能够顶起一颗球"，在QQ快速发展的过程中，产品几乎是两个月更新一个版本，这种更新速度在当时是少见的。当时张志东要求在每一个新版本里面至少要包含三个关键特性的革新，这迫使技术人员绞尽脑汁去找出产品中的bug（漏洞），不断做出更好用、更能符合用户体验的产品。

另一个是"小步快跑，快速迭代"，PC端应用程序可以在发现bug的时候通过向用户发送一个新的版本做出改进。跟实业产品做出来就不能修改、只能回收重做不同，张志东并不需要产品做得多完美（而事实上，在他眼中就没有"完美的产品"），而是需要根据用户体验不断改进，每一次版本的改进可能都是微不足道的，但随着产品的不断更迭，带来的变化就是显著的。

在产品研发的过程中开发者容易犯的一个错误是，往往自己挖空心思做出一个自认为很牛的产品，但实际上用户并不接受，这样的产品并不是一个好的产品。在产品研发的过程中，张志东很注重用户体验，注重从用户的使用习惯、需求去研究，究竟什么样的功能是他们最需要的。据了解,腾讯内部的产品经理形成了一个"10/100/1 000法则":产品经理每个月必须做10个用户调查,关注100个用户博客,收集反馈1 000个用户体验。这种方法虽然简单粗暴,但却很有效。①

第3节　产品/服务定位

新创企业将自己的产品或服务推向市场时,最好先确定好产品/服务的定位。所谓"产品定位"是指产品在客户心目中享有的独特地位。这一概念是现代心理学结合营销学的一个伟大发明。定位理论认为,人们的头脑中一般会对某个领域的产品或服务,进行一个归类和排列,而那些特点突出、容易和其他产品产生明显区别的产品和品牌,往往是人们首先考虑选择的。为此,创业者就要努力将自己提供的产品或服务打造成不同于同类产品,并在目标客户的头脑中形成一个比较独特的、容易区别的和有利的印象,从而成为客户心目中某品类或特性产品的代表品牌,从而能迅速影响到客户的购买选择。当客户产生相关需求时,就会想到并选购本品牌。比如,一提到计算机安装杀毒软件时,人们可能立刻就会想到360杀毒软件具有免费、功能强大的特点。再如,一提起加湿器,人们可能普遍会想到亚都,其式样新颖、功能齐备、价格低廉,往往成为人们购买时的首选。再比如,诺基亚公司的质量控制和管理都非常好,原先的功能手机曾经独步天下,但由于不注重创新,没有下工夫开发智能手机,其产品定位违背了人们广泛接受智能手机的趋势,结果被市场淘汰。这说明即使曾经有很好的品牌和质量,但如果产品定位不准确,同样会在市场竞争中败下阵来。

第4节　营销组合策略

虽然几乎所有的创业者都能意识到,坐等客户上门是行不通的,只有靠企业充分利用自身可控的要素,创造一定条件,才能达到吸引客户认同的目的。但究竟有哪些要素可以为企业所用,如何有效地利用这些要素?这是一门大学问。我们知道,有些要素是新创企业无法掌控的,如宏观环境、市场需求以及人们的消费倾向等,但也有一些要素是企业本身可以充分控制的,如提供的产品或服务;制定产品或服务的价格;建设有效地将产品或服务送达到客户的渠道;向客户传递有关本企业及产品的各种信息,说服或吸引客户购买其产品,以达到扩大销售量的目的等。企业家为开拓市场就要学会灵活运用这些要素,通过将这些要素进行不同的组合,最终实现自己的经营目标。

一、产品或服务策略

在确定目标市场的基础上,企业要提供该市场真正需要的产品或服务。为此,企业应

---

① 马化腾背后的男人:身价605亿,却开22万的车[EB/OL]. (2016-11-12)[2017-11-18]. http://finance.eastmoney.com/news/1355, 20161112683317545.html.

该极为重视自己的产品或服务。创业者每天可能要处理大量的事务性工作，但其中最为重要的事应是产品或服务的开发与生产。企业家要充分认识到自己提供给市场的产品或服务是企业的灵魂，是企业的安身立命之本。新创企业迅速发展最具根本性的要素是能为公众提供独特的、具有新价值的、有用的东西。

1. 产品的整体概念

创业者要建立产品的整体概念，也就是说，不要把产品只看作是具有某种特定物质形状和用途的物品，而是要看成能够满足客户某种需求和欲望的物品的总和，它既包括具有物质形态的产品实体，又包括非物质形态的能给人某种心理上的感受和利益。因此，新创企业要从客户对产品全方位关注的角度来设计、开发和生产产品。现代市场营销理论认为，产品整体概念包含核心产品、有形产品、附加产品三个层次。

核心产品是产品整体概念最基本、最主要的部分，是指客户购买某种产品时所追求的利益，是顾客真正要买的东西，客户购买某种产品，并不是为了占有或获得产品本身，而是为了获得能满足某种需要的效用或利益。

有形产品是核心产品借以实现的形式，即向市场提供的实体和服务的形象。如果有形产品是实体，那么它在市场上通常表现为产品的质量水平、外观特色、式样、品牌名称和包装等。产品的基本效用必须通过某些具体的形式才得以实现。

附加产品是顾客购买有形产品时所获得的全部附加服务和利益，包括提供信贷、免费送货、质量保证、安装、售后服务等。

品牌也是产品整体的组成部分，品牌是一种商品综合品质的体现和代表。因此，创业者要重视品牌推广，品牌不光要找到目标消费群体，摸透目标消费群体的心理，还要清楚地知道品牌该如何推广运作，要针对目标人群去塑造品牌形象。

2. 初始可行产品最小化概念

生产一种新产品实际上会涉及很多方面，如工艺、材料、加工要求、配套技术等。产品的功能越复杂，各方面的投入就越多，如果将所有生产条件都建立健全，无论从时间上，还是从经济上，对创业者来说，都难以承受。对创业者来说，应该尽快形成产品某一方面的优势，打造某品牌第一家。为了以最快的时间和最少的费用占领市场，创业者不要指望从一开始就生产完美无缺、一步到位的产品，而是应先将可行产品最小化，制作出极简单的原型产品，或称基础版产品，只要这时的产品具备该产品的核心特征，并且能正常工作就可以了。然后将这款基础版产品迅速投入市场，在此基础上，通过学习和用户的反馈，再对产品进行后续的完善并升级换代，进而逐步扩大市场。

二、定价策略

企业如何定价直接关系着市场对产品的接受程度，影响着市场需求和企业的利润。为了使目标客户能接受自己所提供的产品或服务，新创企业要十分重视产品或服务的定价。随着市场经济的快速发展，人民生活水平的提高，人们对产品或服务品质的要求也在提高。但相对而言，某些市场的消费力还不足，如果产品或服务的价格过高，即使各项功能较好也很难推广。定价太低，利润率低，也不利于企业持久发展。因此，如何在价格上保持优势，是新创企业参与市场竞争的关键。

定价一定要尽量符合行业规范，至少最初阶段是这样。创业者要用类似的打折手段，使用同样的商业术语等，因为这些都是客户们所习惯的。

另外，对刚上市的新产品或服务也可考虑先制定高价格，直到需求趋于饱和后，然后再逐渐降低价格。开始就制定高价格对新创企业来说有一定风险性。如果价格和收益明显过高，那么，实力雄厚的竞争对手就会不请自来，与新创企业抢市场。

三、促销策略

促销策略是指企业通过一定的方法和方式，向消费者或用户传递产品信息，引起他们的注意和兴趣，激发他们的购买欲望和购买行为，以达到扩大销售的目的。创业者可以利用促销手段实现以合理的成本展现公司优秀的一面。常见的促销形式有：

1. 人员推销（销售人员与购买者直接接触）。销售的价值通常是通过销售组织驱动生产厂家来体现的。

2. 营业推广。通过刺激购买、吸引顾客的短期促销行为，如：现场活动、有奖销售、附送样品、赠送礼品等。这里要注意的是，通过营业推广，争取与客户建立持久的关系，而不是只做一次性买卖。比如，客户购买自己的产品，一种营业推广形式是打折或返钱，另一种是积分或返点，哪个更容易引起后续的服务？显然是后者，因为积分或返点也是下一个服务的开始。另外，还可考虑从盈利中拿出一部分作为回报，将主要客户变成本公司的利益相关者，从而使其成为自己忠实的客户。如董明珠拿出一部分股份给一些大经销商，使他们在提高市场销售额的同时，也能分享公司发展的红利。

3. 公关活动。如参加公益性活动、通过媒体向社会传播企业的有关信息；为新产品、新的开发项目、新的建设项目等召开新闻发布会；请商业新闻媒体、大众新闻媒体等写一些专题文章，在社交活动场合分发；也可在当地的目标市场召开产品应用专题研讨会，邀请新闻媒体和客户来参加等。

4. 做广告。明确你们现在的广告诉求对象、诉求重点以及诉求方法是否正确。

5. 产品说明书。包括公司的产品操作手册、产品结构图、维修手册、产品说明书等。如果向客户呈送的只是一份复杂的电路图，而不是看上去非常专业的产品手册，那么，这只会使产品更难以被接受。实际上，产品说明书是产品的组成部分之一，一定要认真对待。

案例

如今，星巴克在全世界有大约13 000家分店，有广大的消费群体。虽然星巴克没有花过一分钱做广告，可它的品牌却是全球咖啡行业最响的，这是星巴克最大的成功秘诀。在全球各地星巴克一周销售4 000多万杯咖啡饮料，每月销售差不多两亿杯，按每杯3美元算，仅咖啡销售就是每月6亿美元！正因为它不花钱做广告，所以它每卖出一杯咖啡的边际成本就很低，赚钱的空间就大了。

星巴克是如何做到不花钱做广告也能获得很好的品牌效应的呢？第一，从一开始，星巴克就只选择在最繁华的市区交叉路口开咖啡店，虽然这些地段租金很高，但非常醒目的位置给星巴克带来最自然的广告效果，经过的人不可能不看到招牌，看的次数多了，品牌信任自然就来了。第二个因素就是全球化和全球范围内的人口流动，为星巴克这样的品牌连锁店带来空前的机会。第三个因素是星巴克在纳斯达克上市。公司股票上市除了融资外，另一个重要的作用是巩固公司的品牌、增加公司的知名度。①

四、渠道策略

渠道策略是指以什么样的方式才能将产品提供到客户面前。由于生产者与用户之间在时间、地点、数量、信息等多方面存在矛盾，因此只有通过一定的营销渠道，才能在适当的时间、地点，以适当的价格将商品提供给用户。为把自己的产品或服务提供给最终用户，企业除了自己组织销售队伍外，通常还可以采取与其他销售组织合作的形式，如代理商、经销商等。因为在这方面，销售组织要比生产企业能创造更高的总边际收益和净收入。

渠道策略的实施还需要做好渠道调研，渠道调研的内容主要是：新产品可能的经销客户是什么，他们需要怎样的盈利空间和合作方式，终端对这些经销商的态度、合作方式如何，等等。该调研的目的主要是探讨更加简捷的市场进入方式和途径。

有的销售渠道虽然名气很大，但有店大欺客的现象，比如某大型家电连锁企业在全国都有连锁店，影响也很大，但针对找上门来的厂家却有着很多苛捐杂费，主要有：无偿占用货款、收缴场地租赁费、促销员管理费、灯箱维护费、过节赞助费、质量保证金等，还有零负毛利条款等。它强制要求厂家压低价格，导致家电制造业的价格恶战就无法避免，企业利润大幅度降低，就无法将更多资本投入在技术开发上，这对于电子家电产业是致命的。

销售一线是残酷的战场，格力的董明珠对此深有体会，她每天都要面对与经销商如何均衡分利等一系列问题。2004 年 2 月，未经格力允许，成都某大型家电连锁企业将格力空调擅自降价，董明珠下令停止向该企业供货，而该企业不久就宣布全线清理格力产品。但格力并没有屈服，而是从这一年起全面自建营销渠道，与各省市大经销商联合出资成立股份制区域销售公司，由销售公司负责市场开发与维护，建立了以专卖店为主要终端的销售体系。

案例

方太集团选择的是独特的渠道策略，而这种策略恰恰与家电业渠道的发展相协调。在创业初期，方太需要的是一种能够尽快启动市场进入渠道销售而企业投入风险又不会

---

① 星巴克的商业模式使之成功［EB/OL］．（2013－01－10）［2017－12－02］．http：//guanli.100xuexi.com/view/otdetail/20130110/7f41f678－2262－49d2－a02e－fa9444f6f9d3.html.

> 太大的分销模式，这就出现了销售员承包制。进入1999年，经过近三年的辛勤耕耘，方太已由1996年的行业末位上升至行业第二位，产销近4亿。此时，方太的带有明显"包单帮"特点的销售员承包制已经不能适应公司的发展，于是开始向销售分公司变革。
>
> 　　2002年，市场竞争进一步激烈，公司需要进一步进行渠道的变革。方太重新定位，把分销系统和业务模式重新进行审视和检讨，基于现有分公司制和销售员承包制已无法承载流通业态的深刻变化，把全国的集多种职能（品牌维护、销售管理、服务执行、物流配送和公关策划）于一身的二级法人分公司制调整为专注于销售职能的实地虚拟办事处制，剥离和整合非销售职能，并引入BRP系统和第三方物流，实现专业化运作和管理。

综上所述，营销组合策略是新创企业开拓市场的有力武器，以新东方留学教育为例，其市场营销组合策略是：

1. 产品策略：主要是提供《GRE词汇精选》系列教材和高质量的外语培训。
2. 价格策略：外语培训课程的市场普遍价格为300～400元，新东方只收160元，且可免费试听多次再交钱。
3. 促销策略：教学形式多样，教学过程中不仅提供外语教学内容，也向学生进行人生哲理和励志教育，授课方式幽默，树立独特的品牌，形成极好的口碑。
4. 渠道：将办学点设置在高校和科研院所集中地区，方便有志出国的人员就近学习。

这些营销组合策略的灵活运用，使新东方在市场上不断开疆拓土，规模越来越大。

第5节　市场开拓策略

　　新创企业把握新产品或服务项目入市的有利时机，不仅是创业成功的基础，而且是市场前景是否光明的重要保障。机不可失，失不再来。商机不是等来的，而是"抢"来的，善于识别和把握时机，是市场制胜之道。因此，产品入市时机应把握好以下两点：

　　第一，要确定新产品或服务项目的商机之窗是否开启。一旦新产品或服务项目的特定目标市场建立起来，商机之窗就打开了。创业者要做的重要判断，就是适时开启商机之窗，避免陷入市场沉默期（即产品第一次在市场上出现到获得商业成功的时间）。如微波炉的市场沉默期长达20年，它刚刚上市时，消费者对其功能、作用缺乏了解，对其微波辐射存在畏惧心理，害怕它会有损健康，也不知道如何利用微波炉做美味可口的食品。为了引导消费者，率先创新企业雷神（Raytheon）公司曾投入巨额的广告宣传费。显然，这样投入宣传费用，其受益者绝非率先创新企业自身，在相当程度上模仿跟进的企业也"捡了便宜"。可见，过早进入新产品市场，对企业未必有利。在特殊情况下，率先进入市场甚至会给企业带来灾难性的损失，因为任何一个新产品都要经过一个性能质量逐渐完善的过程，许多原料、工艺、设计方面的问题可能具有一定的隐蔽性，常常要在投放市场后，在用户使用过程中暴露出来，在企业与用户间的不断交流中加以改进，率先创新企业必须对这一"探索—完善"过程中不可避免的失误埋单，而跟进者却因此免走了许多弯路。

第二，要准确把握拟进入产业的环境变化趋势，发挥产品的后发优势——最好的产品能击败最快的产品。由于消费者的消费心理、习惯和能力千差万别，他们未必都会对率先创新产品感兴趣。一般来说，相当一部分消费者会观望一段时间，等待市场上出现价格较低、性能完善、质量趋于稳定、设计相对定型的产品再决定购买。这部分消费群体的存在为模仿跟进者创造了良机。有时候，"第一名"只是告诉竞争对手市场是存在陷阱的，而没有其他什么作为。除非既具有最好的创意，又具有抢占大份额市场或建立先发制人的"反克隆"手段，否则做第一名并不一定意味着最有竞争力。

对于初创企业来讲，所要进入的目标市场可能还是未开垦的处女地，鲜有人问津；或者处于非常不成熟的状态，因此，企业需要依靠市场开拓来实现业绩突破，完善自身。在进行市场开拓时，企业要考虑以下因素：

1. 企业规模和原材料供应

如果企业规模较大，技术力量和设备能力较强，资金雄厚，原材料供应条件好，则可采用差别化市场策略或无差别市场策略。反之，规模小、实力差、资源缺乏的一般企业宜采用集中化市场策略。采用集中化市场策略，集中自己的优势资源重点开发一些新型产品和市场紧缺产品，建立自己的相对优势，不失为一条积极参与竞争，提高整体水平的捷径。

2. 产品特性

对于具有不同特性的产品/服务，应采取不同的策略。对于同质性商品，虽然由于原材料和加工不同而使产品质量存在差别，但这些差别并不明显，只要价格适宜，客户一般无特别的选择，无过分的要求，因而可以采用无差别市场策略。而异质性商品，如成分、配方、含量等差别很大，价格也有显著差别，客户对产品的质量、价格、包装等，常常要反复评价比较，然后决定购买，这类产品就必须采用差别化市场策略。

3. 市场特性

当客户对产品的需求欲望、偏爱等较为接近，购买数量和使用频率大致相同，对销售渠道或促销方式也没有大的差异时，就显示出市场的类似性，可以采用无差别营销策略。如果各客户群体的需求、偏好相差甚远，则必须采用差异性营销策略或集中化市场策略，使不同客户群体的需求得到更好的满足。

4. 产品寿命周期

产品所处的寿命周期不同，采用的市场策略也是不同的。若产品处于引入期，引入期是指新产品首次正式上市后的最初销售时期，在这一阶段，消费者对新产品不太了解，大部分的消费者不愿意放弃或改变以往的消费习惯，所以产品的销售量小，但这一时期的购买者大部分是爱好新奇的消费者，因为这一部分消费者愿意去尝试新的产品，而这一阶段的竞争者则非常少。根据以上的特点，在引入期，市场营销策略的重点是要突出一个"快"字，即尽量以最短的时间、最快的速度使产品进入成长期。企业在这一阶段占领目标市场，首先要以攻占整个目标市场中的某个"关键市场"作为突破口，即使没有什么盈利也要争取做好，然后再利用这个突破口的辐射力来影响周边广大的市场，以达到全部占领目标市场的目的。如国内某教学训练软件开发公司在将自己的新产品推向市场的过程中，首先以国内高校中的国家级和省部级示范教学中心为目标，通过免费试用、合作完善提高、优惠价格等方式，将这些高校发展为第一批用户，然后利用这些示范中心的示范效应，迅速在其他高校推广并取得巨大收益。

当产品进入成熟期后，顾客对产品已经比较熟悉并且有了一定的忠诚度，产品的销售量快速增长，生产工艺基本成熟，大批量生产能力形成，因而生产成本降低，企业的利润加大，购买者越来越多，由此也吸引了大批竞争者的加入，市场竞争加剧。根据以上特点，成长期市场营销的目的主要是扩大市场占有率，掌握市场竞争的主动权。市场策略的重点应该是突出一个"好"字，即在继续扩大生产能力的同时，进一步改进和提高产品质量，防止因产品粗制滥造而失信于顾客，设法使产品的销售和利润进一步增长，获取最大的经济效益。

当产品处于成熟期，市场基本饱和，因而产品的销售量缓慢增长且有下降的趋势，这个时期的购买者就是普通大众了，市场竞争非常激烈。针对上述特点，企业在产品成熟期的营销策略主要是千方百计地维持甚至扩大原有的市场份额，尽量延长产品的市场寿命，因此，其市场策略的重点是要突出一个"改"字，即对原有的产品市场和营销组合进行改进。这时，无差别营销策略就可能无效，须采用差别营销策略，才能延长成熟期，开拓市场，维持和扩大销售量，或者采用集中营销策略来实现上述目的。比如北京康邦科技有限公司，在计算机系统集成服务市场日趋饱和的趋势下，及时调整了产品策略，开发智慧校园系统，在校园层面上为学校提供顶层设计、软件研发、系统集成、设备配套和运行维护服务，整体解决方案覆盖基础平台、数据中心、应用服务支撑、教学应用、管理应用、环境应用等所有二级和三级子系统，运用了云计算、物联网、移动互联、大数据等新技术，整合了IT、通讯、音/视频、自控、弱电、安防等多种专业的服务，满足了目标市场新的需求，从而也保证了公司的持续发展。

总之，制定适合于本企业的目标市场营销策略，是一项复杂的、随时间变化的、有高度艺术性的工作。企业本身的内部环境，如研究开发能力、技术力量、设备能力、产品的组合、资金是在逐步变化的；影响企业的外部环境因素也是千变万化的。企业要不断通过市场调查和预测，掌握和分析这些变化的趋势，与竞争者的各项条件进行对比，扬长避短，把握时机，采用恰当的、灵活的策略，去争取较大的利益。

案例　360°旋转铝合金窗激发创业[①]

王正平在南宁做了六年酒代理，赚了一些钱后，他觉得做代理商有局限性，厂家只让他做广西市场，不能做其他市场，束缚着他的市场拓展能力。于是，他产生了寻找新

---

① 资料来源：根据瞧这网《利用别人的专利创业》整理，http://www.795.com.cn/wz/88314.html。

项目来开拓自己的市场的念头，但做什么呢？他认为这个项目必须是市场上没有的东西，而且符合大众需求。于是，他想到了国家专利局网站。网站公布了许多项专利，王正平从专利局网站上查到一项360°旋转铝合金窗新技术，他随即产生了利用这项技术进行创业的想法。

为了分析360°旋转铝合金窗新技术是否有市场前景，他上网搜索了现在市场上所使用的铝合金窗类型，并且去广东、上海、浙江、江苏跑了一遍，调查这些地方现在流行什么样的铝合金窗。最后得出的结论是：现在市场上所安装的铝合金窗几乎都是推拉式，尽管近两年市场上出现旋转式铝合金窗，但只是180°外旋，没有360°旋转。

根据市场调查结果，王正平认为360°旋转铝合金窗的专利可以开发利用。他几经周折找到了专利发明人，提议自己出钱，发明人出技术，合伙来研发这个产品，他还请了朋友加盟。2003年，他们成立了南宁旋艺窗业有限公司，在南宁市友谊路租地建了一个厂房。

"炉灶"搭好了，接下来就是产品的研发工作，也就是将技术转化为成品。他们请来模具师，由技术发明人指导模具制作。一个模具的打磨制作需要三个月的时间，第一个模具出来了，但不符合要求，接着又进行第二个模具的制作，还是不符合要求。他们在一年里共制作了四个模具，但都不成功。创业进入了2004年，可是这一年他们仍然没有成功打磨出符合要求的模具。

经过几番努力，他们终于成功做成了一个模具，王正平以为可以松一口气了，但在用这个模具生产成品时发现，成品的市场价位非常高，大众难以接受。王正平有市场经验，他知道一个产品再好，如果高于消费者的心理价位，也无法推广。于是他提出重新做模具。可是研发了两年也不见效果，大家都有些心灰意冷了，最后合伙人走了，接下来技术发明人也走了。王正平陷入困境。

王正平是一个善于学习和思考的人，尽管他只有高中学历，但市场是一个大课堂，他从中学到了不少知识。在做营销工作的过程中，每当碰到一些解不开的疙瘩，他就去找营销方面的书籍看，寻找答案。这种善于学习的习惯，成就了他的创业梦想。

他上图书馆，找机械和力学方面的书，从机械和力学的基础和原理看起。通过看书和研究，三个月以后，他了解了相关原理，然后他将自己掌握到的知识应用到360°旋转铝合金窗的研发中，他将以前做出来的产品拆开，一个个部件来分析，看问题出在哪里，不成功的原因在哪里。慢慢地，他对窗的原理构造心中有了底。

他请来模具师，指导模具师打磨制作模具，在不断的摸索中，2006年春节前，他成功地制成了符合要求的模具，并且成功地生产出了成品。

成品出来了，下一步就是开拓市场了，王正平想利用招商的方法在全国市场上推广他的产品，实现他当初创业的理想。他在"中国创业招生网"发布了自己的广告，一下子来了许多电话，要他寄资料发传真，这时他又建立了自己的网站，利用动画的形式来介绍产品，可以让人们从不同的角度来看产品的结构，比纸质资料更直观、更立体。

王正平总结自己的创业经历说，正是不轻易放弃的性格和对市场判断的自信，让他坚持了三年，这种坚持激发出他的潜能，让他发掘了自己巨大的潜力。他认为，做事成败的关键，是百折不挠，是坚定的信心，是始终如一的坚持。

案例　牛根生创业故事

2003年，非典的阴霾引起了人们的极度恐慌，人们意识到身体健康的重要性，而牛奶具有提高免疫力的功能，所以一时间北京的乳品市场抢购成风。牛根生禁止经销商涨价，并规定违者开除或终止其经销权，同时加大牛奶的供给量，避免出现断货的现象。牛根生还向卫生部捐款100万元。在非典期间，许多企业纷纷暂停广告，而蒙牛不但没有撤下广告，反而加大投放量，增大了公益广告力度，提醒大众关注健康。"非典"过后，消费者对蒙牛的信赖度与忠诚度日益提升。

思考题：

1. 根据以上案例故事，试分析牛根生进行市场开拓的做法为什么会取得成功？其中体现了哪些企业家精神？
2. 什么是市场细分？为什么要对市场进行细分？
3. 只要有盈利可能的就是目标市场吗？
4. 市场营销组合的内容是什么？如果你新创一家企业，你将如何运用营销组合策略？

Chapter 11
第 11 章　新创企业融资

- 第 1 节　两类不同的融资
- 第 2 节　债务融资的主要形式
- 第 3 节　权益融资的主要形式
- 第 4 节　新创企业首轮融资时应注意的问题
- 第 5 节　融资多少和时间的确定
- 第 6 节　融资风险及控制
- 第 7 节　新创企业融资时的估值

创业案例

某公司开发大学生创业训练软件,虽然技术的开发有了很大的进展,但资金短缺的问题越来越突出。自运行一年来,公司主要进行产品开发,几乎没有收入。当得知可获得科技型中小企业技术创新支持时,公司进一步加快了研发的速度,于 2008 年 12 月通过了科技部的技术审查,取得了阶段性的成果。因为有良好的技术基础,公司相继获得科技部创新基金资金支持 100 多万元。这不仅起到了雪中送炭的作用,而且起到了引导资金的作用。第二年,该项目又得到了教育部重点规划课题、北京市海淀区科技计划项目等 100 多万元资金支持。如今,该企业产品已经成为多个省市全国大学生创业比赛指定产品。2013 年该项目又得到了南京创业园区 200 万元的资助。

研讨与分析:
1. 创业过程为什么需要及时融资?
2. 新创企业怎样才能得到资金的支持?
3. 在获得资金支持的同时,新创企业付出的代价是什么?

第1节 两类不同的融资

资金是企业的血液,没有资金,企业将无法生存。多数创业者可能会发现,创业所需要的资金仅靠个人的积蓄是无法满足的,处于公司创业初期和成长早期,融资问题几乎成了创业者的核心财务问题。实际上,无论成功与否,新创企业往往会出现资金短缺现象。造成新创企业资金短缺的原因很多:如新创企业由于开办时间短,资金还没回笼就用光了;再有,创业初期,企业需要尽快形成核心竞争力,要做的事很多,但已有资金积累太少,根本不够用;还有,企业面临重大机会,急需一笔资金投入。对于创业者来说,能否快速、高效地筹集资金,是其站稳脚跟并继续发展的关键。事实上,如果资金问题解决不好,很多极具潜力的新创企业很难更好地运作起来。

由于新创企业本身经营规模并不大,因此对流动资金的需求可以通过自有资金和向亲朋好友借款的方式解决。发展资金是企业在发展过程中用来进行技术开发、产品研发、市场开拓的资金。这部分的资金需求量很大,仅仅依靠新创企业自身的力量是不够的,因此这部分资金需要从外部获得。

新创企业最大的困难就是从外部获得急需的资金。对创业者来说,在选择何种融资方式时,重要的是要对融资方式的差异和要求条件进行综合比较。目前国内创业者的融资渠道较为单一,主要依靠银行等金融机构。而实际上,政策资金支持、天使投资、风险投资、民间资本、融资租赁等都是不错的创业融资渠道。大体上讲,创业可供选择的融资方式主要有以下两大类。

一、债务融资类

债务融资是企业依法筹集并依约使用、按期偿还的资金,包括银行及其他金融机构的各种借款、应付债券、应付票据等。债务融资主要是通过银行借款、发行债券、商业信用、融资租赁等方式筹集，它体现了企业和债权人之间的债权关系。

一般债务融资需要用某种资产做抵押或由其他方做担保。然而，融资本身也有许多困难，主要表现在：新创企业还没有建立起信用，不容易取得投资方的认可和信任；资金来源渠道窄；融资计划滞后；融资规模小、融资成本高等方面。

二、权益融资类

权益融资是企业依法筹集并长期拥有自主支配权的资金。它主要是通过吸收直接投资和发行股票等方式筹集，其所有权归投资者。权益融资具有永久性特点，无到期日，不需归还。权益融资也没有固定的按期还本付息压力，股利的支付与否和支付多少，视项目投产运营后的实际经营效果而定。这种融资方式的显著特点之一就是在获得时无须资产抵押。

债务融资与权益融资的区别详见表11-1：

表11-1 债务融资与权益融资的区别

比较项目	债务融资	权益融资
抵押或担保	需要	不需要
本金	到期从企业收回	不能从企业抽回，可以向第三方转让
报酬	事先约定固定金额的利息	根据企业经营情况而变化
风险承担	不承担	承担
对企业的控制权	无	按比例享有

第2节 债务融资的主要形式

一、银行贷款

新创企业早期的资金需求具有高度不确定性，而且资金的需求量也较少，对金融机构来说也因缺乏规模而吸引力不大。对于一个处于创业阶段的企业来说，从银行等金融机构获得融资的方法一般不适用。因为此时，初创企业一方面还没有建立起信用，另一方面企业也缺乏固定资产做抵押或担保。除了一些特殊情况，银行几乎不涉足这一阶段的新创企业融资。但是，在有资产可做抵押或有第三方担保的情况下，商业银行也是创业者解决短期资金常用的融资渠道。需要注意的是，银行贷款的审批周期长、门槛相对较高。

商业银行以资金债务的形式注入企业，同时需要企业提供一些有形的担保或抵押资产，抵押品可以是企业资产（如地产、设备等），也可以是个人资产（如创业者的房产、股票、债券等），也可以是票据担保人的资产等。通过银行贷款一般有以下五种形式：

1. 抵押贷款，指借款人向银行提供一定的财产（如房子）作为信贷抵押的贷款方式。一般不超过抵押评估价的70%，期限不超过10年。

2. 质押贷款，通过存单、国库券、保险公司保单等凭证，可进行质押贷款。

3. 信用贷款，指银行仅凭对借款人资信的信任而发放的贷款，借款人无须向银行提供抵押物。如创业者可以利用家人是从事律师、医生、公务员等有稳定收入的职业进行信用贷款。

4. 担保贷款，指以担保人的信用为担保条件而发放的贷款。

5. 贴现贷款，指借款人在急需资金时，以未到期的票据向银行申请贴现而融通资金的贷款方式。

比如，上海某家高科技公司属国内一流艺术灯光景观建设专业企业，开发了数十项产品。因具有强大的科技研发能力，该公司业务发展迅速。与业务发展相伴而行的则是资金困境。工程类企业的行业特点是资金回笼速度慢，营运资金占用情况严重。但由于公司规模较小，又缺乏与银行合作的信用记录，获得银行融资困难重重。2005 年年底，该企业得到中投保提供的担保，获得了 80 万元流动资金贷款，由此，该公司取得了快速发展，2007 年 6~7 月，该公司在 2008 年北京奥运场馆照明工程项目中标。

二、 租赁融资

租赁是一种以融资为直接目的的信用方式，表面上看是借物，而实质上是借资，以租金的方式分期偿还。其优势是不占用创业企业的银行信用额度，创业者支付一笔相对较少的租金后即可使用租来的设备，而不必在购买设备上大量投资，从而使资金可调往最急需用钱的地方。

租赁融资比较适合需要购买大件设备的初创企业。当新创企业因生产需要而必须使用相关设备、设施等固定资产时，由于资金有限，企业可以先不急于购买，而是找租赁公司以租赁的形式获得。这样一来，就可为新创企业节省一大笔固定资金支出。当然，采用这种方式的前提是，企业的预期营业利润必须能超过租金的费用。

三、 典当融资

典当融资就是通过自有合法财产或合伙人的财产进行抵（质）押的形式，向典当行申请创业所急需的开业资金、运转资金和经营资金等。如果企业急需资金周转，典当融资可能是比银行更快捷的一种选择。

典当融资的方式灵活、方便，适合解决阶段性资金短缺之需。当期最短为 5 天，一般不超过 6 个月。典当的主要作用就是救急，与作为主流融资渠道的银行贷款相比，典当融资虽然只起着拾遗补缺、应对急需的作用，但由于能在短时间内为融资者争取到急需的资金，当下也开始获得越来越多创业者的青睐。

比如周先生是位通讯设备代理商，前段时间争取到了一款品牌新手机的代理权，可问题是在于要在 3 天内付清货款才能拿货，而他的资金正投资在另一商业项目上。他不甘心失去这来之不易的代理权，他想到了自己的"宝马"车，于是，他马上开车来到典当行。业务员了解情况后告诉他：当天就可以通过典当拿到资金。周先生大喜过望，立即着手办理典当手续，交纳相关证件，填表，把车开到指定仓库，签合同，然后领取典当金。不出半天的工夫，他就拿到了急需的 50 万元。一个月后来赎当，这笔典当金帮他赚了近 10 万元。

四、政府支持资金

近年来,各级政府充分意识到中、小企业在国民经济中的重要地位,也更加支持"大众创业,万众创新"工作,国家对自主创业出台了很多资金支持政策。比如,政府通过建立小额担保机构,给自主创业者提供小额担保贷款,一般在 5 万元左右,根据人数和项目具体情况,最高额度一般在 50 万元左右,并且为全额贴息;对于劳动密集型小企业,贷款额度为 200 万元以内,贴息资金由中央财政和当地财政各负担一半。随着我国科技型中小企业发展迅速,面对处于创业初期的企业在融资方面的迫切要求和融资困难的矛盾,科技部、财政部联合建立并启动了政府支持为主的科技型中小企业技术创新基金,以帮助中小企业解决融资问题。以上海企业技术创新基金为例,就是根据上海市中小企业和项目的不同特点,分别以贷款贴息、无偿资助、资本金投入等不同的方式给予资金支持。上海创新基金将支持创业初期、有较高的创新程度和技术水平、市场前景好,但企业资金较少的小企业的技术创新项目。小企业注册资金不超过 300 万元,注册成立时间不超过 18 个月,原则上应是在初创期小企业创新项目服务机构内注册经营,且没有承担过创新基金项目的企业。创新基金以无偿资助方式支持立项项目,资助额度为每个项目 40 万元。

第 3 节 权益融资的主要形式

一、风险投资(或称创业投资 VC)融资

广义的风险投资泛指一切具有高风险、高潜在收益的投资;狭义的风险投资是指以高新技术为基础,生产与经营技术密集型产品的投资。根据美国全美风险投资协会的定义,风险投资是由职业金融家投入到新兴的、迅速发展的、具有巨大竞争潜力的企业中的一种权益资本。

风险投资家以参股的形式进入创业企业,为降低风险,在实现增值目的后会退出投资,而不会永远与创业企业捆绑在一起。投资人、创始人和员工分别应该拥有多少股份都要看市场情况来确定。现实中,若投资人获得超过 50% 的公司股权,创始人将感觉自己不重要而丧失动力。所以,好的投资人都不会拿超过 50% 的股权。

风险投资商一般对缺资金的初创企业兴趣不大,在挑选投资对象时,除了关注创业者手中的技术外,还看重其创新意识、敬业精神、诚信程度、合作交往能力、应变决断能力等"软因素"。在创业的不同阶段,股权融资也各有不同。

种子轮融资:种子期是指新创公司发展的最早期的一个阶段,在这个阶段,公司只有想法却没有具体的产品或服务,创业者只拥有一项技术上的新发明、新设想以及对未来企业的一个蓝图,缺乏初始资金投入,种子期融资就是新创企业在这一阶段所进行的融资行为。一般来说,创业初期的资金来源主要是创业者自掏腰包或者亲朋好友资助,如果项目很好,也会有种子期投资方和投资机构的介入,种子期的投资数量级一般在 10 万~100 万元。

天使轮融资:天使投资是自由投资者或非正式风险投资机构,对处于小型初创企业进行的一次性前期投资。当初创企业有了产品初步的模样可供展示,而且新创公司也已经有

了初步的商业模式，积累了一些核心用户时，这一阶段的融资来源就可以考虑获得天使投资方、天使投资机构的投资。投资者看重的是创业者的技术是市场所需要的，且有足够的盈利能力。如果有一两项受法律"保护"的先进技术或产品，则更能获得投资者的青睐。天使轮投资的量级一般在100万到1000万人民币。天使投资虽是风险投资的一种，但却是一种非组织化的创业投资形式，其资金来源大多是民间资本，而不是专业的风险投资机构。天使投资的门槛相对较低，有时即便是一个创业构思，只要有发展潜力，就有可能获得天使资金的支持。

A轮融资：这时，新创企业的产品已经有了比较成熟的模样，企业也开始正常运作了一段时间并有了比较明确有效的商业及盈利模式，在行业内已经开始拥有一定的地位和口碑，但企业可能依旧处于亏损状态。这时的融资所需资金来源一般是专业的风险投资机构（VC）。VC在这个时候进入新创企业非常关键，它可以起到为新创企业提升价值的作用，包括能帮助新创企业进一步开拓市场，也使企业获得资本市场的认可，为后续融资奠定基础。A轮融资的量级在1000万到1亿人民币。

B轮融资：新创企业经过前一轮融资后，获得了较大发展，一些企业已经开始盈利，商业模式和盈利模式的运作逐渐稳定成熟。新创企业目前的主要任务是推出新业务、拓展新领域。这时的资金来源大多是上一轮的风险投资机构领投、新的风投机构跟投、私募股权投资机构（PE）加入。投资量级在2亿人民币以上。

C轮融资：新创企业的产品或服务市场化运作这时已经非常成熟，企业也已经开始盈利，该企业甚至在行业内基本上位于前三强，离IPO（首次公开募捐）也不远了。这轮融资除了拓展新业务，也有准备上市的意图。资金来源主要是PE，有些之前的VC也会选择跟投。PE作为私募股权投资机构，一般是在新创企业进入发展成熟期，已经有了上市的基础，很快临近Pre-IPO时期，通常提供必要的资金和经验帮助，完成IPO所需要的重组架构，提供上市融资前所需要的资金，按照上市公司的要求帮助公司梳理治理结构、盈利模式、募集项目，以便公司至少在1~3年内上市。PE的投资量级为10亿人民币以上。

一般在C轮融资后，新创企业可能已经上市了，也有公司选择D轮融资，但不是很多。

表11-2　VC对处于不同发展时期的创业公司的关注点

企业发展阶段	种子期	创业期	成长早期	成长晚期	成熟期
标志	初步的商业计划	逐步进入市场，收入低，甚至亏损	开始有收入，逐渐高速成长	规模利润建立竞争优势	成为行业的主导者之一
投资方关注点	创意—创始人的商业经验以及在该项目中的作用—产品或服务的市场需求	确认市场需求，切入市场—产品研发和制造—制订和执行业务计划—组建创业团队	营销渠道—管理体系建立—战略性资源和合作—制定中期战略—提升管理团队	战略的有效性（规模扩张和取得竞争优势）—体系驱动—创始人授权	借用资本的手段扩张—战略转移—……

IPO 是指一家企业或公司（股份有限公司）第一次将它的股份向公众出售并筹集所需资金的方式。选择在国内还是境外 IPO 主要应考虑以下因素：

1. 时间紧迫性。相比国内股市，海外股市运作效率要高得多。只要企业本身符合要求，市场认可，很短时间内（在中国香港、新加坡只要一年左右）即可完成发行上市的运作计划。因此，企业在选择国内还是国外上市的时候，必须衡量本身对资金需求的迫切性。

2. 融资规模与成本。目前来讲，在国内发行股票的融资成本相对比较低。同样是 IPO，在国内可以融到更多的资金。但境外资本市场的融资成本就比较高，包括交易所费用、中介费用、推广辅助费用等。融资成本占融资总额的比例在不同市场从 5％到 20％不等。在国内 IPO 显性成本虽然很低，但是却可能有不少隐性成本，最大的问题是上市的时间长而且不确定。中国香港地区和美国上市的费用较高，一般都在融资总额的 10％以上，如果融资额很小（比如有些创业板企业只筹集到几千万港币），比例就可能高达 20％。不过，在境外市场上市的时间较短，而且时间较容易确定。

3. 再融资的需要。一家上市公司在其成长过程中，需要不断融资。但在内地市场，企业通过 IPO 之后，其再融资也要受到很严格的限制，这其实对很多企业都非常不利。首先，根据相关规定，两次配股之间要相隔 1 年，3 年净资产收益率平均超过 6％等。其次，有关配股计划必须得到证监会的审批。而申请能否获得批准、何时获得批准还要取决于证监会根据股市行情对总供应量的控制程度。相比之下，在境外市场的再融资机会就很灵活，主要取决于企业本身对于融资成本的判断。证监会和交易所只是监督有关的程序是否合规，以及有关信息是否已经充分披露等。

4. 成功的把握。国内资本市场是有一定门槛的，对盈利能力有比较硬性的要求。国内审批制为了给 IPO 一个审批理由，通常设置了一些硬性指标，比如盈利能力、成长性、资产规模等，拟上市公司要达到这些指标要求通常还要假以时日，即使能达标，也还有个 IPO 排队的过程。国内主板（包括中小企业板）对企业三年的盈利记录有严格规定，能够上市的比例不超过总申请数的 10％。证监会和发改委就是通过这些指标，来替投资者进行判断。国内上市能否成功，既有企业自身是否符合要求的原因，还在于企业的公关水平，选择好承销商和保荐人也是决定成功与否的重要因素。中小企业和虚拟业务公司比较难走入国内资本市场。而美股市场比较看重成长性，腾讯等很多互联网公司在创业初期不符合内地的上市标准，与其同类的互联网公司几乎全部流失到了美国和中国香港上市。

二、获得其他权益融资

新创企业融资的主要目的是扩大规模、占有市场，因此，融资要考虑资金用于哪个产品的扩产、增销上，将为企业带来多大的市场份额，带来多少整体利益。同时，还要考虑能否争取到其他资金，运用多种资金和资源，多个市场通盘决策，达到互补效应。

对于大多数创业者而言，创业中最痛苦的经历之一就是筹集资金所面临的困难。很多打算创业的人都有很好的创业想法和计划，在创业初期，创业者几乎都会在企业中投入一定量的个人资金，也就是说，个人资金永远都是创业资金第一来源。个人资金具有使用成本低、得来容易和使用时间长等优势。其他投资者也很看重个人资金的投入情况。一方面，创业者投入个人资金可以分散投资者的风险，使其他投资者也愿意增加资金的投入；另一方面，如果有个人资金在内，通常会使创业者更加有动力去投入精力经营企业；同时，创业者本人投入大量资金，也表明了创业者本人对创业成功有信心。有了创业者的这些投入，也就比较容易争取到其他参与者入股，如争取到企业的法人股，或者是获得一些朋友的参股等。如：

1. 向其他债权人融资。创业初期的企业可以选择向熟人等其他债权人进行股权融资，但是这种融资方式必须合理设计相关选择性条款，如赋予债权人以后某个时点的入股资格和条件等；

2. 现有股东增资入股；

3. 吸引新的股东入伙。

拿到投资并不是新创企业创业的高峰，只是个里程碑而已。要明白从拿到投资开始的五到十年内，工作会非常辛苦。不要想象一夜暴富的神话故事，而要向创业团队和投资方展示一个真正的创业者的素质。

第4节 新创企业首轮融资时应注意的问题

事实上，投资人在约见创业者之前，对项目的核心判断主要是基于商业计划书。因此，商业计划书是打动投资人的第一步，也是企业融资的敲门砖。一份充分展示项目亮点及核心竞争力的商业计划书，能够大大提高融资成功的概率。

投资人最关注的三大核心问题分别是：市场在哪里？蛋糕有多大？未来发展趋势如何？就上述三大核心问题，切忌"假大空"。特别是关于市场规模，也就是关于"蛋糕大小"的问题，一定要有针对性，越细分越好。另外，值得注意的是对未来市场发展趋势的研究。一个有趣的说法是，"即便史玉柱这般商界传奇人物重新出山，非要在2015年开一家卖CD和卡带的音像店，成功的概率也是微乎其微的。"为了吸引投资者，对于无技术背景或仅有少数技术背景的创业者来说，最好的方法就是先开发出一款最小的可行性产品，这种产品开发起来相对并不困难，之后，创业者可以在路演的时候向投资方详细介绍未来如何进行产品迭代，直至打造出一款完美的、有竞争力的产品。

创业者一定要选择最适合自己的风险投资方。投资者的作用不仅表现在提供资金方面，也表现在投资后提供的增值服务上。创业者需要考察投资者对行业的熟悉程度，有无成功的经验，人脉关系对企业帮助的大小，对企业开拓市场帮助的大小，未来会成为董事会成员还是观察员，企业在制定战略的时候是否会得到VC的帮助，会得到怎样的帮助等。VC各有强项和弱项，各自的增值服务也不同，因此，创业者需要选择最适合自己的VC。

在初步确定投资意向之后，创业企业就可以根据实际情况，在众多的意向投资者中选择目标。在接触之前，要对准备引入的投资方有整体性的了解，如资质情况、业绩情况、提供的增值服务情况等。在与投资者的接触面谈前，企业自身应准备好必要的文件资料：公司背景、所需金额及用途、公司组织机构、市场情况、产品情况、生产状况、财务状况、前景预测和风险因素等。在多次谈判过程中，双方将会一直围绕企业的发展前景、新项目的想象空间、经营计划和如何控制风险等重点问题进行。在与投资者签订的合同书中，创业企业和投资人双方必须明确如下问题：

1. 股份：双方的出资数额与股份如何分配？其中包括对被投资企业的技术开发设想和最初研究成果的股份评定，预留多少给员工期权？期权池将来发放时会稀释谁的股份，会稀释多少？如果创业者出让的股权超出实际需要，说明股权出让得太便宜了，创业者应该考虑未来以更高的价格通过出让股权能赚多少钱。

2. 董事会：创始团队在董事会的席位中，投资方拥有几个？投资方指派的董事对哪些事情有否决权？双方各自担任的职务是什么？

3. 相关知识产权，如专利、著作权、商业秘密、商标等是否已经明确或做出书面承诺将从个人或第三方转给新创企业？（娃哈哈案就是因为宗庆后在这点上反悔，造成很大麻烦，而不得不提出诉讼）。

4. 交割时间：投资方什么时候将资金转账到新创企业？一手交钱，一手交股份，才算数。如果双方都靠谱的话，签了合同，交易就算完成了，转款只是时间问题。

5. 条款清单（或称 Term Sheet）：该条款有可能作为未来融资的路线图。创业者首先要注意的是条款清单中哪些部分是有法律约束力的（比如前期费用、保密条款、对赌协议、仲裁条款等），至于反稀释条款、优先购买权和共同出售之类的专业条款最好还是交给律师把关。条款清单不是投资承诺，大部分条款都没有法律约束力，只有签了正式合同，才具有真正的法律效力。所以，创业者需要仔细研究，以判断 VC 是否有投资的诚意。

6. 包括创始人在内的员工是否都和企业签订了所有重要协议，包括：劳动合同、知识产权所有权合同、保密协议、竞业限制协议等（根据中国法律，竞业限制仅限高层员工和接触保密信息的员工）？

7. 股权稀释：随着后续成功融资，新的投资将会"稀释"早期股东的股份。比如有 2 个创始人，每人占 2 500 股股份，即每人拥有公司的 50% 股份，然后找了天使投资，天使投资提出投资 100 万换取 1/3 的公司股份，公司 1/3 的股份为 2 500 股。所以，新创公司增加 2 500 股给了天使投资。天使投资持有 1/3 公司股份，而创始人各持 1/3。为了防止其手中的股份贬值，投资者一般会在投资协议中加入防稀释条款。VC 通常会设置两类反稀释条款来解决股权稀释问题：一是为防止股权比例被摊薄而设置的优先购买权，二是为防止单股股份价值和股份价值总额被摊薄而设置的转换价格调整权。

第5节 融资多少和时间的确定

新创企业务必要根据实际需要筹集资金，是否需要融资主要是比较预期收益和融资成本来决定。例如，项目未来的年均报酬率（或年均利润率）是多少？通过融资活动占用资金所付出的代价（或称融资成本）是多少？新创企业在开展融资活动之前，必须对未来的收益作一个较为可靠的预测，只有当收益远大于融资成本的前提下，才可以确定所进行的融资活动是合理的、有意义的。

一、融资成本

企业面对的融资渠道不同，融资成本也不一样。过高的融资成本对新创企业是一个负担，而且会抵消企业的成长效应。因此，新创企业仍然要寻求一个较低融资成本的融资组合，在未来收益率和融资成本的权衡中做出选择。新创企业对融资总收益、总成本是多少应该做到心中有数。只有当总收益大于总成本时，才可考虑去融资。融资成本从小到大的顺序为：财政拨款、商业信用、内部集资、银行贷款、发行债券、发行股票。

二、融资规模

控制新创企业的融资规模非常重要。筹资过多，可能造成资金闲置浪费，增加融资成本；或者可能导致企业负债过多，使其无法承受，偿还困难，增加经营风险。而企业筹资不足，又会影响企业未来投融资计划及其他业务的正常开展，缺乏产品竞争力。新创企业的过度杠杆（负债）融资比成熟企业的过度杠杆融资更危险，因为新创企业对市场的变化具有更高的敏感性。从根本上来说，负债融资形成的资本结构不具有容错性，投入收益率短期可能增加，但是一旦市场因素变化，如出现商机变化、市场识别失误等，债务危机将毫不留情地淘汰一个看似发展良好的高负债新创企业。在融资规模上，要切记：量力而行，综合决策。

为确定融资规模，创业者最好先对本企业的发展有明确的阶段性分析，设置几个发展阶段，根据每个阶段的任务来决定需要的时间和支出，进而来决定融资额。比如，一个要做电子商务的创业团队准备融资，可以先把用户数发展到10万人作为一个阶段，如果实现这个目标需要一年时间，那么，创业团队就可以仔细计算一下这一年需要投入大概多少，计算出来后，乘以一个保险系数，比如1.5，便可作为首次融资的金额。关于首次融资规模的问题存在着不同的认知。有人认为，创业之初，向新企业注资越多越好。其理由如下：

1. 如果有更多资金做后盾，产品投放市场后即使出现了意外受挫、迟缓或出师不利的情况，也能使创业者渡过难关；

2. 有了更多的资金，创业者在新的机会出现时，往往会有更大的余地，也更具灵活性；

3. 有了较多的资金，也会更容易获得供应商、银行等的信用；

4. 在创业早期，当创业者看到财务报表上有数目可观的现金值时，他会更有安全感。

另一种观点则认为，创业初期融资并非越多越好。只要能够满足创业不同发展阶段的基本资金需求即可。其理由如下：

1. 有限的资金有利于谨慎决策，防止出现重大损失，也可以防止失去金融机构对自己的长期信誉；

2. 有限的资金会使创业者将精力集中在重要的目标和公司的任务安排上，而不是浪费在寻找更好的机会上，更不是浪费在其他无意义的投入上；

3. 资金紧张会使创业者得到一些管理现金的经验，得到在资金短缺条件下生产运营的经验、小规模经营的经验，以及承受客户压力的经验等。

三、融资时机

新创企业一般有不同的业务发展阶段，即研发期、创立期、成长早期、快速成长期和成熟期。在不同的阶段，新创企业基于不同的业务重点会有各不相同的资金需求，因此要选准经营、开发与发展的关键时机，配合以适度、及时的资金到位。新创企业要根据正常生产经营计划做好公司预算，将未来一定时期可能出现的收入与支出进行分析，然后依此测算出资金缺口出现的时间和数量。在此基础上，还要考虑通常情况下融资过程所需的时间周期。以权益融资为例，通常会涉及寻找投资方；撰写创业计划书；与投资方接触并谈判；投资方展开尽职调查；双方就条款清单进行商议以及签订合同等一系列活动，这一过程，一般需要至少 6 个月的时间。而在此期间，企业的经营活动不能停止，因此，新创企业股权融资应该提前着手进行融资的各项工作，而不是等到资金链马上发生断裂时才着手融资。

第 6 节　融资风险及控制

企业融资的目的是将资金投入到企业运营，最终获取经济效益，实现股东价值最大化。在每次融资之前，企业往往会预测本次融资能够给企业带来的最终收益，收益越大往往意味着企业利润越多，因此融资总收益大小似乎应该成为企业融资与否的一大标准。然而，"天下没有免费的午餐"，融资不仅是有代价的，而是还蕴含着不同的风险。融资常会使企业所有权、控制权有所丧失，而引起利润分流，使企业利益受损。如：房产证抵押、专利技术公开、投资折股、上下游重要客户暴露、企业内部隐私被明晰等，都会影响企业的稳定与发展。对企业而言，尽管融资风险是不确定的，可一旦发生，企业就要承担百分之百的损失了。经营者满足于筹集到尽可能多的资金，其中易犯的毛病是忽视融资的风险管理。新创企业的特点之一就是规模小，抗风险能力小，一旦风险演变为最终的损失，必然会给企业经营带来巨大的不利影响。

因此，新创企业在融资的时候千万不能只把目光集中于最后的总收益上，还要考虑在既定的总收益下，在保证对企业拥有相当控制力的同时，既要达到融资目的，又有序让渡所有权，以避免风险演变成最终的损失。

第 7 节　新创企业融资时的估值

企业估值是件相对主观的事情。对创业者来说，融资阶段确定创业公司的估值是最头疼的事情之一。创业者对项目信心满满通常会倾向于比较高的估值，投资方则认为自己的投资是雪中送炭，所以会提出相对较低的估值。由于投资者通常采用资金换新创企业股权的方式，因此，投资者自然会关心自己投资后占多少股权的问题。投资方估值时的关注点主要有：目标公司目前和未来的盈利能力如何？是否已有 VC 投资了类似的公司，那些公司的估值大概在什么范围？如果根据计划发展，目标公司多久后要进行下一轮融资，在那时候，VC 投入的钱，至少会有几倍增值？企业估值对投、融双方股权分配来说是此消彼长的关系，企业估值过高，投资方所占的股权比例就会较低，反之亦然。建议创业者对自己的新创公司进行估值时主要关注以下几点：

1. 供求关系

像其他商品一样，估值受制于供求关系。如果新创企业的产品及概念是全新的，在市场上具有独一无二的地位，这对新创企业的估值肯定有帮助。相反，如果市场已经充斥着相同的产品，估值低则是正常的。比如新创企业有一项很好的、可以带来巨大经济效益的专利技术，那么，就会有很多的投资者竞相追逐投资。这时，最好要让投资方觉得已经有多家机构对自己有兴趣，这样会对估值非常有利。所以在进行融资之前，一定要先把自己的业务做好，体现出创新和价值，这样才能将估值最大化。一个竞争过度激烈的行业中，很难得到好的估值。需要注意的是，市场风云莫测，把握融资时机很关键，当前自己的产品供不应求，并不能代表永远是如此。

2. 新创企业所处行业

每个行业都有自己独特的估值逻辑和方法。相比一家餐馆或者一个普通的零配件生产公司，一家创新生物技术公司的估值肯定要高得多。一家餐馆的估值一般是它各种资产的三到四倍左右，而一家互联网公司，如果流量很可观，那么，其估值应该在年营业收入的五到十倍左右。所以在和投资方进行相关的洽谈之前，花些时间研究你所在的行业最近一段时间的融资和收并购消息，如你所在行业最近完成融资交易的企业的营业额、现金流、净收入等是多少；你所在行业最近完成收并购交易的企业的营业额、现金流、净收入是多少等，了解这些行业信息很有必要。

3. 新创企业的发展状况

新创企业自身的发展状况也是决定估值的一个重要因素。新创企业处不同的发展阶段其估值也不相同。通常初创期估值较低，越进入成熟期，新创企业的估值越高。投资方喜欢看到新创企业的发展势头。评价创业公司的未来价值是最难和最主观的一步，特别是早期投资。相比后期融资公司体现出来的成长性，早期公司切实的业绩比较少。数据、翔实的商业计划书及成长预测都能体现公司的发展潜力。另外，拥有知识产权也能提高新创企业的估值。新创企业的知识产权可能是专利、版权、设计，或者独特的代码等，如果这些知识产权能给企业带来优势，创业者就要了解其他拥有相似专利的企业并参考它们的估值。但是，没有创新性产品的创业公司，估价也不可能太高。

4. 与投资方共赢

投资方天天看大量的项目，对于市场脉搏把握得非常准确，所以创业者也要多选几个备选的融资方案，然后仔细比较各家的估值，并尽力跟每个投资方洽谈。一般来说，按照相关的经验，创业者要准备出让 25% 到 35% 的股权作为融资的交换。比如一家处于种子期的公司计划融资 50 万元，那么他们企业的合理估值应该在 200 万左右。

5. 常用的估值方法

(1) "P/E 倍数"法（市盈率法）。目前 VC 比较流行 P/E 倍数估值，不同行业的项目，VC 愿意给出的 P/E 倍数从二、三倍到十多倍。市盈率越低，意味着收回投资成本的时间就越短。10 倍市盈率相当于年投资回报 10%，15 倍是 6.7%。

$$市盈率 = 每股市价 \div 每股盈利$$

上式中的分子是当前每股市价，分母可用最近一个会计年度的每股盈利，则得到当期 PE（current PE）；如果选择下一个会计年度的预期每股盈利，则得到预期 PE（forward PE）。

$$投资后企业估值 = PE 倍数 \times 投资后一个年度的预测利润$$

如：预测投资后第一年企业的利润是 100 万元，采用 10 倍 PE，投资后估值（post-money）就是 1 000 万元。如果 VC 现投入 200 万元，所占的股份就是 20%。

(2) 现金流量折现法（DCF 法）。现金流折现就是把企业未来特定期间的预期现金流量还原为当前现值。时间是具有价值的，一家成长性公司股票，它的内在价值是会因为时间的推移而增长的。

$$公司价值 = \sum_{t=1}^{n} \frac{CF_t}{(1+r)^t}$$

其中：t 为产生现金净流量的时间；CF_t 为 t 年的现金流量；r 为折现率或资本成本。

资本成本是投资者对投入资本所要求的收益率，是投资本项目（或企业）的机会成本。（一般来说，早期创业公司为 40%～60%，扩张期为 30%～50%；成熟期为 10%～25%）

6. 估值分歧的解决——对赌协议

创业者在企业估值时容易陷入的一个误区就是经常将企业的价值估得过高。高估值的做法弊大于利，这样往往会让投、融双方难以解决作价分歧。为了解决估值不准的问题，通常，在投资前，为了保证投资方的权益，投、融双方会签订一份对赌协议（也称估值调整机制）。对赌的结果一是赌股份，就是投资方投的钱不变，但股份要变化；二是赌钱，就是投资方股份不变，但投入的钱要变化。如，协议一般会规定，如果新创企业未来的业务发展没有达到估值所依托的水平，那么，VC 会认为投资时对企业的估值偏高了，企业要给他们更多的股份补偿。或者是投资方的股份不变，超值的部分要连本带利退回钱。所以，高估值也就意味着企业未来的销售和利润目标也会很高，企业经营者如果不能达到这些预期的目标，其所持的股份占比将会减少很多。一旦 VC 拿到更多的股份补偿，创业者的股份就会被稀释。同时，创业者的信誉也会大打折扣并影响进一步的融资。如果公司的发展比 VC 投资时预想还要好，VC 是不是应该将一部分股份返还给创业者呢？这种情况主要看双方在对赌协议书上如何规定。对此可参考本章最后的有关蒙牛与摩根士丹利、鼎辉、英联三家投资机构签订对赌协议的案例。

例：根据某公司预测，在投资一年后可实现 60 万美元利润，按 P/E 为 10 倍计算，企业估值为 600 万元。VC 占 20% 股份，投资 120 万元。如果在 VC 投资后一年，企业只实现了 50 万美元利润，那么投资后估值就只应有 500 万美元。如何对 VC 补偿？

根据 120 万/500 万＝24%，VC 的 120 万元投资分得的股份应为 24%。因此，创业者需要拿出 4% 股份来补偿 VC。

对赌协议，除了可以用"预测利润"作为对赌条件外，也可采用其他条件，如收入、上市时间对赌、股权对赌协议或者是赌后续融资的估值，如一年后融资时估值达到多少、董事会一票否决权安排、企业清算优先受偿协议等进行对赌。根据中国的法律，股东之间的对赌是有效的，而股东对公司对赌则无效，即得不到法律的支持，如果达不到目标，只能由股东承担还钱的责任。因此，在企业初创阶段，创始人可以考虑赌股份，但千万不要赌钱。

实际上，创业者没有必要执着于较高的企业估值，应该从投资者的角度来看自己的企业估值，这样不仅可以顺利吸引到投资，而且可以为创业者自己带来更多的利益。

通常来说，根据新创企业的行业和发展状况，在新创企业未来现金流折现分析的基础上，再乘上一个系数，大约在 3 到 10 倍之间比较合适。当然，在所有的因素之中，最为重要的就是今后的预期收入，如果用营业额作为基数，那么，对于成长快的企业可以将这一基数放大 1 到 3 倍左右作为估值，对于那些爆发性增长的新型互联网公司，有的可以达到 10 倍。但是如果新创企业暂时连收入都没有，将很难对其进行估值。另外，新创企业通常要比同类上市公司的估值相应要低 30% 左右。

案例

2003 年，蒙牛与摩根士丹利、鼎辉、英联三家投资机构签订了一份"对赌协议"，协议约定：如果在 2004 年至 2006 年三年内，蒙牛乳业的每股盈利复合年增长率超过 50%，三家机构投资者就会将最多 7 830 万股转让给金牛（蒙牛为了在海外上市注册的壳公司）；反之，如果年复合增长率未达到 50%，金牛就要将最多 7 830 万股股权转让给机构投资者。

蒙牛的速度，让外资股东无话可说，按照协议的要求，蒙牛乳业 2004 年的净利润是以 3 亿元为界限，而蒙牛公布的 2004 年业绩为 3.19 亿元，超出了外资股东的期望值。2005 年 4 月，三家机构投资者以向金牛支付本金为 598.76 万美元的可换股票据的方式提前终止了双方协议。

对赌，需要勇气和魄力，牛根生参与这个"赌局"，并且笑到了最后。同样是与投行对赌，此后乳品行业中的太子奶及飞鹤乳业均栽了跟头，对赌均以失败告终。[①]

---

① 李静. 盘点多面牛根生成败争议：三聚氰胺事件留污点 [EB/OL]. (2011—06—20) [2017—12—15]. http：//news.qq.com/a/20110620/00071.htm.

思考题：

针对以下问题请提出你的对策和理由：

1. 投资人、资源承诺者要求在新创企业里占大股。
2. 其他亏损的公司，却能吸引风投、PE 都追着投资，而自己的企业虽然业绩不错，但却对 VC、PE 没有吸引力。
3. 股东和投资人遇到后续无法进入与退出的尴尬局面。

Chapter 12
第 12 章　与创业相关的法律常识

- 第 1 节　初创企业所涉及的相关法律问题
- 第 2 节　创业市场准入涉及的相关法律问题
- 第 3 节　经济交往过程中所涉及的法律问题
- 第 4 节　创业过程中与知识产权相关的法律问题
- 第 5 节　专利的申请

创业案例

华为进军美国，就是一场经典的"虎口夺食"战。当年，华为一进入美国市场，在数据通信领域处于绝对领导地位的思科公司就开始阻击。2003年1月23日，思科正式起诉华为以及华为美国分公司，理由是华为对自己公司的产品进行了仿制，侵犯其知识产权。

面对思科的打压，任正非一边在美国聘请律师应诉，一边着手结盟思科在美国的死对头3Com公司。2003年3月，华为和当时已进入衰退期的3Com公司宣布成立合资公司"华为三康"，3Com公司的CEO专程作证——华为没有侵犯思科的知识产权。

任正非在诉讼最关键时刻抛出的合纵连横奇招，瞬间令思科的围剿土崩瓦解。最终，双方达成和解，从此，华为在美国的扩张，没有了拦路虎。[①]

思考题：
1. 要想成功创业，为什么要掌握一定的法律常识？
2. 根据上述案例分析，如果不懂法，会产生怎样的后果？
3. 你认为从事创业起码应掌握哪些法律常识？请说明理由。

第1节 初创企业所涉及的相关法律问题

市场经济为人们充分发挥个人参与经济活动的主观能动性提供了可能，创业也成为一种常态。但是，由于微观经济体为了各自的利益而各行其是，因此难免会对其他方的利益造成损害和影响，从而产生冲突，影响经济健康运行。因此，国家为了使经济有序健康发展，必然要通过法制手段，规范企业和个人行为，法律也由此成为创业过程中必备的知识。创业者要学会一些法律常识，自觉提高合法创业的意识。只有懂法、守法，并依据法律保护自己的合法权益，才能确保创业行动稳健与长久。

对于规模较小的初创公司或小微企业，首先要解决的是生存问题，每一分钱的支出都要精打细算。这一阶段，没有必要聘请一位专职法务人员，而是要把有限的资金用于研发、运营、营销和生产等更需要资金的地方，如果遇到涉及诉讼或公司治理等专业问题时，可向专业律师咨询。目前，互联网已经与律师行业有了结合，像易法客可以提供撰写合同、审合同、法律咨询等一站式服务，每项服务收费也是公开透明，根据法律服务项目不同，收取几百元到5 000元服务费。这对初创企业来说，比较经济实惠。

在初创期，由于创业团队大都是关系密切的亲朋好友，往往不好意思谈及权力、利益和责任分配等问题，而且初创企业往往会面临很多困难，大家更注重开拓业务而不重视内部构建，这就容易造成后期发展的隐患。因此，在公司正式注册之前，一定要签订"合伙协议"，创业者可以就各自占多少股权比例、各自承担的债务比例、各自的工作内容、如

[①] 44岁下岗，负债200万，创业27年后他成为世界第一！[EB/OL]. (2016—11—06)[2017—11—12]. http://www.sohu.com/a/118264752_460401.

何引入新的创业伙伴和退出机制等问题都做出明确约定。通过合伙协议或公司章程等制度性文件来明确各个创业者之间的权利义务划分。这些制度性文件能够有效地避免和解决以后利益分配不公平、债务承担不公平的问题。一旦发生法律纠纷,这是保护所有人合法权益的有力武器,也是未来公司运营的基石,在制定协议环节建议咨询专业律师。

根据规定,创业者创办企业并从事经营活动,首先要到工商行政管理部门办理登记手续,领取营业执照,如果从事特定行业的经营活动,还须事先取得相关主管部门的批准文件,即要经过前置审批。企业设立后,还需要到税务部门进行税务登记,需要配备会计人员处理财务,因此也要了解相关的税法和财务制度。

不同创业组织形态的创业者承担债务的法律责任也不同。作为个体工商户、个人合伙、个人独资企业的创业者,对该组织形式的债务承担无限责任或者无限连带责任。2006年8月27日修订通过的新《中华人民共和国合伙企业法》规定,普通合伙企业的合伙人、有限合伙企业的普通合伙人对合伙企业债务承担无限连带责任,而有限合伙企业的有限合伙人则以其认缴的出资额为限对合伙企业债务承担有限责任;《中华人民共和国公司法》(以下简称"《公司法》")规定,有限责任公司的股东是以其认缴的出资额为限对公司债务承担有限责任的。

根据我国的政策法规,个体工商户是生产资料属于私人所有,雇工在8人以下,主要以个人劳动为基础,劳动所得归个体劳动者自己支配的一种经济形式。其特点是,创业者本人亲自从事经营活动,而且是承担创业风险与收益唯一者。此外,根据相关规定,个体工商户创业并不强制要求一定要有固定的经营场所,从而一方面降低了其创业初期的成本,另一方面也给个体工商户创业提供了灵活性和更多的选择性。

个人独资企业则是依据《中华人民共和国个人独资企业法》成立和规范运行的,由一个自然人投资,财产为投资人个人所有,投资人以其个人财产对企业债务承担无限责任的营利性经济组织。需要注意的:个人独资企业的投资人可以自行管理企业事务,也可以委托或者聘用其他具有民事行为能力的人负责企业事务的管理。

在创建个人独资企业时,需要注意三点:一是个人独资企业不具备法人资格,这是因为企业本身没有独立的财产所有权,投资者是以其个人财产对企业的债务承担无限责任;二是个人独资企业需要有合法的企业名称,并享有企业名称专用权,其企业名称也可以依法转让,但在登记时,名称中不可使用"公司"字样;三是与个体工商户不同的是,个人独资企业建立的基本条件是必须要有固定的生产经营场所和必要的生产经营条件。

当新创企业发展到一定规模,或者是创业者有较多的创业资源,特别是具备优势互补的志同道合者希望共同创业时,为了发挥多方专长与优势,分担创业风险,可以考虑选择创建合伙制企业的组织形式。如果选择的是个人合伙、普通合伙企业等组织形式,部分创业者可能无法控制该组织的债务规模,则创业者应当通过合伙协议、规章制度、参加保险等法律措施对组织的债务规模进行约束,对相关的风险进行控制和规避。

根据我国的政策法规,合伙制企业是指由两个以上合伙人订立合伙协议,共同出资,合伙经营,共享收益,共担风险,并对合伙企业债务承担无限连带责任的经营性组织。创业者可约定采取货币、实物、土地使用权、知识产权或其他财务权利出资,甚至可以用劳务出资。

由前述内容可知，个人独资企业、个体工商户及合伙企业都要对其债务承担无限连带责任。有时，这些创业者辛辛苦苦挣了一些钱，可能因为一次生意失败，就会把原来所赚的钱全赔进去，甚至还可能把自己个人的全部财产也赔进去。因此，对有一定财产实力，而且能证明自己的财产可独立于公司财产，比较好的组织形式选择就是建立有限责任公司，从而使之成为债务人规避债务的合法形式，如果出现公司债务，只需承担有限责任（以出资额为限）即可。

如果选择的是有限责任公司，则公司合伙人、股东由于对组织债务承担的是有限责任，则这些创业者就没有了承担无限责任的风险。为了避免在创业过程中出现合伙人之间、股东之间发生各种各样的冲突，合伙人或股东之间在正式合作之前最好要签订一份合同。

根据《公司法》的条文，有限责任公司是指由2人以上50人以下创业者共同出资设立，创业者以其出资额为限对公司承担责任，公司以其全部资产对公司承担责任的法人组织。根据规定，股东可以货币出资，也可以实物、知识产权、土地使用权等可用货币估价并能依法转让的非货币作价出资，货币出资额不得低于注册资本的30%。需要注意的是，有限责任公司需要双重纳税，即公司盈利既要上缴公司所得税，创业者作为股东还要上缴个人所得税。根据规定，一般的有限公司需要成立董事会，同时设一个董事长；小公司由于股东较少，没必要设立董事会，也就没有董事长，只有执行董事。

我国新修改的《公司法》规定了一人有限责任公司，自然人和法人都可以出资设立一人有限责任公司。一人公司作为公司的一种，是企业法人在公司成立时取得法人资格。一人公司的投资人（股东）仅以出资额为限对公司负责，即负有限责任。

因此，创业者在创建不同的企业组织形态时，要认真了解相关的法律规定并避免可能的风险。如果选择的是个体工商户、个人独资企业等组织形式，由于对债务要承担无限责任或者无限连带责任，因此，应尽量控制新创企业的资产负债率。

此外，还要重视劳资问题。没有规范的公司制度，往往容易引发劳资纠纷。初创企业大都机构简单，没有充足的资金，没有规范的管理制度，这些都决定了初创企业首先面临的不是赚钱的问题，而是能否活下来和活多长的问题。创业者的注意力一般会集中在减少成本、创造利润上。而制定《中华人民共和国劳动合同法》（以下简称"《劳动合同法》"）的本意是为了保护员工的利益，这正好与创业初期企业降低成本的需求相矛盾。在当下员工依法维权意识不断增强的情形下，如果新创企业处理不好劳资关系，致使员工的权益得不到保障，甚至受损害，其结果是不仅留不住员工，还会因违反《劳动合同法》而受到相关法律的处罚。

第2节 创业市场准入涉及的相关法律问题

市场准入制度是国家对市场主体资格的确立、审核和确认的法律制度，包括市场主体资格的实体条件和取得主体资格的程序条件，其表现是国家通过立法，规定市场主体资格的条件及取得程序，并通过审批和登记程序执行，即政府或其授权机构规定公民和法人进入市场从事商品生产、经营活动所必须满足的条件和必须遵守的制度与规范的总称。市场准入方式有三种：禁止进入、许可进入和限制进入。

市场准入的形式包括许可、批准、注册、登记、核准、资质认定、发放许可证等。食品质量安全市场准入制度就是如此。为保证食品的质量安全，具备规定条件的生产者才允许进行生产经营活动，具备规定条件的食品才允许生产销售。因此，实行食品质量安全市场准入制度是一种政府行为，是一项行政许可制度。

为保证经济正常有序地运行，在一些领域进行创业，还必须要得到政府部门的许可。如，凡是对环境有不良影响的各种规划、开发、建设项目、排污设施或经营活动，其建设者或经营者，需要先提出申请，经主管部门审查批准，颁发许可证后才能从事该项活动，这种制度多以某种凭证即许可证形式进行，故称"许可证制度"，也称"许可制度"。它一般包括许可证申请、审核、批准、监督、中止、吊销以及作废等一系列管理活动过程，根据管理对象的不同要求，可分为规划、开发、生产销售和排污许可证等类型。

许可证制度可保证对环境有影响的管理对象遵守国家管理环境的有关规定，从而将其对环境的影响限制在国家允许范围内，实践表明，它是国家强化环境管理的一种行之有效的方法。其实，创业者可以充分利用市场准入和市场许可制度，利用自己独特的优势，获得政策的保护，从而形成进入壁垒，为自己创业避开竞争奠定基础。

第3节　经济交往过程中所涉及的法律问题

新创企业进入成长期后，开始有了稳定的客户，企业经营活动逐渐步入正轨。企业经营必然涉及市场主体间的各种交易行为，如销售时和消费者形成法律关系；进货时和供货商形成法律关系等。这些法律关系通常是通过合同的形式确定下来的，无论是合同的签订、合同的履行，还是违约责任的承担，都与《中华人民共和国合同法》关系密切，相关的法律规定还有《中华人民共和国产品质量法》《中华人民共和国票据法》《中华人民共和国反不正当竞争法》等。这就需要新创企业协调好对外的商业关系，处理好合同相关事务。比如，需要和经销商签订"产品销售合同"或"买卖合同"，服务业需要和客户签订"服务合同"或者"咨询合同"。在自有资金不足的情况下，公司向银行申请贷款需要签订"贷款合同"，或者从股东处贷款需要签订"股东贷款协议"等。此外，公司还可能会引入新的投资者，甚至是VC/PE这样的专业投资者。如果只是一般的投资者，那么只需要签订"股权转让协议"即可。但如果是VC/PE，需要签订一系列复杂的"投资协议"并重新调整公司的架构，这时候就需要专业律师来协助公司处理专项法律服务。

在签订合同的过程中，为保证合同有效性，通常要确定以下四个方面的问题：

1. 合同主体是否具有法人资格。创业者签合同前要弄清对方有无签合同的合法权利，如果对方连签合同的权利都没有，签好的合同也等于废纸一张。创业者在审查对方是否具备法人资格时，应注意审查合同签订人的代理人资格及其代理权限。其中：（1）盗用、冒用单位名义签订合同的，其所签订的合同无效；（2）超越代理权限的，其越权部分无效；（3）代理人以被代理人的名义同自己或者同自己所代理的其他人签订的合同无效；（4）合同签订人既无委托书，也无委托单位能够说明情况的介绍信，应视为无代理资格。

2. 合同内容是否合法。只有内容合法的合同，才能在双方发生纠纷时起到保护当事人权益的作用。如果合同内容不规范或不合法、合同条款不严谨，一旦发生纠纷，麻烦会更大。审查合同时首先要看合同标的是否属于法律、政策禁止生产经营的范围。其次是审查合同中有关标的的数量、质量、价格和违约责任等规定是否违反国家计划、法规和政策。再次是审查合同的内容是否违反国家利益或社会公共利益，有无违反法律的行为。最后是审查合同的内容是否超越批准的经营范围。

3. 合同当事人的意思表示是否真实。根据规定，要审查当事人在签订合同过程中的意思表示是否真实，有无违反平等互利、协商一致、等价有偿的情况。

4. 合同是否履行了法定的审批手续。法律、法规规定必须经过主管部门审核批准才能生效的合同，如果没有履行法定的审批手续，则不具有法律约束力。合同的法律约束力应是法律赋予合同对当事人的强制力，即当事人如违反合同约定的内容，即产生相应的法律后果，包括承担相应的法律责任。约束力是当事人必须为之或不得为之的强制状态，约束力或来源于法律，或来源于道德规范，或来源于人们的自觉意识，当然，源于法律的法律约束力，对人们的行为具有最强约束力。

经济交往过程应用法律时，应该遵循"事先"和"及时"两条原则。"事先原则"是说，在进行经营活动时，比如最常见的签订合同，最起码要了解《中华人民共和国合同法》（以下简称"《合同法》"）的有关内容；同时，要向多位专业人士进行咨询，以求获得最完整的解读分析。在出现了法律问题或经济纠纷时，首先要冷静，在完全了解法律的规定之前，不要用法律以外的方式解决，以免错上加错。"及时原则"是指，出现了问题后，不要认为自己是弱者，而忽略了自己事先应有的防范和事后应当采取的及时补救措施。

第4节　创业过程中与知识产权相关的法律问题

知识产权在商业竞争中的作用十分重要。创业过程中，特别是利用高科技成果创业，往往会遇到知识产权问题。有的创业者拥有自己的知识产权，也可能会利用他人的知识产权，创业既不能侵犯别人的知识产权，又要建立自己的知识产权保护体系，要注意合理利用现有知识产权给自己的创业提供技术开发的思路和可行性支持，同时又要保证不侵犯他人的专利权。应该在法律允许的范围内使用他人的知识产权，应了解著作权、商标、域名、商号、专利、技术秘密等各自的保护方法。

知识产权是关于人类在社会实践中创造的智力劳动成果的专有权力。随着科技的发展，为了更好地保护产权人的利益，知识产权保护制度应运而生并不断完善。目前我国已经建立了一个比较完备的知识产权法律保护体系。主要包括《中华人民共和国商标法》《中华人民共和国著作权法》《中华人民共和国专利法》（以下简称"《专利法》"）等法律法规。

1. 专利权与专利保护。专利权是指将一项发明创造向国家专利局提出专利申请，经依法审查合格后，专利申请人被授予在规定时间内对该项发明创造享有的专有权。根据《专利法》，发明创造有三种类型：发明、实用新型和外观设计。《专利法》所称的"发明",是运用自然规律或本质去解决具体问题的技术方案,包括对产品、方法或者其改进所提出的新的技术方案。《专利法》所称"实用新型",是指对产品的形状、构造或者其结合所提出的实用的新技术方案。一般涉及产品结构的改进,尤其是小改进,选择实用新型。它与发明的不同之处于:第一:实用新型只限于具有一定形状的产品,不能是一种方法也不能是没有固定形状的产品;第二:对实用新型的创造性要求不太高,而实用性较强。《专利法》所称"外观设计"是指对产品的形状、图案或者其结合,以及色彩与形状、图案的结合所做出的富有美感并适于工业应用的新设计。

  对于发明专利的保护客体,可以是一种方法或者是一种产品,包括只有方法的发明专利申请、只有产品的发明专利申请和产品及其生产方法、产品及其使用方法等发明专利申请;对于实用新型专利申请的保护客体,由于对所保护的客体限制为有形的产品或者由多个产品连接在一起组成的系统,只能对看得见、摸得着的有形产品进行保护;对于外观设计专利保护客体则与发明专利和实用新型专利的区别较大,它只能对看得见、摸得着的有形产品的形状、图案或色彩及其组合进行保护。

  在技术发展日新月异的今天,几乎没有一项技术能够独领风骚数十年,一项新技术出现,其他竞争者马上就可以复制。因此,在一般情况下,专利申请越快越好。一方面使技术尽快到法律保护,另一方面也能增加公司的无形资产。

  以某创业者开发软件为例,创业者一般先有个思路,但自己不会软件编程,于是请外人或其他公司帮助软件开发。软件开发完成后,承接开发业务的软件编程单位或个人如果缺乏商业道德,很容易剽窃这一成果。他们会通过直接申请知识产权保护的形式,把真正的原创者剥离在知识产权之外。由于软件产品并不具备传统意义上看得见、摸得着的有形产品的特质,如果只是机械地沿袭《专利法》,无论该软件产品中阐明的内涵具有怎样的新颖性、创造性和实用性,都无法用专利申请对其进行保护。而由于软件著作权相关规定只是保护所谓的源程序代码,无法延伸到该软件产品的原创思想,显然这是很不公平的。其实,每一个软件产品在编程过程中,都有其相应的思想、算法和流程,往往只有根据该设计思路和算法流程,最终才得以技术实现。因此,这些设计思路应该属于发明专利保护的客体,至少是其中的重要组成部分,而不是简单归类为实用形专利。

  比如国内某高校支付了一笔费用,向A公司采购一款教学软件。由于当时公司根本没有能满足学校要求的这款软件,学校只好委托该公司根据学校设计方案进一步开发。根据双方协商,软件所要实现的主要教学功能和操作流程均由该高校的教师团队提供方案,然后由A公司进行软件编程和技术实现。在开发过程中,学校教师分别提出了相关功能模块设计方案并一直与A公司保持密切合作。但由于学校没有知识产权保护经验和意识,没有在此之前通过签订合同的形式,明确知识产权的相关事项,从而造成在产品开发结束并投入使用后,A公司很快就把学校甩到一边,单独申请了该软件的完全自主知识产权,并进行了商业化运作。A公司老总对此振振有词:"知识产权只保护源程序,不保护思想。"结果,学校为此出钱、出力、出思想、出方案,但知识产权及其成果却与自己无关。

  基于以上案例,如果需要通过外包进行软件产品开发,特别是对于具有较好商业前景的软件产品,为了确保自己拥有相关知识产权,通常可采取两种方法:一是直接签订外包协议和保密协议，明确提出受托方只是接受委托开发，知识产权归属委托方，一旦开发验收结束，受托方应将全部与知识产权相关的材料和软件源程序交给委托方，并承诺不得转让他人或谋利；二是如果合作开发，也要通过协议形式，明确双方的权利和义务，写清双方知识产权所占比重，如果等到事后再提出此事，维权的难度就非常大。（请参考附件2）

2. 专利的有效保护。专利的有效保护依赖于专利的有效性。发明的审查制度比较严谨，获得授权的发明其有效性多是有保障的。但我国的实用新型专利仅经过形式审查就进行授权，简单地说类似于登记程序，只要是申请文件的形式符合规定就先予以授权登记公告，并不代表该专利具有新颖性和创造性，这点需要注意。如何保护实用新型呢？申请人首先应当在实用新型授权后向知识产权局申请做出《实用新型新颖性检索报告》，报告会对该实用新型的新颖性和创造性做出结论，可以理解为实用新型专利的实质审查程序。在维权诉讼中，主管部门或法院都会要求以此报告为重要依据来审理。

个人发明专利的产业转化一般有两种途径：一种是等待企业来对专利项目进行考察，然后对专利使用权进行购买，从而利用新技术进行生产；另一种就是专利持有人利用专利技术自己投资创业。

案例　利用专利来保护创业[①]

> 王正平从"国家专利局网站"看到一项360°任意旋转万向定位多功能铝合金组合窗新技术，于是产生了利用这项技术进行创业的想法。经过一年的研发，投入过百万的资金，终于成功地制作成了符合要求的模具，并且成功地生产出了成品。为了保护好自己的专利不受侵犯，防止一些不法商人为了走捷径，专门仿制市场上走俏的产品赚钱的行为，他在成品研制出来后，特意聘请了代理律师，来维护产品不受侵权，同时也为产品将来获得更大的市场打好了基础。

3. 专利的变更/转让。专利申请提交后或专利权授予后，专利申请人或专利权人可以对专利申请或专利的申请人地址，发明人姓名，联系人姓名、地址、联系电话，代理机构名称、地址，代理人姓名、电话等著录事项进行变更，专利申请人或专利权人也可以将其专利申请权或专利权进行转移，即变更申请人姓名。专利的变更/转让，需要到国家知识产权局办理，依据不同情况提交著录项目变更申报书及不同种类的相关证明文件，如果变更手续错误，审查员将发出视为未提出通知书，变更/转让失败；如果变更手续正确，审查员将发出手续合格通知书，完成变更/转让。

比如某人发明的一套臭氧消毒装置，具有高温消毒装置所没有的广泛适应性，对于家庭或餐饮场所非常有价值，已经取得专利权很长时间了，但是一直没有企业对此感兴趣。造成这个现象的原因是专利供求双方信息沟通不畅，个人专利持有人没有一个能和企业交

---

① 资料来源：根据瞧这网《利用别人的专利创业》整理，http://www.795.com.cn/wz/88314.html。

流的平台。如果企业能够及时地了解最新的发明专利项目情况，把适合自己生产的技术使用权购买过来，那么不但使专利有了用武之地，许多企业可能就不至于亏损了。

第5节 专利的申请

创业者如果开发出自己的独特产品，最好及时申请专利，因为申请专利具有如下好处：

1. 垄断权：专利权人可以防止商业对手的竞争，可以取得更高的利润回报。

2. 赚取特许费：一项专利，即使市场没有即时的需要，那么日后也很可能会有商家察觉到该专利的用途，并愿意支付专利使用费。美国施乐公司发明了图形用户界面，但未申请专利，其后微软公司及苹果公司利用图形用户界面作为其个人电脑操作系统的基础，从而抢占了市场先机。初步估计，施乐公司为此白白损失了近10亿美元的特许费；而IBM公司则及时将自己开发的产品申报专利，并通过转让自己的专利在2001年获得17亿美元的专利特许收入。

3. 作为防卫手段：如发明人未能在第一时间申请专利，竞争对手便会捷足先登，届时，发明人研发的一切努力将会付诸东流，且发明人本人甚至还无权使用自己的科研成果。

4. 有助于开发国外市场：目前世界上已有170多个国家和地区建立并实行了专利制度，不少国外买家，尤其美国买家会要求当地制造商或卖家证明其拥有产品的知识产权，以保障本身不至于卷入侵权诉讼，这样才愿意进行交易。

5. 以小胜大，增强企业竞争力：专利对大、中、小型企业及新型企业都同等重要，在竞争激烈的市场中，小型企业完全可以利用专利与大型企业用巨资打造起来的主导产品竞争。

6. 增加企业的价值：投资机构在选择目标企业时，非常看重目标企业的专利技术，若该公司拥有若干有价值的专利，则公司的估值将可大幅度提高。1997年微软公司以4.25亿美元收购一家拥有不足6 000用户的小公司，收购价是业内平均价格的40倍，微软公司愿意以这一股价支付，就是因为该公司持有35项通过互联网传送电视节目内容的重要专利。

7. 有利于企业进行科学正确的决策：通过专利分析，企业可以了解科技动态、行业动态、市场走向、新产品趋势，进而预测、制定本企业的近、中、远发展规划，确定企业发展哪些产品以占据市场，保持企业的领先地位，扩大市场占有份额。

目前，国内外大多采用著作权对计算机软件进行保护，我国特别从著作权中分支出《计算机软件著作权登记办法》对自主知识产权的软件来进行重点保护，采用软件登记这种版权保护方式有许多优点：

1. 通过登记的软件会将权利人、开发时间、完成时间、名称及内容进行公告，发生纠纷时有一个明确的依据，能够明确软件的归属，避免了因人员跳槽而引起的不必要的权属纠纷，也可以说软件登记是提出软件权利纠纷行政处理或法律诉讼的前提。

2. 授权快，两个月左右就可拿到证书，版权保护的时间长，保护期50年。
3. 经过登记的软件不公开软件程序，只有在发生侵权时，才会作为侵权认定的依据，保密性极好。
4. 保护范围较广，能作为侵权认定的有效依据。
5. 费用较低，且只需一次性付费，不必缴年费。

思考题：

1. 新创企业为什么要重视用法律做武器？
2. 创新型创业过程可能会涉及哪些知识产权相关法律问题？
3. 什么是知识产权？如何有效保护知识产权？
4. 查询并分析创业过程中涉及法律纠纷并造成经济损失的案例。

Chapter 13
第 13 章　新创企业财务基础知识

- 第 1 节　新创企业进行财务管理的必要性
- 第 2 节　新创企业的财务管理问题和困境
- 第 3 节　资产管理与配置
- 第 4 节　现金流和成本
- 第 5 节　创业者要学会读懂三大财务报表和财务分析
- 第 6 节　财务管理过程

创业案例

2007年年初，任正非致信 IBM 公司 CEO 彭明盛，希望 IBM 公司派出财务人员，帮助华为实现财务管理模式的转型。当然，华为将支付巨额费用。

为什么要雇 IBM 公司的财务人员？因为任正非注意到，虽然华为销售收入保持高速增长，净利润却逐年下降，他甚至不知道一个单子接下来是否能赚钱。尽管从2000年开始华为公司的财务部门已经参与成本核算，但是公司还是缺乏前瞻性的预算管理——中国绝大部分企业很难做到这点，但这却是跨国企业擅长的。

不久，华为公司正式启动了 IFS（集成财务转型）项目。与此同时，IBM 正式把华为公司升级为事业部客户——在其全球几十家事业部客户中，华为是唯一一家中国企业。单纯从这层意义上来说，任正非的眼光，超出其他国内企业。

IFS 项目给华为培养了数千名合格的财务总监，他们把规范的财务流程植入到华为公司的运营流程，实现了收入与利润的平衡发展，这也是近几年华为虽然营收增长放缓，但利润的增长仍然不错的重要原因。[①]

思考题：
1. 从上述案例中如何理解财务管理的重要性？
2. 你认为财务管理的内容都包括什么？
3. 华为通过花费巨资寻求财务管理支持是否值得？为什么？

第1节 新创企业进行财务管理的必要性

在创业初期，财务管理往往不太规范，创业者早期大都只重视进出账管理，而对财务数据分析和管理几乎不懂。实际上，在任何一家新创企业中，财务管理都是一项重要的工作。好的财务管理能够及时地为创业者提供它所需要的财务信息，从而帮助创业者优化战略决策，正确分析经营状况，从而有助于更快实现创造价值的目标。初创企业由于财务管理方面不成熟而导致经营失败的案例不胜枚举，有的初创企业过分强调市场占有率，在一定时间内还获得了相当可观的利润，但是因为缺少成本核算和预算，财务管理制度不严谨、不科学，为企业埋下了严重的隐患，当市场规模扩大时反而使企业陷入财务危机，导致创业失败。

新创企业之所以要重视财务管理，主要有以下原因：

首先，企业的经营活动脱离不了资产，如长期资产，它包括：建筑物、用于生产的设备和各种设施等；短期资产包括：产成品存货、原材料存货、现金和应收账款。为获得长期资产和原材料，企业可从创业启动资金和自身经营所得中提取资金用于再投资，也可以从金融市场上以一定的价格发行股票、债券或向金融机构借贷获取资金等。企业的财务管

[①] 44岁下岗，负债200万，创业27年后他成为世界第一！[EB/OL]．（2016-11-06）[2017-11-12]．http://www.sohu.com/a/118264752_460401．

理人员在筹集资金的过程中要运用财务管理能力，设计最优的筹资方案，使企业筹资的成本最小，所筹集的资本能发挥最大的效益，从而使企业的价值达到最大。

其次，企业资本和资产的有效运用与所投资的项目，包括实物资产、技术和人力资源的投入和产出是否经济、合理，投资收益是否高于成本，风险如何补偿等问题有关。企业的投资决策正确与否，直接影响其未来的净现金流量，亦影响其资产的增值。因此，投资决策也是财务管理中需要考虑的重要问题。

再次，企业的一切财务活动与其外部环境息息相关。国家的经济发展周期、政府财政政策的宽松和紧缩对企业的财务管理策略有很大影响。与企业筹资直接有关的金融市场及利率是企业财务必须熟悉和重点研究的领域。财务管理就是寻求在一定的外部环境下，使企业资金运用尽可能有效的方法，这就需要在企业的需求与收益、成本及风险之间进行衡量，做出最终能使股东财富达到最大的决策。

最后，财务管理是企业内部管理的中枢。企业的生产、经营、进、销、调、存每一环节都离不开财务，企业的经济核算、财务监督，更是企业经济活动的有效管理方法。财务管理是一切管理活动的共同基础，它在企业管理中处于中心地位。

第2节 新创企业的财务管理问题和困境

所谓财务管理，是指关于资产的购置（投资），资本的融通（筹资）和经营中现金流量（营运资金），以及利润分配的管理。新创企业典型的管理模式是所有权与经营权的高度统一，企业的投资者同时也是经营者，这种模式势必给企业的财务管理带来负面影响。新创企业中相当一部分属于个体、私营性质，在这些企业中，企业领导者集权现象严重，并且对于财务管理的理论方法缺乏应有的认识和研究，致使其职责不分，越权行事，造成财务管理混乱，财务监控不严，会计信息失真等。企业没有足够的人力资源来建立内部审计部门，即使有也很难保证内部审计的独立性。另一方面，企业管理者的管理能力和管理素质差，管理思想落后。

在创业初期，企业财务方面通常会存在很多薄弱环节，有很多不规范的地方。而创业者也往往对财务管理存在一些偏见，如认为创业初期没什么财务好管理的，有一个会计、一个出纳就可以了，只要收些钱、记流水账即可；还有创业者认为财务管理的重要性只有在公司做大后才可体现，创业初期不必浪费人力物力健全财务制度。此外，在创业过程中，很多创业者在公司财务管理方面也会发生以下情况：

● 不了解创业企业的基本财务管理过程，不看账目，无法对财务数字进行分析。
● 没有事前的财务预算、事中的财务控制以及事后财务审核的意识，只知事后算账。
● 不懂三大报表（损益表、资产负债表、现金流量表）所反映的业务实质，既不知道创业企业都掌控了哪些资源，也不了解企业掌控的资源哪些产生了经济效益，哪些是在浪费企业的资金，更不知道运营、筹资和投资等活动中的现金流状况以及存在的问题。

其实，对于初创企业来说，无论是企业所需资金的筹集和配置，还是经营成本控制，都是非常重要的。即便是公司规模很小，完善的管理制度也是不可或缺的。任何企业的发展都有一个生命周期，包括若干个不同的发展阶段，每个发展阶段都有区别于其他阶段的特点，这些特点决定了初创阶段的财务管理与其他阶段不同。

随着新创企业经营活动的展开，一些与财务相关的问题就会出现。比如，企业是盈利还是亏损？成本细分都有哪些？企业目前还有多少现金？这些现金能否用来偿还债务或投入新的项目？企业资产的使用效率如何？企业是否需要筹集资金来支持未来经营发展？等等。总之，大多数新创企业都要面临四个主要的财务指标：盈利性、流动性、资产使用效率和稳定性。

第3节 资产管理与配置

创业者要明确经营计划需要，合理配置流动资产和长期资产，以此确定长、短期资金来源配比关系。流动资产一般以流动负债作为资金来源，而长期资产来源则应为长期资本，这就是公司理财中的资本匹配原则。一般来讲，企业的资金形式主要包括固定资金、流动资金和发展资金。

第一，固定资金是企业用来购买办公设备、生产设备和交通工具等固定资产的资金，这些资产的购买是企业长期发展所必需的；但是这些生产必需设备和场所的购买一般会涉及较大资金需求，而且期限较长。中小企业由于财力薄弱应尽可能减少这方面的投资，通过一些成本较少、占用资金量小的方式来满足生产需要，比如初创的中小企业可以通过租赁的方式来解决生产设备和办公场所的需求。

第二，流动资金是用来支持企业在短期内正常运营所需的资金，因此也称营运资金，比如办公费、职员工资、差旅费等。结算方式和季节对流动资金的影响较大，为此中小企业管理人员一定要精打细算，尽可能使流动资金的占用最少。

第4节 现金流和成本

一、现金流管理

现金流包括现金在企业的流入和流出。创业者，尤其是对财务比较陌生的创业者经常会将利润当作现金流入，将成本当作现金流出。这种看法是不正确的，甚至时常会误导创业者的决策。现金流入在绝大多数情况下不等于利润，成本的支出也绝不是现金流出的全部。由于赊销的存在，许多企业的现金流入会小于企业的利润。对于创业者来说，一个很重要的财务问题就是充分理解现金流和利润之间的关系，关注库存与现金周转，降低流通时产生的不必要成本。

由于会计准则按照权责发生制确认收入，受到企业销售政策的影响，企业在账目上记录的销售收入很可能不会产生现金流，比如赊销；而其他业务收入也未必会在确认收入的当期产生现金流，比如利息收入一般是年度或季度付息，这就导致了企业的名义收入大于现金流入。与此同时，企业的采购可能采取预付款形式，在成本还未在会计中确认时，现金流出已经产生；有些营业外支出已经发生并产生现金流出，但由于原始凭证尚未取得而未入账，这会使企业的支出小于现金的流出。将上述二者合并我们会发现一个很严重的问题：企业当期可以在会计账上盈利很多，但实际的现金流可能是零甚至是负的。

二、成本

成本的概念也不是像许多人想的那样，仅限于购买原材料和支付水电费、人工费等日常支出这么简单。真正的成本应该是与公司原材料采购、生产加工及存货管理相联系的，加上人工费、水电费等日常开支，同时应将企业购买的设备、厂房、专利、软件等资产成本按照一定比例，分期摊销至成本中，这样核算出的成本才准确真实。

以生产成本为例，通常包括：

1. 直接材料——指构成产品实体或有助于产品形成的各种原材料及材料。如企业生产过程中实际消耗的原材料、辅助材料、备品备件、外购半成品、燃料、动力、包装物等。

2. 直接工资——指生产人员的工资、奖金、津贴、补贴及福利等。

制造费用——指企业各个生产车间为组织和管理生产所发生的各项费用。如管理人员工资、生产单位用房建筑物和机器设备的折旧费、修理费、运输费、试验费、劳保费、保险费等。

此外，还有期间费用，是指在会计期间内为企业提供一定生产条件，以保持产品产销能力所发生的费用，如管理费用、财务费用、销售费用等。期间费用全部由当期产品销售利润项目扣除，而不计入产品成本。

第5节 创业者要学会读懂三大财务报表和财务分析

损益表、资产负债表、现金流量表，这些表如同行军打仗的地图。没有地图，就会迷失方向，创业者若不懂得这三张表，就失去了控制力，不能知己不知彼，必败无疑。三大会计报表是对企业业务开展情况的高度概括和总结，是创业者在短时间内了解企业经营状况的必由之路。其作用如下：

1. 有助于了解本企业的经营状况；
2. 有助于了解竞争对手的经营状况；
3. 有助于了解合作方的财务状况。

比如说，有些新创企业通常会向某大企业供货，但往往并不能马上拿到货款，可能要等上30天或更长。而在这期间，企业可能还有许多要做的事需要开支，如购买零部件、原材料、给员工发工资、补偿日常开支和运费等。因此，作为创业者必须要清楚地了解：

1. 已经筹了多少资金？用在了什么地方？
2. 经营过程中都有哪些开支？有哪些收入？
3. 有哪些应收账款还没有收到？哪些应付账款还没有支付？
4. 公司经营是否在盈利？
5. 还有多少现金可以使用？

企业的规模不管多小都必须有财务制度或者会计操作准则，有规范可依据。从财务管理的角度，首先需要按照基本财务账本进行记录，然后根据财务数字做出报表。作为初创业的管理者，应该明白财务三大报表的含义。三大报表是个整体，单独看都无法看到完整的企业经营结果。为了评估企业是否实现各项财务目标，需要对财务报表进行分析，只有这样，才能及时发现问题，控制成本，使利润最大化。三大报表分别是：

1. 资产负债表：通过资产负债表可看出企业掌控的资源和经济实力。表格的右边表示"负债"，反映的是企业的钱从哪里来？如长短期负债、资本金、股东权益等，也包括经营利润或投资收益等；左边则是"资产"，表示企业把这些资金投入到哪些资产上了？如现金、债券、原材料、商品、在建工程、长期投资等。

资产负债表通常可为创业者提供以下主要信息：

（1）企业资产及分布状况；
（2）企业负债及分布情况；
（3）企业净资产（所有者权益）金额；
（4）企业长、短期偿还能力；
（5）与利润表结合可以计算企业资金周转情况及资金创收情况；
（6）企业未来的财务形势和趋向，主要是根据本年数据与上年数据比较来判断。

2. 损益表，也称利润表：反映1月1日至12月31日的经营成果，通过利润表可进行企业盈利能力分析、企业长期偿债能力分析以及投资效益分析。损益表由两部分组成：一部分报告资金的流入（即销售产品或服务后顾客支付现金或承诺在将来偿付，计为应收账款）——现金或应收账款，也称为收入；另一部分报告的是为获得收入所需的资金流出（也称为费用）。收入超过费用的部分就是利润（即收益）。收入总额超过费用总额的净值称为净收益。管理者和其他利益相关者需要经常了解企业的收益情况，因此，一般是一个月编制一份损益表，有时一周甚至一天。

损益表通常可提供以下主要信息：

（1）企业各项收入情况；
（2）企业成本费用情况；
（3）主营业务税金及附加；
（4）企业实现税前利润；
（5）企业上交所得税；
（6）企业实现税后利润；
（7）与资产负债表结合可得出资金周转和创利指标。如将净利润与资产总额进行比较，可计算出资产收益率。

需要说明的是，尽管利润很重要，但以损失其后续发展的投入为代价，反而得不偿失。比如，有的新创公司为了获得股东的欢心或融资时获得较高估值，往往会把利润表做得更漂亮些，常用的方法是：一方面砍掉或压缩应有的费用，压低相关人员的薪酬；另一方面砍掉或压缩研发费用。虽然从账面上看确实是降低了成本，提高了利润，但新创公司却因此而没有了发展后劲。压低相关人员的薪酬，会导致管理团队中缺乏高素质人才，甚至难以留住人才；砍掉或压缩研发费用必会导致产品或服务档次低、更新换代慢、缺乏竞争力等。因此，为了公司的长久发展，有些必要的再投入支出应该是随着收益的增加而增加的。

3. 现金流量表：反映的是营运、理财、投资等三种活动的现金流入和流出状况，是企业在一定会计期间（一般指一月、一季、一年）的现金流入和流出的财政报告，为我们提供的是一家公司经营是否健康的证据，可看出企业未来存活的可能性。对创业者来说，现金流量表最重要，其高流动性使之能任意转换为其他任何类型的资产。只有纸面利润而没有实际现金流入，事业很快就会萎缩。结合现金流量表和利润表，做出的财务分析才有价值。创业者要特别关注有关现金流的问题，要注意库存与现金周转，降低流通时产生的不必要成本。因为公司业务涉及异地的交易往来、现金往来，所以有关现金往来、交易凭证等票据就必须保存完整且与所记录的账簿一致。

现金流量表通常可提供如下信息：

（1）提供企业现金流量信息；
（2）可以分析企业应收账款和存货的质量；
（3）可反映企业经营、理财、投资等三种活动的现金流入和流出状况；
（4）可预测企业未来的发展状况；
（5）现金流量结构百分比分析（比如：经营、投资、筹资等引起的现金流入与流出所占比例）；
（6）现金流量变动趋势分析；
（7）现金流量财务比率分析（比如：现金净流入占净利润的比率，如果小于1，说明存在尚未实现的现金）。

在新创公司成立之初，应该设立好公司的资本结构，做好现金流的预警分析，在达到某一预警指标时，及时采取措施，防止出现资金链断裂的情况。一家健康的新创公司，一定要有良性循环的现金流量。

特别要提醒的是，应收账款与现金流是负相关关系，也就是说如果新创公司的应收账款增加，就会带来现金流量的减少，反之亦然。真实的利润率代表着公司的发展，而现金流则代表着新创公司当下的运营能力。没有现金流谈利润没有意义。有了足够的现金，才能有机会获得远比账面利润多得多的利润。

其实，现金流表示公司账户里的现金量变化，利润只是财务报表上的数字而已。比如一笔生意下来，合同金额是1 000万元，所有成本总计800万元，利润则是200万元。可这200万元利润要变成现金，必须要等到客户将款全部打到公司账户里才成为可能。也许两年后会有坏账的风险等。因此，新创公司要重视应收账款的管理，尽量采用现销，避免用赊销的办法。另外，在商业活动过程中，要特别关注客户的资质和信用情况，以防现金流管理出现问题。

第6节 财务管理过程

对于一家企业来说，财务管理分为以下几方面：财务预测、财务分析和财务控制。

一、财务预测

新创企业进行经营决策时,必然要涉及成本费用、收益以及资金需要量等问题,而这些大多需要通过财务预测进行估算。财务预测就是依据目前的财务收支情况,通过合理地预计企业的未来发展,结合市场环境的变化来预计未来某一期间的财务情况。例如以当前企业的收入和支出为依据,分别乘上一个合理的系数,来推算未来某一期间的相关数据。值得提醒的一点是,与收入和支出相乘的系数一定不相同,而且尽管随着企业的规模不断扩大,单位固定成本会略有下降。但是随着企业的发展,管理费用和相关沟通成本也会大幅增长。所以在预测未来支出时尽量将支出做得大一些,这样才有利于创业者进行可行性分析。财务预测的目的正是为了让企业者对企业今后发展中会出现的相关财务风险进行事前准备,防患于未然。

合理的财务预测会帮助创业者制订和运行各种计划,有助于公司的成功。为此,可以参考以下做法:

1. 成本预测。从成本开始预测,而不是收入。在创业阶段,预测成本比预测收入容易得多。比如固定成本通常一目了然。而一般管理费用包括:租金、公共费用支出(水电煤气费)、电话费/通讯费、会计费、法律/保险/许可费、邮费、技术、广告/营销、工资等;可变成本则包括:已销售商品成本、材料和供应、包装等;还有直接人工成本。

2. 收入预测。包括营业收入和企业收益预测等方面。多数创业者常常在保守的现实和积极的理想状态间预测未来收入,对未来良好的收入预期会让创业者动力十足,也有助于鼓舞他人。

3. 资金需求量预测。一般而言,资金需求量的预测往往是借助于财务报表预测来进行的。要想知道公司未来的经营成果和资金需求量,首先要进行销售的预测,然后估计需要的资产,因为资产通常是销售量的函数,根据预计销售量和资产销售函数,可以预测所需资产的总量;再根据销售额估计收入和费用,并确定净利润;根据预计资产总量,减去已有的资金来源、负债和内部的留存收益,得出应追加的资金需要量,以此为基础进一步确定所需的外部融资数额。

二、财务分析

财务分析是对企业一定期间内发生的财务数据进行管理层面的分析,例如制造成本/销售收入、管理费用/销售收入、毛利润/销售收入、工资/管理费用、应收账款/销售收入、存货/销售收入等。财务分析能够帮助新创企业找到竞争劣势,如单位成本过高、管理效率较低、应收账款期限太长、存货周转速度过慢等。通过财务分析,我们能够从定性及定量的角度发现企业的问题。

通过三大财务报表可以判断新创企业的财务状况和经营成果。对企业自身而言,可以通过财务报表将过去与当前的经营情况加以对比。这些对比不仅有助于创业者制订未来的发展计划,而且有助于其认清企业经营中的优势与劣势。

三、 财务控制

财务控制是指对企业的资金投入及收益过程和结果进行衡量与校正,目的是确保企业目标以及为达到此目标所制订的财务计划得以实现。创业者创业之初肯定在管理和控制方面存在诸多不足,但有些机制一定要尽早建立,良好的财务控制能够为企业构建一面防火墙,能使创业者的努力不被内部的机制缺陷所影响,主要包括:预算控制、成本控制、实物资产控制、风险控制等。

财务控制是一个动态的控制过程,要确保财务预算制度的贯彻落实,就必须对预算的执行情况进行跟踪监控,及时发现问题,及时调整执行偏差。为此,必须建立一个反应灵敏的信息反馈系统。这一系统不仅能自下而上反馈财务预算的执行情况,也能自上而下传递调整预算偏差的要求。同时,这一系统既要求信息传递及时、快捷,也要求确保信息真实、可靠,并配备相应的信息审查人员,制定相应的责任制。

四、 其他财务管理活动

银行账户的管理:企业一般应设立一个基本账户、一个一般账户、若干的特殊用途账户(如基础建设、项目研发),不同账号的性质用途不同,能够让管理者更好地掌握企业的资金流动。

现金的管理:现金的保管和记账一定是两个人分别负责,同时现金的提取和使用应该由财务负责任审核批准,金额较大的甚至要公司负责人批准,现金每日下班前进行盘点。

费用报销控制:费用报销申请应由相关部门负责人批准,财务人员将报销申请交给复核人员复核,金额较大的由财务或公司负责人审批。

存货和资产管理:存货和资产的采购申请、审批、资金发放、验收入库及库存管理应由不同部门的人员分别负责和监控,存货库房有专人看管并记录相关产品的出入库情况。

账务往来管理:具体需要注意的项目包括:1. 原始资料保持完整;2. 与客户的账要搞清楚,特别是明细账,收款要及时,月底应该要对账;3. 开发新客户要注意进行信用评估;4. 自己要核对银行对账单;5. 股东一起编制各月预算;6. 每个月向合伙人报告现金状况及财务报表;7. 外地销售的出差费用要及时报账,有关出差费用要先确定限额及报账方法。

思考题:

1. 为什么说财务三大报表的数据反映了企业是否处于健康运行的状态?
2. 分别说明三大财务报表的数据内涵。
3. 根据某新创企业财务报表信息,尝试对该企业经营状况进行详细分析。
4. 请解释财务管理的一般过程。

Chapter 14
第 14 章　新创企业的发展

- 第 1 节　初创期的经营管理
- 第 2 节　新创企业成长期的经营管理
- 第 3 节　企业发展进入稳定期的经营管理
- 第 4 节　企业进入衰退期的经营管理

创业案例

华为创始人任正非说:"十年来我天天思考的都是失败,对成功视而不见,也没有什么荣誉感、自豪感,只有危机感。也许正因为这样我们才存活了十年。我们要一起想怎样才能活下去,才能活得久一些。失败这一天一定会到来,大家要准备迎接,这是我不变的看法,也是历史规律。"

任正非是一个危机意识极强的企业家,当华为度过了死亡风险极高的创业期,进入快速发展轨道的时候,他已经敏感地意识到了华为的不足。

1997年圣诞节,任正非走访了美国IBM等一批著名高科技公司,所见所闻让他大为震撼——他第一次那么近距离、那么清晰地看到了华为与这些国际巨头的差距。任正非回到华为后不久,一场持续五年的变革大幕开启,华为进入了全面学习西方经验、反思自身,提升内部管理的阶段。这个"削足适履"的痛苦过程为华为国际化做了充分准备。

1999年,华为员工达到15 000人,销售额首次突破百亿,达120亿元。已经在国内市场站稳脚跟的华为,先后在印度班加罗尔和美国达拉斯设立了研发中心,以跟踪世界先进技术走向。这一年,华为海外销售额仅0.53亿美元,但已经开始建立庞大的营销和服务网络。这意味着,华为要在国际市场大施拳脚了。

但是,技术还没有绝对领先,品牌知名度亦不如那些百年老店,资本没有国际同行那么雄厚,华为的竞争法宝在哪里?

任正非很早就认识到了服务问题。他很早就提醒华为人:"中国的技术人员重功能开发,轻技术服务,导致维护专家的成长缓慢,严重地制约了人才的均衡成长,外国公司一般都十分重视服务。没有良好的服务队伍,就是有销路也不敢大销售,没有好的服务网络就会垮下来。"

相对于欧洲老牌电信设备提供商来说,华为的快速反应是优势之一。华为负责海外市场的副总裁邓涛以自己的亲身经历说,欧洲企业普遍反应较慢,用户提出一个修改建议,他们往往要一年甚至一年半才能改进。而中国企业,只要用户有需求,总是能加班加点,快速反应。一个要一年才改进,另一个只要一个月就能改进,优势自然体现出来了。[①]

思考与研讨:
1. 请查阅有关文献,思考华为在任正非的领导下,是如何不断发展壮大的?
2. 新创公司在发展中可能会遇到哪些发展瓶颈?如何超越自我?

第1节　初创期的经营管理

将企业做大做强,是新创企业在发展进程中面临的重要课题。根据企业的成长周期理

[①] 董哲. 华为创始人任正非:两万到千亿的创业史. [EB/OL]. (2014-08-24) [2017-12-15]. https://www.qianzhan.com/people/detail/268/140822-ca19cae5_3.html.

论，一个组织的成长大体上分为四个阶段：初创期、成长期、稳定期、衰退期。对于事业型创业者来讲，当公司已经脱离了最初的创业阶段，具备了足够的实力和强大的创收与盈利能力，甚至在很多领域处于领先或领导地位时，就不应该有见好就收、不思进取的思想，而应该向更高的方向努力，向更大的格局发展，不断创新产品或服务。在企业的不同成长阶段，其所适合的管理风格也不尽相同。

对于初创者来说，第一阶段的首要任务就是开拓产品市场，实现企业盈利，完成资金积累。有了市场，企业才能创收。但在我国，大多数的初创企业在这个阶段就会失败。此时，创业者自身缺乏经验积累，无法制定出明确的目标及创业重点。企业创建初期的通病都是太相信奇迹，总是期望突然间能创造出一个非常好的产品，然后赚大钱，而轻视企业从小到大、由弱到强的发展规律，轻视制度建设，轻视员工的创造力。尽管企业的失败有种种原因，甚至不乏政策风险、国内外竞争压力等宏观因素，但从企业本身考虑，最重要的一条就是：缺乏应时而变、引导潮流的发展战略。

一家刚刚创立的企业无疑要考虑如何生存的问题，即如何赢得时间和市场的问题。公司处于创业初期，由于各种资源非常有限，这时应谨慎选择那些能够被市场接受、能带来短期回报的产品或服务。比如，对已经具有一定市场认可度的产品进行改良或优化，使其能更好地满足用户需求，通常就成为最现实的选择。但是，这一阶段企业规模小、尚未定型、低速发展、缺乏目标与标准等。因此，此阶段成功的关键是创造真正符合市场需要的产品和服务，主要任务就是为产品和服务确立适当的市场定位，确保产品和服务能满足市场的需求。这就要求新创企业的创业者重视培养核心竞争能力，而且这种能力必须通过不断创新，在顺应市场的变化过程中逐渐强大起来。

企业一旦建立并开始运营，创业者的工作重点就要转移到经营企业上，角色应向管理者转变。经营企业主要有三项任务：一是企业的日常运营管理；二是员工管理；三是促进企业成长。在企业的日常运营管理方面，创业者主要做的事情包括：做出决策，制定行动方案，分析企业的内部环境和外部环境，考核并评估执行情况，审时度势及时调整。在员工管理方面，创业者主要应做的事是：筛选和录用员工，鉴定、培训和激励员工，处理各种矛盾，尽量做到人尽其才，做一个有影响力的领导者。在促进企业成长方面，创业者主要做的事情是：制定适当的成长策略，处理危机，寻求企业增长方式，不断明确和提升企业的价值，提高自己的竞争力。

在这一阶段，第一项重要任务就是尽快建立健全良好的商业模式。优质的商业模式是创业团队的智慧结晶，更是创业实践的高度浓缩。初步创业阶段，尤其是第一次创业者，要构建一套科学而可行的商业模式，也是不太现实的，所以，在创业起步阶段，最好是"站在巨人的肩膀"上（如加盟等）去实施自己的创业计划。因为这个"巨人"在创业实践过程中历经市场锤炼已形成了一套成熟的、经得起考验的商业模式，从而降低了创业风险，可实现稳健而快速的发展。

这一阶段的第二项重要任务是价值创造。价值创造是指企业生产、供应满足目标客户需要的产品或服务的一系列业务活动及其成本结构。要做到这一点，则需要建构能实现客户价值的活动流程——价值链。价值链是企业用来进行设计、生产、营销、交货及维护其产品的各种活动的集合。价值链定位在价值创造中扮演着关键角色，企业如果想要分享价值链中的主要利润，必须要掌握其中对于创造价值有重大贡献的关键流程与资源。价值创造模式创新的最典型企业是迪士尼。在迪士尼的整体收入中，最初来自于迪士尼的动画制作，除了票房，通过发行、销售拷贝和录像带，迪士尼赚到了"第一桶金"。接着是主题公园创收构成其第二轮收入，世界各地的迪士尼乐园，吸引大量游客游玩消费。最后是品牌产品和连锁经营带来的收入。迪士尼在美国本土和全球各地授权建立了大量的迪士尼专卖商店，通过销售各种玩具、食品、礼品等得到第三轮收入。其相关消费品主要包括迪士尼动画形象专有权的使用与出让、品牌产品的生产和销售，以及相关书刊、音乐乃至游戏产品的出版发行等。

初创期的第三项重要任务就是尽快创立竞争优势。新创企业一般是通过三种方式来创立竞争优势的，即：成本领先、产品差异化和重点集中策略。同成本领先策略紧密相关的主要有三个方面的内容，即价值链、战略定位和成本动因。

首先是价值链。价值链包括企业自身价值链、竞争对手价值链和行业价值链三个方面。通过对企业自身价值链的分析，可以确认企业的价值创造活动有哪些，处于什么样的分布状态，以及在整个行业价值链中的位置，并将本企业价值创造活动的所耗成本与其对产品价值的贡献进行比较，确定其发生的合理性，进而决定对其的取舍；通过对竞争对手价值链的分析，能够发现价值链的合理程度，谁拥有多大的竞争优势或劣势，是哪些价值活动或成本因素导致了这种状况的出现。而利用行业价值链分析，企业可以决定是否需要实施纵向整合战略。总之，价值链分析所得出的信息对制定战略以消除成本劣势和创造成本优势起着非常重要的作用。

其次是战略定位。企业战略应该很好地同其竞争环境协调起来，这也是企业战略管理的基本原则。一个行业的竞争环境是决定企业战略的重要因素，企业的战略定位必须同行业中各竞争要素的特点及其组合相匹配，如价格、产品质量、性能、特色和服务等。如果竞争环境发生了变化，企业应该做出积极的反应，采取恰当的战略行动，捍卫其竞争地位。在确定了企业的战略定位以后，实际上也就确定了企业资源的配置方式及相应的管理运行机制。因此只有通过战略定位分析，将成本管理同具体的战略相结合，才能体现出战略成本管理应有的管理效果。

最后是成本动因。为了进一步明确成本管理的重点，还需要找出成本的驱动因素，以便对症下药，保证成本管理战略的有效性。而成本动因分析恰恰可以满足战略成本管理的这一要求，能够将影响企业成本的因素很好地揭示出来，同时指出企业应采取什么方法来控制这些因素，以更好地为战略成本管理服务，实现战略成本管理的目标。结构性成本动因分析要求从战略成本管理的视角来选择企业的规模、业务范围、经验、技术、多样性和厂址等，它针对的是如何通过企业基础经济结构的合理安排，从而形成企业的竞争优势。执行性成本动因分析要求从战略成本管理的视野来强化企业的劳动力参与、全面质量管理、生产能力利用、工厂布局的效率、产品外观等方面的作业程序安排，为战略成本管理目标的实现提供效率保证。

在企业开始运转阶段，有一些可以降低成本的方法：

1. 与其他公司共用办公室或经营场所；
2. 下班后使用其他公司的设备、车间、场地，这样可以降低运营成本；
3. 尽可能采购二手办公和生产设备，特别是在别人经营不善或破产时；
4. 使用兼职专业人员，如工程师、技术员打字员等，从而避开一些必须支付的费用和税款；
5. 开始时尽量使用兼职推销员或代理机构销售产品，而不是聘用全职销售人员队伍；
6. 将产品外包给其他企业生产，这样做可以避免许多麻烦，关系比较简单，通过合同的方式明确双方的权利义务，而且也便宜；
7. 充分利用设备供应商，设备供应商希望能出售自己的产品，因此为使新创企业购买设备，常常允许延期付款。
8. 向供应商融资，指的是企业合理制定应收账款政策，通过充分利用供应商应付账款的付款期，来达到资金周转的目的。

实际上，做企业像做人一样，不是一场百米赛跑，而是一场马拉松比赛。由于新创企业还处于萌芽状况，未来的发展态势并不明朗，企业对员工的有形吸引力不高。因此，创业者应当采取以亲和型为主的管理风格，将更多的精力集中于与员工建立良好的关系，培养家庭般的组织氛围，加强组织的无形吸引力上。此外，由于新企业缺乏经验，创业者应当鼓励员工采取灵活自主的开拓行为，进行多方面的尝试，以探索出组织未来的发展方向。

第2节 新创企业成长期的经营管理

经过了初创期的磨合与摸索，新创企业通常会逐渐找到适合自己的核心产品或服务，企业也开始进入成长期。在这个阶段，企业有了一定的营业额和规模，也有了较规范的管理层。但是很多管理的事务还需要老板的参与，经营权和所有权还没有分开，这时也可能会碰到管理危机和发展瓶颈。据统计，在我国有67％的企业在这个阶段会倒闭。如果经营有方，企业的发展方向就能基本确定，标准也能逐渐建立起来。创业者在这一阶段的主要任务就是实现业务的扩大化和规模化。因此，企业的管理者应当采取以教导型为主的管理风格，给予员工长期的工作目标及相应标准，并增强对新员工的培养力度，使之能快速适应企业发展的需要。

随着组织成长步入加速期，企业的产品和服务进一步获得足够的市场认可度，甚至可能吸引到VC或银行的大笔投资，企业规模急速扩张，新员工数量剧增，未来发展态势良好。在这一阶段，新创企业通常会引起主流社会的关注，可能还会在这个行业呼风唤雨，甚至可能会淘汰竞争对手，成为行业领军企业。但人性的趋利本性和市场的逐利本能往往容易使企业把"做大"的深远考虑暂时搁置或压抑，从而让企业变得短视，过于看重短期利益，如快速成长超过了极限，急剧扩张导致企业管理体系跟不上，出现频繁的人员流动，广告营销费用过高，投资决策不理性等，这些都可能会随时击倒企业。

在此阶段，新创企业应该逐渐完善相关管理制度，确保企业稳步发展，包括以下方面：

1. 确定管理幅度。即在一个组织结构中，确定管理人员所能直接管理或控制的下属数目。管理幅度决定着组织要设置多少层次，配备多少管理人员。在其他条件相同时，管理幅度越宽，组织效率越高。但如果控制幅度过大，也可能会降低组织的有效性。管理幅度过小，也会产生问题：一方面会导致管理层次增多，管理成本会大大增加；另一方面，会使组织的垂直沟通更加复杂。

2. 适当集权和分权。即明确权力（主要是决策权）在领导和下属之间的分配格局，它反映了某种类型的领导体制和组织体制。集权式组织的优点主要有：一是易于协调各职能间的决策；二是有利于对沟通进行规范；三是能与企业的目标达成一致；四是危急情况下能快速决策；五是有助于实现规模经济。集权式组织的缺点主要有：一是高管层可能不会重视个别部门的不同要求；二是由于决策时需要通过集权职能的所有层级向上汇报，因此决策时间过长；三是对级别较低的管理者而言，其职业发展有限。

3. 实行正规化管理。这是指组织中的工作实行标准化的程度。如果一种工作的正规化程度较高，就意味着做这项工作的人对工作内容、工作时间、工作手段没有多大自主权。在高度正规化的组织中，有明确的工作说明书，有繁杂的组织规章制度，对于工作过程有详尽的规定。工作标准化程度越高，工作效率通常也高，管理成本越低。但是，员工决定自己工作方式的权力也就越小。工作标准化不仅减少了员工选择工作行为的可能性，而且使员工无需考虑其他行为选择。

4. 落实部门化。这是指根据组织中管理人员为完成规定的任务有权管辖而建立的特定部门。一旦通过工作专门化完成任务细分之后，就需要按照类别对它们进行分组以便协调工作。部门化通过把专业技术、工作接近的人分配到同一个部门中，来实现规模经济。部门化方法也可根据地域来进行部门划分。例如，就营销工作来说，根据地域，可分为东、西、南、北四个区域，分片负责；根据产品类别，可分为A、B、C等不同产品业务，由不同营销团队分别负责。

第3节　企业发展进入稳定期的经营管理

经历了前几轮大潮，能留下的企业已经是久经沙场的高手了。到这个时候，扩大规模已经成为企业稳定持久发展的本能要求，企业也有实力去吞并小公司或者引入大量投资实现规模扩张。在新创企业具备了规模稳定、方向稳定、发展稳定等特征后，组织将进入一个相对稳定的时期，不稳定的因素减少了，由多年经验积累而成的业务规则与业务标准已经自成体系。同时企业经过前期的成长，达到了前所未有的规模，员工的数量远远超出了企业管理者能有效控制的范围。此阶段企业的主要任务是持续创新，而多数企业在这阶段淡出就是因为没有将创新坚持下去。

这时的企业管理者应当采取以权威型为主的管理风格，依据企业的发展方向，在企业中建立自上而下的标准体系，并向员工解释企业采取方针标准背后的原因以寻求员工的认同，在员工心目中树立权威形象，利用自身的影响力去引导员工。通过正规化的管理，企业扩大发展规模，使经营权和所有权分离。董事会负责战略决策和设定企业经营目标，管理层负责达成目标。在这个阶段，老板可以考虑将一部分股份分给核心员工，以免核心员工离开而产生新的竞争对手。财散人聚，否则就会出现财聚人散的现象。有了正规化的管理，企业可通过精细化的管理来降低企业的运营成本，提高企业利润。在这个阶段，老板应该善于寻找新的业务和利润增长点。企业的战略定成败，系统决定规模，细节决定企业的利润。

在此阶段，可能还会出现公司发展停滞不前的状况，如决策的形成过于缓慢，失去发展的良好时机；组织中沟通不畅导致难以协调人事纠纷；组织的机能不能得到正常的发挥，人员情绪低落，贪图安逸；工作效率低，人浮于事严重，人员素质不足以适应形势变化；组织缺少创新，奖惩不分明，吃"大锅饭"，内部纪律涣散，甚至出现任人唯亲，违反财务纪律，生产部门安全问题多，废品多，等等，这些都说明企业出现了问题，必须要引起警惕并及时进行组织变革。

组织变革可以大致分成三类：

(1) 适应性变革。这是指引入已经经过试点的比较熟悉的管理实践，属于复杂性程度较低、确定性较高的变革，适应性变革对员工的影响较少，潜在的阻力较小。

(2) 创新性变革。这是指引入全新的管理实践，例如，实施"弹性工时制"或股份制，这种变革往往具有较高的复杂性和不确定性，因而容易引起员工的思想波动和担忧。

(3) 激进性变革。这是指实行大规模、高压力的变革和管理实践，这种变革具有高度的复杂性和不确定性，变革的代价也很大。

第4节 企业进入衰退期的经营管理

企业进入衰退期的特征就是出现了业务规模萎缩、业绩下滑等现象。衰退期的主要特征是产品老化，这个时候产品的销售量是下降的，企业的利润也很低甚至是负的，它的购买者也只是少数的忠实用户，市场竞争在这个时候也减弱了。此时，组织的成长环境开始恶化，组织业务进入萎缩衰退状况，企业急需变革。企业员工由于已经意识到危机的到来，因而人心惶惶，极大地影响了组织的凝聚力。在这一阶段，对大多数企业来说，应当机立断，弃旧图新，及时实现产品的更新换代。企业的管理者应当采取以民主型为主的管理风格，让员工充分地了解企业的发展态势，并征求员工的意见，让员工参与企业的决策，激发员工的主人翁精神，发挥群策群力的效应，并鼓励员工对以往的陈规旧习进行改革，从而避免较大的动荡与损失，并从中谋取生路，以备东山再起。

一项研究显示，美国硅谷初期创业的半导体公司，约有八成曾任职于 AT&T 公司。其中光是由贝尔实验室科学家 Dr. Shockely 所领导的团队成员，就在硅谷创立了三十多家新公司。AT&T 公司因为步入成长瓶颈期，所推动的几次重大新事业开发与并购案，均以失败落幕，损失超过数百亿美元。公司的发展逐渐进入衰退期，最后倒闭。在企业进入衰退期时，很多优秀员工纷纷离职，而就是这些从 AT&T 离职的员工，先后创立了遍布全球的新公司，成为引领美国高科技产业发展的主要动力。

为什么 AT&T 公司无法充分发挥员工的才干？为何要让如此宝贵的内部创新与创业

精神流失？显然，员工之所以离职创业，必定是因为在企业内部无法实现其理想，无法获得所需要的资源支持，当然也包括欠缺一套激励机制。企业如果不与具有伟大抱负的员工分享创新与创业的利益，那么他们必然会离职，最后反而会增加企业在市场上的竞争对手。

如果企业在进入衰退期时能及时建立起一种机制，形成公司与员工合伙推动新事业开发的模式，母公司提供新事业开发所需要的资源与网络关系，支持员工实现创新创业的愿望，让有能力的人才借助原有公司的力量，发挥自己的才干。这样不仅可以使公司尽快走出衰退期，而且也有利于保持公司基业常青。显然，这才是一种双赢的选择。

思考题：

1. 从一般规律看，新创公司要经历哪些阶段？在这些阶段公司应该如何寻求进一步的发展？

2. 请阅读有关文献，查找一些基业长青新创公司不断发展的例子，试分析其成功之道。

附件1 创业合作协议书（仅供参考）

甲方合伙人：王××　　身份证号码：×××××××××
乙方合伙人：张××　　身份证号码：××××××××
甲、乙双方本着公平、平等、互利的原则订立合伙协议如下：
第一条：合伙创业人应该遵循的章程：
（一）规矩：凡事依章办事，不可逆章而行。
（二）负责：对自己负责，对企业及合伙成员负责。
（三）信任：信任对方，体谅对方；不互相埋怨，不隐瞒。
第二条：甲、乙双方自愿合伙合资创业、经营"××项目"，总投资为__万元，甲出资____万元，乙出资____万元，各占投资总额的____%，____%。
第三条：本合伙人依法组成合伙企业，在合伙期间合伙人出资的为共有财产，不得随意分割。合伙终止后，各合伙人的出资仍为个人所有，届时予以返还。
第四条：本合伙企业经营期限为三年。如果需要延长期限的，在期满前六个月办理有关手续。
第五条：合伙双方共同经营、共同劳动，合伙人执行合伙事务所产生的收益归全体合伙人，所产生的亏损或者民事责任由全体合伙人共同承担。
（一）企业盈余按照各自的投资比例分配。
（二）企业债务按照各自投资比例负担。任何一方对外偿还债务后，另一方应当按比例在十日内向对方清偿自己负担的部分。
第六条：合伙人分工与责任
为了保证计划的顺利地进展，对合伙成员进行分工：
（一）人力资源管理：甲方为责任人，其他人为辅助；
（二）技术和市场开发：甲方为责任人，其他人为辅助；
（三）客户关系与售后跟进：乙方为责任人，其他人为辅助；
（四）设备管理及财务管理：乙方为责任人，其他人为辅助；
（五）组织、外联、运营策划、宣传策划、合作，以及筹资中小企业融资等：甲方为责任人，其他人为辅助；
（六）后勤保障，给养调配：乙方为责任人，其他人为辅助。
第七条：盈余分配原则

每年项目产品总销售利润的百分之十进行固定资产投入。销售利润分红,当年进行结算。

此合伙创业的所有成果与收益盈余,全部根据投资金额比例分配计算。

第八条:他人可以入伙,但须经甲、乙双方同意,并办理增加出资额的手续和订立补充协议。补充协议与本协议具有同等效力。

第九条:保密条款

双方在合伙或合伙之外从合伙合作中获得任何有价值的商业信息或技术信息应予以严格保密,未经对方书面同意不得向合伙人之外的其他人、其他单位或其他组织披露或泄露,也不得擅自许可别人使用,违反本条将视为严重违约,应承担相应的违约责任并赔偿一切由此导致的经济损失,甚至包括但不限于通过合伙人协商取消、取缔其合伙人的资格。

第十条:协议之不可转让性

本协议约定之权利义务具有不可转让性,任何人在未获得其他合伙人明确的书面同意之前,不得就本协议书部分或全部内容进行转让,否则实施转让方将视为严重违约,转让行为无效。

第十一条:撤出

(一)合伙创业经营中任何一方单独明确地书面提出撤出时,合伙人须结算企业的营业盈余并清偿所有债务,方可撤出。

(二)撤出时,同时遵循本协议的"第五条""第七条"内容执行。

第十二条:出现下列事项,合伙终止

(一)合伙期满;

(二)合伙人协商同意;

(三)合伙创业、经营的事业已经完成或者无法完成;

(四)一方合伙人出现法律上问题及做出对企业有损害的,另一方有权解除合作协议;

(五)其他法律规定的情况。

第十三条:争议解决

协议书发生争议或纠纷,应首先协商解决。如果双方通过协商不能达成一致,则提交仲裁委员会进行仲裁,或依法向人民法院起诉;

本协议到期后,双方均未提出终止协议要求的,视作均同意继续合作,本协议继续有效,如果不再继续合作的,退出方应提前三个月向另一方提交退出的书面文本,并将己方的有关本合同项目的资料及客户资源都应交给另一方。

第十四条:本协议未尽事宜,双方可以补充规定,补充协议与本协议具有同等效力。

第十五条:本协议一式两份,合伙人各一份。

本协议自合伙人签字/盖章之日起生效,合伙资金自签字之日起融资到位。

甲方合伙人:_____(签字/盖章)

乙方合伙人:_____(签字/盖章)

二〇××年×月×日

附件 2　软件开发、软件服务外包合同范本

软件开发（委托）合同

甲方：×××××××××
乙方：×××××××××

××××年××月

依据《中华人民共和国合同法》及相关法律法规之规定，甲乙双方在平等、自愿的基础上，经双方协商一致，达成如下协议，以共同遵照执行。

一、合作方式

甲方委托乙方，乙方接受甲方委托，并根据甲方的要求定制开发甲方所需的软件产品，甲方向乙方支付费用。

二、合同标的

1. 依据本合同约定，甲方委托乙方开发的软件产品（以下简称：软件）为：××××××××系统。

2. 乙方负责完成软件的设计开发、交付、培训及相关其他服务工作，并保证该软件满足甲方的要求，且不存在任何权利瑕疵和质量瑕疵。

3. 乙方承诺，为完成本合同约定事项，乙方已取得为开发本软件所需的其他软件的许可使用权，并有权许可甲方或甲方指定的第三方使用并用于本软件，且该授权长期合法有效。

4. 未经甲方书面同意，乙方不得将合同标的分包或转包给第三方。在向甲方交付软件产品之前，乙方不得自行将软件转让给第三人或交第三人使用。

三、开发进度及软件成果交付

1. 自签订本合同起 30 日内，乙方完成软件的需求分析、设计、编码、测试工作，并交付甲方使用。

2. 软件产品交付地点为××××××××××，交付内容包括但不限于全部源代码、安装盘、技术文档、用户指南、操作、安装指南和测试报告等。

四、开发费用

软件总开发费用为（人民币）×××××××× 元整，费用包括：完整的软件交付成果、技术文件开发费用；乙方应承担的提供技术服务及技术支持的费用；其他软件的全部接口费用；税费；技术培训费用（包括教材、课程费等）；以及乙方为全面履行合同义务所需支付的所有其他费用。

五、付款结算方式

1. 在本合同签订后 7 个工作日内，甲方向乙方支付预付款：计人民币××××元。

2. 在乙方完成软件开发并交付甲方后，甲方在可正确使用后的 15 个工作日内，甲方向乙方支付进度款：计人民币××××元。

3. 软件经甲方验收合格后，乙方提供全额开发费用 17％税率的增值税专用发票，甲方凭增值税发票在 7 个工作日内，向乙方支付余款：计人民币××××元。

六、知识产权条款

1. 根据本合同产生的全部研究开发成果（包括软件产品和以此为基础研发出的其他技术成果）的知识产权归甲方所有。

2. 双方确定，甲方有权利用乙方按照本合同约定提供的研究开发成果，进行后续改进。由此产生的具有实质性或创造性技术进步特征的新的技术成果及其权利归属，由甲方享有。

3. 乙方保证按照本合同约定提供的研究开发成果及其开发过程不侵犯第三方知识产权，任何第三方如果提出侵权指控时，乙方须与第三方交涉并承担可能发生的一切法律上和经济上的责任。

七、双方的权利和义务

1. 甲方的权利和义务

（1）甲方有权获得乙方所提交的软件交付成果、服务及相关知识产权。

（2）甲方有权及时了解和监督软件开发的进展情况。

（3）甲方应向乙方提供完成软件开发所必需的资料和工作条件。

（4）甲方应当按照合同约定向乙方支付合同价款。

2. 乙方的权利和义务

（1）乙方有权按照本合同约定收取合同价款。

（2）乙方有权要求甲方提供软件开发所必需的资料和支持。

（3）乙方保证所交付的软件产品是完整的、全新的、技术上先进和成熟的，并在性能、质量和设计方面满足安全、可靠和高效运行与方便维护的全部要求，能够满足甲方的个性化需求与接口的相关开发工作。乙方所提供的技术文件应是完整的、清晰易读的、准确无误的，能够满足软件交付成果的检验、安装、调试、测试、验收、运行、维护和培训的需要。

（4）乙方应派遣身体健康、有工作经验和相应技能的技术人员到甲方现场提供开发实施、安装、调试、测试、试运行、维护及培训等技术服务，该技术服务费用包括在合同价格内。

（5）如果甲方发现乙方交付的软件产品有缺陷，或性能和质量不符甲方要求时，乙方应负责无偿地排除缺陷、替换或更换所交付的软件产品。因乙方交付的软件产品存在缺陷，或性能和质量不符合本合同约定而给甲方造成损失或者工作障碍的，乙方应承当相应的责任。

（6）在售后服务期内，乙方应负责免费向甲方提供与软件有关新的或改进的运行经验、技术开发和安全方面的所有资料及信息，且负责对本合同项下的软件进行免费更新、升级。

（7）乙方保证其所交付软件产品及服务不存在任何权利瑕疵，如任何第三方就乙方交付的软件产品及服务向甲方提起侵权索赔，乙方应负责与第三方交涉，并承担由此引起的一切法律责任，相关费用由乙方承担。

（8）乙方承诺所提供的软件产品不含有任何安全隐患，并在软件使用期内承担全部责任（包括但不限于消除安全隐患、退款、赔偿损失等）。发生任何由于软件产品安全引起的事故时，乙方应赔偿甲方及相关用户因此所发生的损失。

八、验收

1. 乙方向甲方交付所开发的软件产品后进入试运行期，试运行期限为 2 个月，如果在试运行期间，如发现软件产品有缺陷，或性能和质量不符甲方要求时，乙方有责任对其进行修改和更正。同时试运行期依据上述修改、更正期间进行相应顺延。

2. 试运行期届满，在甲方可正常使用乙方所交付的软件产品，且乙方向甲方提交软件设计文件后（包括但不限于软件开发计划及管理变更日志、需求规格说明书、软件设计文档、软件架构文档、软件系统设计、软件安装前测试方案、测试计划、模块设计、模块组织、模块流程及模块间接口设计等，同时应提交软件开发各阶段文件及软件全部源代码），甲方与乙方共同签署两份软件验收合格证书，甲、乙双方各保存一份。

3. 验收不合格，由乙方负责更正和修改，乙方更正、修改后必须再次进行验收。如果再次验收仍不合格，甲方有权终止本协议。

九、售后服务支持

1. 在验收合格后，乙方对所开发的应用系统提供一年免费的售后服务。
2. 在售后服务期的前两周，乙方协同甲方使用该软件。
3. 售后服务内容包括软件缺陷、故障等，用户因工作需要要求对部分功能作小范围改动时，乙方应免费给予完成。
4. 在售后服务期内，乙方保证在出现应用系统故障时应及时、积极响应，遇有特殊情况双方协商。

十、培训

乙方在向甲方交付软件产品后，负责为甲方的管理员提供软件操作指导和培训。

十一、保密责任

甲、乙双方保证本软件产品的所有技术信息和资料，不得透露给第三方。

十二、不可抗力

1. 如合同双方中任何一方由于不可抗力，如：地震、水灾、台风、战争和其他双方都认为的不可抗力原因而无法按期履行合同。由双方协商确定后，合同执行的时间做相应延期。

2. 受影响方应尽快将所发生的不可抗力事故的情况以电话或传真通知另一方，并在不可抗力发生 14 天内尽快用传真和挂号信将有关权威机构出具的证明文件提交另一方确认。

3. 当不可抗力事故终止或事故消除后，受阻方应尽快用传真或电传通知对方关于不可抗力形势的解除并以挂号信加以确认，并继续履行合同。

4. 如果不可抗力阻碍合同的履行超过 180 天，双方就合同的进一步履行问题进行讨论并达成一致意见。

十三、 争议的解决

1. 凡与本合同有关的一切争议，甲、乙双方应通过友好协商，如经协商后仍不能达成一致，任何一方都有权向合同签订地仲裁部门提请仲裁。
2. 仲裁结果对双方都有约束力，双方应遵照执行。
3. 由上述过程发生的费用，除仲裁结果另有规定外，应由败诉方承担。
4. 仲裁地点为合同签订所在地。

十四、 其他事项

1. 合同签订时间：×年×月×日
2. 合同签订地点：××。
3. 合同由双方签字盖章后生效。
4. 本合同一式四份，均具有同等效力，甲、乙双方签字盖章后各执两份。
5. 本合同未经事宜，双方协商解决。

（以下无正文）

甲方：××××××××××　　　　　　乙方：××××××××××

（公章）　　　　　　　　　　　　　　（公章）

住所：　　　　　　　　　　　　　　　住所：

法定代表人：　　　　　　　　　　　　法定代表人：

委托代理人：　　　　　　　　　　　　委托代理人：
电话：　　　　　　　　　　　　　　　电话：
传真：　　　　　　　　　　　　　　　传真：
开户银行：　　　　　　　　　　　　　开户银行：
邮政编码：　　　　　　　　　　　　　邮政编码：